# 고린도전서, 풀어쓴 성경:
# 원문의 음성을 오늘의 목소리로 살려낸 번역과 메시지

풀어쓴 성경 시리즈

강산 지음

고린도전서, 풀어쓴 성경:
원문의 음성을 오늘의 목소리로 살려낸 번역과 메시지
(풀어쓴 성경 시리즈)

지음 강산
편집 김덕원, 이찬혁

발행처 감은사
발행인 이영욱
전화 070-8614-2206
팩스 050-7091-2206
주소 서울특별시 강동구 암사동 아리수로 66, 401호
이메일 editor@gameun.co.kr

종이책
초판발행 2023.12.31.
ISBN 9791193155271
정가 14,800원

전자책
초판발행 2023.12.31.
ISBN 9791193155295
정가 11,800원

Mountain's Bible Translation Series

# Mountain's Bible Translation of The First Letter to the Corinthians

Mountain Kang

어린 시절 저희 형제를 돌보아 주신

강성환 백부님과

이정옥 백모님께

감사를 담아

이 책을 헌정합니다.

# | 목차 |

## | QR 코드 목차 |

# 서문:
# 위기는 기회입니다!

사랑하고 아끼던 것이 부서지거나, 애정을 쏟아 기르고 세워 준 사람에게 실망한 경험이 있습니까? 그렇다면 고린도전서는 당신을 위한 성경입니다. 바울은 헌신적인 수고로 음란과 타락으로 물든 항구 도시 고린도에 복음을 뿌렸습니다. 감사하게도 고린도인들은 그 복음을 열정적인 신앙으로 받아들였고, 유럽에 있던 어느 지역보다 탁월한 은사와 지식을 소유하게 됐습니다. 하지만 그들은 파당을 만들어 분리됐고, 진리는 오용되고 변질했으며, 바울이 눈물로 세운 사람들은 세상과 타협하는 종교인으로 타락해 버렸습니다. 심지어 음란한 과거의 습관이나 비극적인 다툼 및 차별이 교회 안에서 암세포처럼 번져 나갔습니다. 바울의 마음은 무너져 내렸습니다. 화가 나고 안타까웠습니다. 그래도 바울은 고린도 교회를 포기할 수 없었습니다. 아니, 그래서도 안 됐습니다. 그래서 그는 온 힘을 다해 편지를 씁니다. 그것이 바로 고린도전서입니다.

고린도 교회 안에 있던 잘못과 문제는 오늘을 살아가는 현대의 성도들에게 스스로를 돌아보는 거울이 되어 주고, 고린도 교회 안에 일어났던 수많은 문제에 대해 바울이 제시해 준 신앙적이고 실천적인 해답들은 우리에게 예방책이 되어 줍니다. 동시에 이미 그런 상황 속에 있는 성도들에게는 치료책도 되어 주었습니다.

그러나 바울은 단순히 발 앞에 떨어진 문제만을 해결하기 위해 이 글을 기록한 것이 아닙니다. 근본적인 변화를 제시하고 있습니다. 다시 말해, 바울은 고린도전서에서 내내 임기응변적인 문제 해결만을 제안하고 있는 것이 아니라, 근본적인 문제 해결을 위한 신앙적인 근거를 제시하고 이를 바탕으로 실천적인 조언을 함으로써 그들이 진정한 성도가 될 수 있도록 돕고 있습니다. 더 중요한 사실은 이 편지에서 바울이 자신의 권위를 앞세워 자의적인 판단 기준을 제시하는 것이 아니라, 오직 예수 그리스도의 복음이라는 진리에 기반한 권면과 책망을 하고 있다는 점입니다. 그래서 우리는 바울의 편지를 따라가면서 자연스럽게 메시아 예수님께서 말씀하신 방식과 흐름을 이해하게 되고, 아울러 오늘날의 또 다른 많은 문제에 대한 성경적 대답을 찾을 수 있는 원리를 얻게 됩니다.

그러므로 우리가 고린도전서를 읽을 때 유념해야 할 한 가지 중요한 사실은, 이 편지가 진공 상태가 아닌 그들이 처한 특정한

'상황'과 관련하여 기록되었다는 사실입니다. 보다 구체적으로 말하자면, 바울이 특정 은사나 내용을 강조하고, 혹은 그것의 순서를 달리 기술하고 있는 이유는 당시 고린도 교회 상황이 바울이 원하던 바와는 달랐기 때문입니다. 예를 들어, 많은 사람이 고린도전서에서 바울이 "방언을 부정적으로 보았다"라고 말하는데, 그 이유는 고린도 교회 사람들이 방언을 잘못 사용하고 있었기 때문입니다. 만약 예언이나 구제가 잘못되어 있었다면, 바울은 분명히 그 부분을 강하게 지적했을 것입니다. 또한 여성의 예배 참석이나 교회에서의 발언권과 같은 문제 역시도 당시의 시대적 상황을 고려하여 이해해야 합니다. 따라서 성경을 이해하고 그것을 삶에 적용함에 있어서 당시 수신자들이 처한 특정한 상황과 시대적 배경을 무시한 채 어떤 구절 하나를 가지고 와서 그것을 우리의 현실에 기계적으로 적용해서는 안 됩니다.

비록 고린도전서가 그 당시 특수한 상황을 고려하여 기록되었기에 시간적·공간적·문화적으로 간극이 큰 오늘날과는 무관한 편지인 것처럼 보일 수도 있지만, 그것이 여전히 우리에게 가치가 있는 이유는 그 당시 그들이 겪었던 문제와 오늘날 우리가 겪고 있는 문제 사이에 일종의 공통분모가 있기 때문입니다. 그래서 어느 때보다 고린도전서는 우리에게 필요한 성경이 됩니다. 지금 이 땅의 교회들은 엄청난 위기 속에 있습니다. 그러나 그 위기는 기회가 될 수 있습니다. 그렇게 하려면 문제와 위기를 그저 걸림돌로 여긴 채 회피하려고만 하지 말고 더 위대한 신앙을 위한 디딤

도도 적용해야 합니다. 고린도 교회의 문제가 우리의 문제라면, 고린도 교회를 향한 해결책도 우리의 해결책이 될 수 있으리라 기대합니다. 물론 지혜로운 해석과 새로운 적용이 필요할 것입니다.

고린도전서는 저에게 매우 특별한 책입니다. 이 책 안에 있는 내용과 관련한 많은 잘못된 해석과 신학적 논쟁 및 갈등 때문에 무수한 상처와 공격을 받았기 때문입니다. 하지만 다시금 성경의 원문과 번역으로 돌아가서 한 글자, 한 글자를 바로 번역하고 그것을 사랑하는 성도들에게 강해하고 삶으로 살아 내면서 치유받고자 애썼습니다. 모든 것이 부족한 상태에서 지난 20여 년 동안, 오로지 원어와 성경 연구에 매달렸습니다. 백여 개의 국내외 번역본과 이 시대의 가장 훌륭한 주석과 논문, 저널을 읽고 연구했으며 제 인생의 수백 시간을 이 번역에 바쳤습니다. 단 한 구절 때문에 기도와 눈물로 밤을 새운 날이 너무나 많았습니다. 그렇게 네 번째로 번역한 글을 이제야 세상에 내놓습니다.

아마도 헬라어 공부를 시작하는 사람들이나 성경을 자세히 보고자 하는 성도들에게는 뒷부분의 직역이 많은 도움이 될 것이고, 보다 쉽고 자연스러운 번역을 선호하시는 분들에게는 앞부분에서 시작되는 의역으로도 충분할 것입니다. 헬라어 원문은 네스틀레-알란트 28판(NA[28])을 사용했습니다. 그것으로도 부족한 분들을 위해서는 각주와 더불어, 많이 부족하지만, 수요예배 시간에 강해로 나눈 영상을 QR코드로 남겨 두었으니 참고하시면 좋겠습니다. 다만 번역이든 강해든 독자 여러분들이 보시기에 미흡하거나 마음에 들지 않는 부분이 있다면, 넓은 마음으로 이해해 주시고 저를 위해 기도해 주시기를 바라겠습니다.

마지막으로 이 번역본의 네 번째 작업을 위해 먼저 읽고 오탈자 수정에 도움을 주신 정방울 집사님, 양시진 집사님, 그리고 강효정 권찰님에게 특별한 감사를 전합니다. 감은사의 이영욱 대표님과 편집자분들께도 감사드립니다. 하지만 가장 고마운 분들은 사랑하는 십자가 교회 성도들입니다. 여러분이 있어서 저도 있습니다. 2023년 10월에 한 달간 안식월을 가졌습니다. 성도님들은 담임목사가 쉬고 있겠지라고 생각하실지도, 무엇을 하는지 궁금해하실지도 모르겠습니다. 여기 저의 대답이 있습니다. 고됐지만 행복했습니다. 내내 여러분의 얼굴을 생각하며 기도하며 글을 이어 갔기 때문입니다. 서문이 너무 길어지는 것 같아서 이만 줄여야겠지만 마지막으로 한마디만 더 하려 합니다. 하나님의 말씀을 열심히 읽고 사랑하십시오. 어떻게든 말씀대로 살고자 몸부림치십시오. 그러면 어느 순간 말씀이 자신의 삶을 이끄는 기적을 보게 될 것입니다. 어떤 위기든 기회가 될 것입니다. 모든 영광을 하나님께 돌려드립니다!

어떠한 위기가 그대에게 닥치더라도

하나님의 말씀으로 승리하기를 바라며

2023년 11월 1일

안식월을 연구월로 보내고

목사 강산

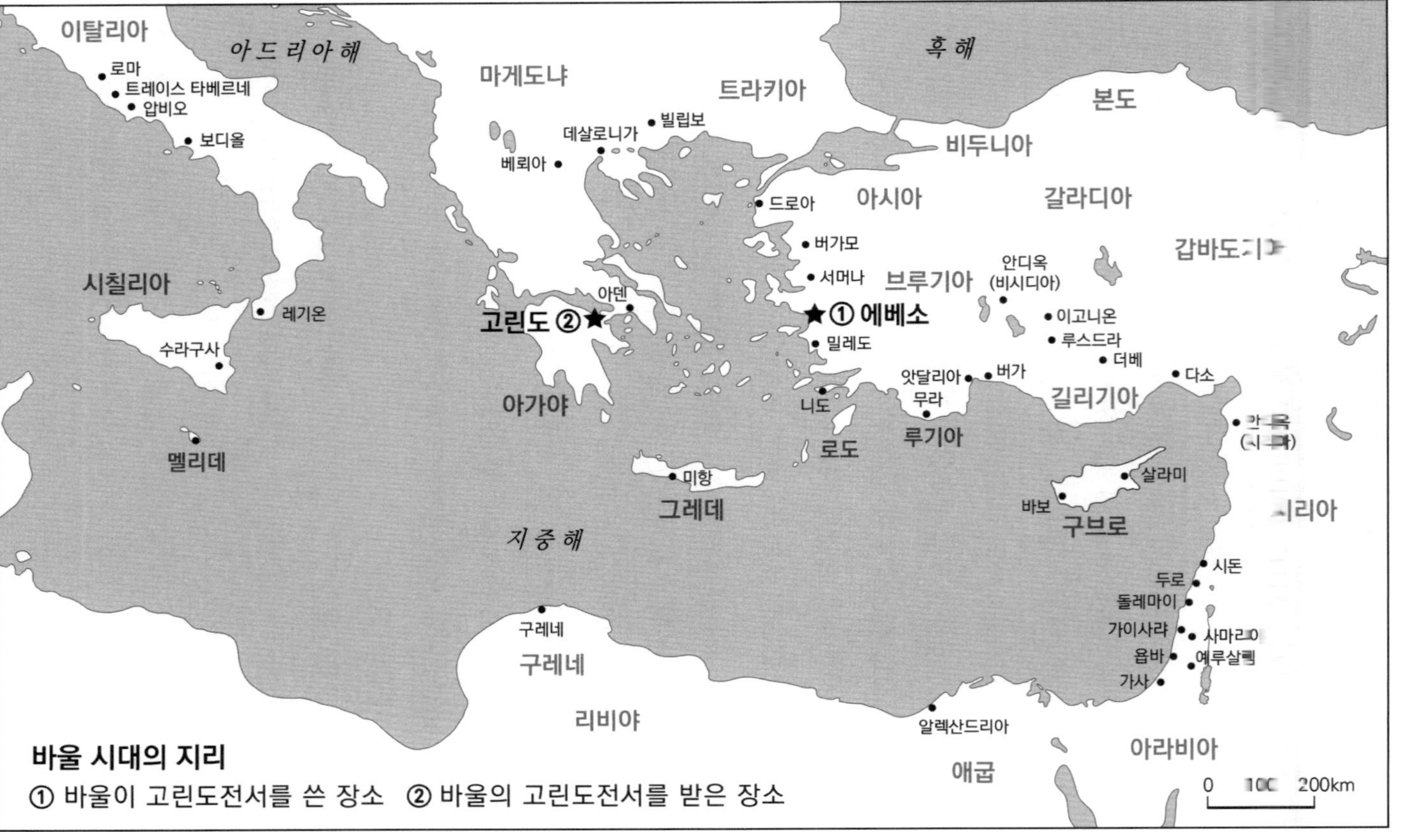


**바울 시대의 지리**

① 바울이 고린도전서를 쓴 장소 ② 바울의 고린도전서를 받은 장소

# 제1부
# 고린도 교회의 문제들(1-6장)

## 1. 인사와 감사: 연합된 교회의 중심(1:1-17)

고린도 교회 성도들에게 주님의 은혜와 평안을 전합니다.

1 [1] [발신자] 우리의 메시아 되신 예수님의 부르심과 하나님의 뜻
으로 인해 사도가 된 나, 바울과 믿음의 형제인 소스데네는, [2]
[수신자] 어디서나 여러분의 주인이시며 우리의 주인이신 메시아
예수님의 이름을 부르며 예배하는 고린도 지역의 모든 성도에게,
또한 메시아 예수님의 복음을 듣고 따름으로 거룩해진 모든 성도
에게 이 편지를 보냅니다. [3] 여러분 모두에게 우리의 아버지가 되
신 하나님과 우리의 주인이 되신 메시아 예수님께서 주시는 은혜
와 평화가 풍성하기를 바랍니다.

[illegible]
님께 감사드립니다.

4 나는 고린도 교회 성도들을 생각할 때마다, 항상 하나님께 감사
합니다. 예수님을 믿기 전에는 상상할 수도 없었던 놀라운 하나님
의 은혜를 지금 여러분이 받아 누리고 있기 때문이며, 5 하나님께
서 여러분의 모든 삶에 놀라운 능력과 은사를 넘치도록 부어 주셨
기 때문입니다. 특히 모든 언어적인 능력과 은사가 탁월해졌으며
모든 지적인 능력과 은사도 충만하게 받았기 때문입니다. 6 이것
이 바로 우리가 메시아 예수님의 복음을 바르게 전했다는 증거이
며, 또한 여러분이 그 복음을 바르게 받아들였다는 증거입니다.

7 그래서 여러분은 어떠한 영적인 능력이나 은사에도 부족하
지 않게 되었습니다. 아울러 여러분은 이러한 충만한 능력과 은사
를 통해 우리의 주인 되신 메시아 예수님께서 재림하실 그날을 소
망하며 기다리는 건강한 종말론적 신앙인이 되었습니다. 그래서
나, 바울은 이렇게 복음으로 변화된 여러분을 생각하며 하나님께
감사하는 것입니다. 8 아울러 예수님께서 재림하심으로 구원이 완
성되는 그날까지, 그분은 여러분을 조금도 부족함이 없는 온전한
존재로 지켜 주시고 도와주실 것입니다. 9 내가 지금 하는 말은 틀
림없는 사실입니다. 하나님께서는 예수님을 통해 여러분을 부르
심으로 그분의 아들이신 예수님과 교제할 수 있도록 하실 뿐 아니
라, 우리의 주인이신 예수님께서 참여하시는 모든 교제의 영역 안

으로 들어오게 하셨기 때문입니다.* 다시 말해서 여러분이 복음을 받아들이지 않던 과거에는 삼위일체 하나님과 전혀 상관없이 사망의 삶을 살았으나, 이제 복음을 받아들임으로 삼위일체 하나님과 교제할 수 있는 신분과 위치가 되었기 때문입니다. 즉, 여러분은 예수님께서 누리시는 교제의 영역 안으로 들어갈 수 있는 권리를 얻었다는 말입니다. 그리고 무엇보다 중요한 사실은 이러한 구원과 교제의 특권 안으로 우리를 불러 주신 하나님은 이랬다저랬다 하시는 분이 아니라 한결같고 신실한 분이기 때문에, 내가 여러분에게 지금까지 말한 감사와 선언은 틀림없는 진실이 됩니다.

무엇보다 여러분이 같은 말과 같은 마음으로 연합하기를 바랍니다.

10 이제 나는 여러분에게 부탁드릴 말이 있습니다. 성도 여러분! 우리 모두의 동일한 주인이신 예수님의 이름으로 부탁드리니, 여러분은 모두 같은 것을 말하여 의견을 일치시키고 서로 분쟁하지 마

---

* 사실 여기서 헬라어 문장이 말하는 "그의 아들 예수 메시아(그리스도)의 교제"(κοινωνίαν τοῦ υἱοῦ αὐτοῦ Ἰησοῦ Χριστοῦ)라는 표현에 담긴 속격을 이해하기는 쉽지 않습니다. 많은 성경이 단순하게 "성도가 메시아와 교제하는 것"이라고 해석하지만, 이 말은 성도가 메시아와 교제한다는 뜻뿐 아니라 메시아께서 누리는 모든 영적 교제의 영역 안으로 들어간다는 뜻으로도 해석할 수 있습니다. 다시 말해서 일차적으로 삼위일체 하나님의 각 위격(성부, 성자, 성령)과 교제할 수 있는 영역으로 들어갈 뿐 아니라, 더 넓게는 메시아와 연결된 모든 삶, 즉 십자가와 부활의 영역까지 우리가 참여하게 된다는 말입니다. 그러므로 이 구절을 조금 급진적으로 풀어 보자면 "성도가 예수님처럼 되는 것"이라고 해석하고 싶습니다. 이처럼 복음은 단순한 지식이나 감정의 깨달음이 아니라 "관계이자 교제"인 것입니다.

[illegible]
로 하나 되어 연합하기를 바랍니다. [11] 내가 이런 부탁으로 편지를
시작하는 이유는 최근에 글로에 자매님 가정의 사람들을 통해서,
여러분에 대한 좋지 않은 소식을 분명하게 들었기 때문입니다. 그
소식에 따르면, 여러분이 교회 안에서 서로 파당을 나누어 분쟁하
고 있다더군요. [12] 내가 듣기로는 여러분이 저마다 교회 안에서
"나는 바울 편/소속이다",* "나는 아볼로 편/소속이다", "나는 게
바, 즉 베드로 편/소속이다", "나는 메시아(그리스도) 편/소속이다"
라고 말하면서 자기가 좋아하는 영적인 스승을 따라 파벌을 나누
고 있다고 하더군요. [13] 여러분! 메시아 예수님께서 도대체 언제부
터 분리된 교회를 원하셨습니까? 나 바울이 여러분을 위해 십자
가를 진 것은 아니지 않습니까? 또한 여러분이 나 바울의 이름으
로 세례를 받은 것도 아니지 않습니까(12:12-13, 27)? [14] 이제 와 돌이
켜 보니, 내가 고린도 교회에서 거의 세례를 주지 않은 것에 대해
하나님께 감사드리게 됩니다. 여러분은 세례 주는 사람을 대단하
게 여기는 모양이지만, 전혀 그렇지 않습니다! 아울러 내가 세례
를 준 사람이라고 해 봐야, 고린도 교회 성도 가운데서 그리스보

---

* 원래 이 헬라어 표현은 '속격(소유격)'으로 간략하게 되어 있습니다. 그러니까 한국어로 "바울파"라고 번역된 원래 헬라어 표현은 "바울의"라는 말입니다. 이런 표현은 소속과 소유, 종속의 개념을 가진 헬라어의 의미를 나타냅니다. 이러한 헬라어 소유격의 소속적 의미를 이해하셔야 이후에 이 주제를 마무리하는 고린도전서 3:22-23의 "**예수님의** 것이다"와 "**하나님의** 것이다"라는 표현의 의미와 연결하여 명확히 이해할 수 있습니다. 본서 뒤에 담은 직역을 꼭 읽어 보십시오.

와 가이오뿐입니다(행 18:8; 롬 16:23). 15 이렇게 내가 세례를 많이 주지 않은 이유는, "바울이 세례를 집례한 것은 바울의 이름으로 세례를 준 것이다"라고 착각하거나 오해하지 않도록 하기 위해서였습니다. 세례는 "예수님의 이름으로" 받아서 그분께 소속되는 것입니다. 16 생각해 보니, 추가로 내가 스데바나 가족에게 세례를 주었습니다. 그리고 나머지 고린도 교회 성도 중에서 더는 세례를 준 기억이 없습니다. 17 [아무튼] 메시아 예수님께서 나를 사도로 부르시고 여러분에게 보내신 이유는 세례라는 의식만 행하기 위해서가 아니라, 궁극적으로 하나님 나라의 복음을 전파하여 여러분이 그 나라 백성으로 살아가도록 하는 것이었습니다. 아울러 그 과정에서 나는 인간적인 지혜로 포장된 말에 초점을 맞추지 않았습니다. 물론 말을 세련되게 표현하고 수사학을 넣어 꾸미면 복음이 더 아름답게 보일 수는 있습니다. 그러나 내가 그런 방식으로 설교하거나 말하지 않은 이유는 메시아 예수님께서 우리를 위해 죽으신 십자가의 복음이라는 본질이 인간의 화법이나 말솜씨라는 비본적질인 것들에 의해 흐려지고 무가치하게 되지 않도록 하기 위함이었습니다.

동영상 설교 QR 1. 분열된 교회의 중심성(고전 1:1-17)

## 2. 십자가의 지혜, 구원의 능력(1:18-31)

여러분이 파당을 나누는 이유는 세상의 지혜를 능력 있게 생각하고 자랑하기 때문입니다. 참된 지혜와 능력은 하늘의 지혜, 십자가의 능력입니다. 그러므로 우리는 이것만 자랑해야 합니다.

1 18 그러므로 "예수님께서 십자가에서 죽으심으로 세상을 구
원하신 메시아가 되셨다"라는 진리에 대해 조롱하며 멸망의
흐름에 있는 사람들에게는 복음이 말도 안 되는 어리석은 이야기
처럼 들리겠지만, 그 십자가의 내용과 방식을 받아들이고 믿음으
로 구원의 흐름에 있는 우리에게는 이 복음의 진리가 언제나 세상
을 이기는 하나님의 능력이 됩니다. 19 그래서 구약성경에는 이런
말씀이 증거로 기록되어 있습니다. "내(하나님)가 이 세상에서 지혜
롭다고 하는 자들의 지혜를 다 파괴해 버리고, 이 세상에서 총명
하다고 하는 자들의 총명을 다 폐기해 버릴 것이다." 복음은 인간
의 세상적인 지혜로는 이해할 수도 없고 받아들일 수도 없는 것이
기 때문입니다(시 33:10; 사 29:14).

20 그렇다면 진정한 지혜란 무엇일까요? 공부를 많이 한 학자
나 교수의 지혜일까요? 아니면 이 시대에 똑똑하고 말 잘하는 정
치인이나 철학가의 지혜일까요? 아닙니다! 이런 세상의 지혜로는
단 한 사람의 생명도 구원할 수 없습니다. 오히려 하나님은 이런
세상적인 지혜를 메시아 되시는 예수님의 십자가 사건으로 전부
어리석고 무가치하게 만들어 버리셨습니다(마 11:25)! 21 다시 말해

서 세상 사람이 가진 지혜의 차원으로는 하나님 안에 있는 지혜의 차원과 수준을 도저히 이해할 수 없으므로, 하나님께서는 세상 사람이 볼 때 어리석어 보이는 "복음의 내용을 선포"하는 방법으로 세상에 구원을 알리셨습니다. 하나님께서는 이렇게 선포된 복음의 내용과 방식을 믿는 사람들을 구원하셨으며, 바로 그런 내용과 방식대로 살아가는 사람들을 기뻐하시고 좋게 여기셨습니다. 22 물론 유대인은 놀라운 사건이나 기적 같은 일이 있어야만 복음을 받아들이려고 했고 헬라인(이방인)은 정보적이고 지식적인 내용이 담긴 것만 중요하게 생각했기 때문에, 그들은 자기 입맛에 맞지 않아 보이는 "복음 선포"를 받아들이지 않았습니다. 23 하지만 구원의 흐름 속에 있는 성도인 우리는 십자가에 못 박히신 메시아(구원자) 예수님을 주인으로 모시고 복음을 선포합니다. 그분이 바로 인간의 가장 근본적 문제인 "죄"를 해결하는 유일한 능력이시기 때문입니다. 이것이 바로 "복음의 가장 핵심적인 내용"입니다. 그러나 이러한 복음의 본질적인 내용은 유대인이 볼 때 도저히 받아들일 수 없고 이해되지 않는 장애물이고, 이방인에게는 어리석게만 보였습니다. 다시 말해서 세상의 지혜와 가치관으로는 받아들일 수 없는 것이었습니다.

24 그럼에도 유대인이든 헬라인(이방인)이든 상관없이 복음에 응답하여 성도로 부르심을 받은 사람들에게는 메시아 예수님이 그의 인생에서 하나님의 능력이고 하나님의 지혜가 됩니다. 25 그 이유는 하나님 수준에서 어리석다고 할 수 있는 것이 사람 수준에

서 가장 지혜롭다고 할 수 있는 것보다 훨씬 더 지혜롭고, 하나님 차원에서 약하다고 여기는 것이 사람 차원에서 가장 강하다고 여기는 것보다 훨씬 더 강하기 때문입니다.

26 이렇게 말하는 근거를 한번 제시해 볼까요? 고린도 교회 성도 여러분! 여러분 자신을 한번 보십시오! 성도가 되기 전에 여러분은 어떤 사람이었습니까? 여러분 가운데에는 세상 사람이 생각하는 수준에서 볼 때 지혜로운 사람도 많지 않고, 능력 있는 사람도 많지 않으며, 좋은 가문에서 태어난 사람도 많지 않았습니다. 하지만 이렇게 세상적으로는 전혀 탁월하지 않은 여러분을 하나님께서는 누구보다 먼저 거룩한 존재(성도)이자 하나님의 자녀라고 불러 주심으로 우리에게 새로운 삶을 주셨습니다. 27 하나님께서 왜 세상에서 볼 때 여러분처럼 낮은 자리에 있는 자들을 선택하셔서 성도와 자녀라는, 엄청나게 높은 위치로 올려 주셨는지 아십니까? 바로 하나님께서 이 세상의 어리석은 자들을 먼저 부르셔서 구원하여 주심으로 자기 지혜만 의지하는 교만한 자들을 부끄럽게 만드시고, 세상에서 약한 사람들을 먼저 부르셔서 하나님의 자녀가 되게 하심으로 세상에서 자기 힘만 의지하며 강한 척하는 자들을 부끄럽게 만드시기 위해서입니다. 28 그리고 하나님께서는 이 세상에서 비천한 사람과 멸시당하는 사람, 아예 존재감 자체가 없는 사람을 선택하셔서 하나님의 자녀로 삼아 주심으로, 세상에서 부자랍시고 잘난 체하는 교만한 사람들을 부끄럽게 만드시고 무의미하게 만들어 버리신 것입니다. 이것이 바로 고린도

교회 성도 여러분이 누리고 있는 역전의 복음이 아닙니까! [29] 그 결과 이 세상에 있는 어떠한 육체적인 존재, 즉 어떤 사람도 감히 하나님 앞에서는 자신을 내세우거나 교만을 떨며 자랑할 수 없게 만드신 것입니다.

[30] 이제 성도 여러분은 하나님으로부터 새롭게 출생한 존재이며, 메시아 예수 안에 소속된 위대한 존재가 되었습니다. 여러분 안에 계신 예수님은 여러분에게 세상의 지혜가 아니라 하나님에게서 오는 하늘의 지혜이자 능력이 되시고, 거룩함이 되시며, 구속, 즉 예수님이 자신을 희생하셔서 여러분의 죄를 용서하시고 구원해 주시는 놀라운 변화의 핵심이 된 것입니다. 다시 말해서 이전에 여러분은 세상에서 보잘것없고 약하고 별 볼 일 없는 사람이었지만, 이제는 구원받아 너무도 존귀하고 새로운 존재가 되었다는 말입니다. [31] 그러므로 "누구든지 자랑을 하려거든 주님만 자랑해야 한다"라는 예레미야 9장 24절 말씀처럼 참된 성도는 자신에게 있는 육신적인 그 무엇도 자랑하지 말고 오직 우리를 구원하시고 새롭게 하신 예수님만 자랑해야 합니다. 이것이 바로 진정한 하늘의 지혜를 가진 진정한 성도의 모습이고 능력입니다.

동영상 설교 QR 2. 십자가의 지혜, 역설의 능력(고전 1:18-31)

## 3. 두 가지 종류의 지혜(2:1-16)

무엇이 참된 지혜인지를 바로 알아서 진정으로 영적인 사람이 되십시오.

2 1 나, 바울 역시 고린도에서 여러분을 처음 만났을 때, 나를
자랑하지 않고 주님만 자랑하고자 했습니다. 그래서 나는
여러분에게 복음을 전할 때, 탁월한 말솜씨나 세상 사람이 지혜롭
게 여길 만한 세련된 말솜씨로 복음을 전하지 않았습니다. 오직
하나님의 비밀인 복음의 본질만을 분명하게 선포했습니다. 2 왜냐
하면 나는 고린도에 있는 여러분에게 복음을 전할 때, 오직 복음
의 본질인 메시아 예수님과 그분께서 십자가에서 죽으신 진리를
그분의 방식대로 전하고자 굳게 다짐했기 때문입니다(갈 3:1; 살전
2:1-10).

3 아울러 내가 복음을 전하러 고린도에 왔을 때, 나는 약해 있
었고 두려움과 떨리는 마음으로 여러분을 향해 나아갔습니다. 4
그래서 나는 여러분에게 복음을 전하기 위해서, 세상 사람들이 쓰
는 세련되고 교묘한 지혜의 말솜씨로 설득하려 하지 않았습니다.
오히려 성령님과 그분의 능력이 나타나 여러분 스스로 진정한 복
음을 경험하도록 했습니다. 5 그렇게 한 이유는, 여러분이 복음을
들을 때 생기는 믿음이 이 세상의 지혜로운 말이나 웅변술이 아닌
하나님의 능력으로만 이루어지는 것임을 보여 주기 위해서였습니
다.

6 이에 이제부터 세상의 지혜가 아니라, 하늘의 지혜인 **진정한**

**지혜**에 대해서 말해 보려고 합니다. 이것은 영적으로 성숙한 사람만이 이해할 수 있는 지혜입니다. 이것은 이 세상 사람들이 가지고 있는 지혜도 아니며, 마지막 심판 날에 폐위될 이 세상의 권력자들이나 이 세상을 다스리는 영적 존재들이 이용하는 지혜도 아닙니다. 그런 것과는 완전히 차원이 다른 지혜입니다.[7] 이 진정한 지혜는 영원한 시간 전부터 하나님께서 비밀스럽게 감춰 오신 하나님의 지혜입니다. 하나님께서는 세상이 시작하기도 전에 미리 이것을 계획해 두셨습니다. 다시 말해서 십자가의 내용과 방식으로 세상을 구원하는 하나님의 계획은 갑작스러운 상황으로 인해 생겨난 두 번째 계획(플랜 B)이 아니라는 말입니다. 이 진짜 지혜를 그렇게 오랜 시간 동안 감추신 것은 우리를 영광스러운 존재로 만들어 주시기 위해서입니다.[8] 스스로 대단한 지혜를 가지고 있다고 자부하는 이 세상의 권력자들이나 이 세상을 다스리는 그 어떤 영적 존재들도 하나님의 진정한 지혜를 깨닫거나 이해할 수 없었습니다. 만약 그들 가운데 하나라도 진정한 하나님의 지혜를 알아차렸다면, 그들은 영광스러운 우리 주님, 예수님을 절대로 십자가에 못 박아 죽이지 않았을 것입니다.[9] 그래서 구약성경에 "육신의 눈으로는 볼 수 없고 육신의 귀로는 들을 수 없으며 사람의 마음으로는 도저히 깨달을 수 없는 놀라운 일, 즉 구원의 역사를, 하나님께서는 자신을 사랑하는 사람들에게 주시려고 준비하셨도다"라는 내용이 기록되어 있는 것입니다.* 다시 말해서, 하나님께서

* 이사야 64:4의 말씀과 유사하지만 정확하게 이 구절이라고 말하기는 어렵

우리를 구원하시기 위해 준비하신 적절한 시기에 바로 "메시아 예수님"이십니다. 10 그러나 이제는 하나님께서 감추어 오신 "구원의 비밀"이며 육신의 가치로는 도저히 이해할 수 없었던 "진정한 지혜이신 메시아 예수님"을 여러분이 깨달을 수 있게 되었습니다. 이 비밀과 지혜를 이해하고 깨달을 수 있도록 도와주시는 분, 바로 성령님을 하나님께서 우리에게 보내 주셨기 때문입니다. 오직 성령님만이 이 모든 것을 꿰뚫어 보시고 드러내실 수 있습니다. 하나님 안에 있는 깊은 진리까지 말입니다.

11 이어서 어떻게 성령님을 통해서만 우리가 하나님의 비밀과 진리를 깨달을 수 있는지, 그 원리를 설명해 드리겠습니다. 예를 들어, 어떤 사람이 마음속으로 하는 생각과 계획을 그 사람 마음속에 있는 영(spirit)이 아니라면, 다른 그 누구도 알 수 없을 것입니다. 마찬가지로 우리가 하나님 안에 있는 그분의 비밀과 진리를 이해하고자 한다면 하나님의 영(Spirit)이신 성령님의 도움 없이는 절대로 알 수가 없는 것입니다. 그래서 하나님께서 보내 주신 그분의 영, 곧 성령님이 우리 안에 오심으로 하나님의 비밀인 복음의 진리를 우리가 깨달을 수 있게 되는 것입니다. 12 다시 말해서 우리가 예수님을 믿는다는 것은, 세상의 영(spirit)인 세상적인 생각과 방식을 받은 것이 아니라 하나님의 영(Spirit)이신 성령님의 생각과 방식을 받는 것입니다. 그래서 우리는 성령님의 이끄심과 도우심을 통해 하나님께서 우리에게 은혜로 주신 구원의 복음, 즉

---

습니다.

하늘의 선물을 받아들이고 알 수 있는 것입니다. 13 마찬가지로 우리도 하나님께서 우리에게 은혜로 주신 구원의 복음, 즉 하늘의 선물을 이 세상 사람들이 지혜롭다고 여기는 방식으로 설명하지 않고 성령님이 가르쳐 주시는 영적인 방식으로 여러분에게 가르치고 설명합니다. 진정한 복음과 지혜의 가치는 영적인(성령의) 사람에게 영적인(성령의) 방식으로 영적인(성령의) 내용을 설명하고 해석해 주어야 하기 때문입니다.*

14 그러나 인간의 혼이 중심된 세상 사람은** 하나님께 소속된 영적인 내용을 전혀 받아들이지 않습니다. 왜냐하면 하늘의 지혜와 복음의 진리가 그들에게는 어리석게 보이며, 이러한 영적인 내용들을 이해할 수 있는 능력조차 없기 때문입니다. 한 번 더 강조

---

* 이 부분은 정확하게 해석하기가 어려운 헬라어 구문입니다. 무엇보다 '프뉴마티코이스 프뉴마티카'(πνευματικοῖς πνευματικὰ)라는 표현을 남성으로 보면 "영적인 사람에게"가 되어 대상자가 되고, 중성으로 보면 "영적인 것으로(영적인 방법으로/영적인 말로)"가 되어 방법을 설명하는 것이 되기 때문입니다. 그러나 고린도전서 2장 후반부 내용을 전체적으로 살펴볼 때, '영적인' 것을 '성령의' 것과 동일하게 보는 것이 가장 좋아 보입니다. 그래서 "영적인(성령의) 사람에게 영적인(성령의) 방법으로 영적인(성령의) 내용을 설명/해석한다"라고 보는 것이 의미를 놓치지 않은 가장 적합한 번역으로 보입니다. 참고로 한국어 성경은 문맥을 놓치고 "신령한"이라고 번역한 것처럼 보입니다. 하지만 헬라어에서 '영'과 '성령'은 동일한 단어로서, 이 문맥에서는 '영적인'이라는 말이 곧 '성령의'라는 말과 동일한 뜻이라는 것을 읽어낼 필요가 있습니다.

** 한국어 성경은 "육적인 사람"으로 옮겼는데, 이보다는 "혼적인 사람"이 보다 정확합니다. "혼적인 사람"이란 영적인 사람과 전혀 반대되는 사람으로서 삶의 중심이 성령이 아니라 자기 안에 있는 육신적 자아와 감정, 지성, 의지로 뭉쳐진 옛사람, 곧 혼으로만 살아가는 비그리스도인을 말합니다.

[illegible] 바르게 이해하고 통찰할* 수 있기 때문입니다. [15] 결국 영적인 사람, 즉 성령님을 모신 사람은 모든 것을 판단하고 평가할 수 있습니다. 그러나 그 자신은 영적이지 않은 사람들로 인해 절대로 판단받거나 평가당할 수 없는 것입니다. [16] 그렇다면, 이사야 40장 13절에서 이사야가 질문한 것처럼 "누가 주님의 마음을 알고, 그분과 동일한 마음을 가지고 있을까요?"** 이제 우리는 이 질문에 분명한 대답을 담대하게 할 수 있게 되었습니다. "바로 메시아 예수님의 마음을 가지고 있는 우리"라고 말입니다! 그 이유는 성령님께서 성도가 된 우리 안에 오셨기 때문입니다!

동영상 설교 QR 3. 두 가지 종류의 지혜(고전 2:1–16)

---

* 헬라어 '아나크리노'(ἀνακρίνω)는 "철저하게 판단하다", "조사하다", "분별하다", "이해하다"라는 의미를 통합적으로 가진 단어입니다. 그래서 "통찰하다"로 번역했습니다. 아울러 15절에서는 같은 단어지만 "판단과 평가"라는 의미가 더 강하기 때문에 달리 번역했습니다.

** 이사야 40:13을 개역개정으로 읽으면 "누가 여호와의 영을 지도하였으며"라고 되어 있으나 히브리어 '티켄'(תִּכֵּן)은 "누가 여호와의 영(마음)을 측정할 수 있는가"라는 의미로 보는 것이 더 적합합니다(참조, 강산, 『이사야, 풀어쓴 성경』, 헤르몬, 2019: "감히 누가 그분의 마음과 계획을 알아서"). 아울러 바로 이어서 "그분과 동일한 마음을 가졌는가"라는 내용이 추가된 것은, 바울이 방금 인용한 "누가 여호와의 영(마음)을 아는가"라는 내용에 대한 평행법적인 반복으로 하나님의 영(마음)이 없는 사람은 절대로 하나님의 영(마음)을 이해할 수 없다는 점을 강조하기 위해서 첨언한 것으로 보입니다.

## 4. 실체를 넘어 실존으로(3:1-23)

파당을 만드는 미성숙한 신앙을 버리고 성령님을 모신 하나의 성숙한 영적 건축물인 교회가 됩시다.

3 1 내가 처음 고린도에 있는 여러분을 만나서 복음을 전할
때, 여러분은 마치 어린아이처럼 영적으로 성숙하지 못한
사람들이었습니다. 그래서 영적으로 성숙한 사람들에게 말하듯
복음을 전할 수가 없었습니다. 2 그래서 처음에는 아기에게 젖을
먹이듯이, 여러분에게 복음을 전했습니다. 이가 없는 아기가 딱딱
한 음식을 소화할 수 없는 것처럼, 여러분은 영적으로 어린아이
상태였기 때문입니다. 그런데 시간이 많이 지난 지금도 여러분은
영적으로 여전히 미성숙한 상태이니 어쩌면 좋습니까(히 5:11-14)! 3
내가 여러분을 아직도 미성숙하고 육적인 성도라고 말하는 이유
는, 여러분이 성도가 되었음에도 불구하고 여전히 여러분 안에 세
상 사람들의 악한 습성인 시기와 분쟁이 남아 있기 때문입니다.
하나님 나라의 사람이 되었음에도 불구하고 여전히 세상 나라의
사람처럼 살아간다면 이것은 말이 안 되는 것 아닙니까? 4 여러분
가운데 어떤 사람은 "나는 바울의 편(소속)이다"라고 말하고, 또 어
떤 사람은 "나는 아볼로의 편(소속)이다"라고 말하면서 파당을 지
어, 하나가 되어야 할 교회 공동체에서 시기하고 분쟁하니, 여러분
이 여전히 미성숙한 성도요, 세속적인 사람이 아니고 무엇입니까?

5 여러분 중에서 일부 성도는 아볼로나 바울이라는 사람을 굉

장히 대단하게 생각하고 있지만, 아볼로도 바울도 그저 사람일 뿐 입니다. 주님께서 각자에게 주신 영적인 은사와 분량에 따라 여러분이 복음을 믿고 성숙한 성도가 될 수 있도록 섬기는 하나님의 종이고 사역자일 뿐입니다. [6] 이것을 나무의 비유를 사용해 설명하자면 다음과 같습니다. 나, 바울은 심었고 아볼로는 물을 주었으나, 오직 하나님만이 그 나무가 계속 자랄 수 있도록 생명을 주셨습니다.* [7] 그러므로 심은 사람도 대단한 존재가 아니요, 물을 준 사람도 중요한 존재가 아닙니다. 오직 그 나무를 자라게 하신 하나님만이 가장 위대하고 중요한 일을 하시는 분이라는 것을 여러분은 바로 알아야 합니다. [8] 나무를 심은 사람과 그 나무에 물을 준 사람은 같은 흐름의 일을 함께한 것입니다. 두 사람은 절대 분리될 수 없다는 말입니다. 그들은 추앙을 받거나 영광을 받을 존재가 아니라 그저 각자 수고한 대로 하늘 상급을 받을 사람일 뿐 입니다.

[9] 한 번 더 비유를 사용해서 사역자인 우리와 성도인 여러분의 관계를 설명하자면 다음과 같습니다. 나, 바울과 아볼로는 하나님을 위해 함께 일하는 일꾼이며, 여러분은 우리가 일하는 하나님의 땅(밭)이자 하나님의 건축물입니다. [10] 나는 하나님께서 내게 주신 은혜와 사명을 따라, 또한 그분께서 주신 영적인 은사를 사용하여 하나님의 땅인 여러분에게, 능숙한 건축자처럼 복음이라는 기초

---

* 여기서 "심다"라는 단어와 "물을 주다"라는 단어는 단순과거이지만, "자라다"라는 단어는 미완료로서 지속적이고 생생한 가치를 더해 주고 있습니다.

를 놓았습니다. 그리고 내가 여러분을 떠난 후에는 다른 사역자들이 와서 여러분이 더 성숙해지도록 그 복음의 기초 위에 영적인 가르침이라는 추가적인 건축물을 쌓아 올렸습니다. 그러나 내가 세워 놓은 이 영적인 복음의 기초 위에 무엇을 올릴 것인지는 그들 각자가 주의해야만 합니다! [11] 왜냐하면 누구도 이미 내가 놓은 복음의 기초, 즉 "우리의 구원과 주인 되신 분은 오직 예수님이시다"라는 신앙의 핵심을 무시하거나 무너뜨리게 되는 다른 것을 올려서, 이 귀한 건축을 변형시키거나 변질시켜서는 안 되기 때문입니다. [12] 비유적으로 말해서 건물의 기초가 완성된 후에는 금이나 은이나 보석이나 나무나 풀이나 짚 같은 재료를 사용해 건물 위로 더 쌓아 올리듯이, 이제 만약 누군가가 이미 교회와 신앙의 기초 되신 메시아 예수님 위에 추가로 각자의 교훈이나 가르침으로 교회를 세워 올릴 때, 그것이 예수님이라는 기초와 핵심에 동일한 연결성이 있는 것인지를 잘 점검해야 한다는 말입니다.

[13] 그 이유는 심판의 날이 오기 때문입니다. 주님께서 재림하시는 심판의 날이 오면, 각 사람이 교회를 위해 한 일과 하지 않은 일에 대해서 평가받고 심판받게 될 것입니다. 각 사람이 하나님의 교회를 향해 한 모든 언행심사(言行心事)에 대해서 하나님의 불로 분명하고 엄중하게 평가받을 것입니다. [14] 만약 하나님의 불로 점검하고 평가해 봤을 때, 어떤 사람이 하나님의 교회에 한 일이나 하지 않은 일이 가치 있고 의미 있는 일로 증명되어 남겨진다면, 그는 하나님께 상을 받을 것입니다. [15] 그러나 만약 어떤 사람이 하

나님의 교회에 한 일이나 이제 했던 일이 무가치하고 의미 없는
일로 증명되어서 사라져 버린다면, 그는 하나님께 벌을 받을 것입
니다. 화재 현장에서 목숨만 건진 상태로 비참하게 구출된 사람처
럼, 겨우 자기 영혼만 부끄럽게 구원받을 것입니다.

16 성도 여러분! 이것을 통해, 여러분이 분명히 알아야 할 것이
있습니다. 그것은 바로 여러분이 모두 연합하여 하나님의 거룩한
집, 곧 성전이라는 사실입니다. 즉, 하나님의 영이신 성령님(Spirit)
께서 우리들의 영(spirit) 안에 계신다는 것입니다.* 17 그러니 만약
누구든지 하나님의 성전인 성도와 그 연합된 교회를 분리시키거
나 파괴하려고 한다면 하나님께서 그 사람을 분리하고 파괴해 버
리실 것입니다. 하나님의 성전인 성도와 교회는 성령님께서 계신
거룩한 존재이며 공동체이기 때문입니다. 여러분이 바로 개인적
으로 또한 공동체적으로 그런 존재라는 사실을 기억해야만 합니
다! 18 그러므로 누구도 자신을 다른 사람보다 더 대단하다고 생각
하면서 교만 떨지 마십시오! 공동체에서 자신만 높이거나 분리되
어 독립적인 존재가 되지 마십시오! 만약 여러분 가운데 누구라도
이 세상에서 진정으로 지혜롭고 귀한 존재로 살고 싶다면, 십자가
의 흐름을 따라 자신을 낮추고 겸손해져서 어리석은 사람처럼 살
아가십시오! 그러면 진정으로 지혜로운 사람이 될 것입니다. 19 그

---

* 원문은 분명히 의문문이지만, 강한 수사적 부정의문문으로 단순한 질문이 아니라 반드시 알아야만 한다는 도전 형식의 문장입니다. 바울은 이런 표현을 자주 사용하기 때문에 이렇게 번역했습니다.

이유는 이 세상에서 아무리 대단해 보이는 지혜라도, 하나님의 지혜에 비하면 너무나 어리석은 것이기 때문입니다. 그래서 욥기 5장 13절에 "하나님께서는 스스로 지혜롭다고 자부하는 자들을 자신들이 만든 계략에 빠지도록 만드시는 분이시다"라고 기록된 것입니다.* [20] 또 시편 94편 11절에서도 하나님께서는 "이 세상에서 스스로 지혜롭다고 생각하는 자들의 생각이, 사실은 '무의미하고 헛된 것'일 뿐임을 다 알고 계신다"라고 말씀하신 것입니다(고전 1:16-25).

[21] 그러므로 이제 여러분은 더 이상 "나는 바울의 편(소속)이다", "나는 게바의 편(소속)이다", "나는 아볼로의 편(소속)이다"라고 말하는 무의미하고 헛된 세상 지혜의 흐름 속에서 벗어나십시오! 겨우 사역자 한 사람에게만 소속되어 대단한 것처럼 생각하는 편협한 자랑을 그만두십시오! 왜냐하면 그런 사역자들을 위해 성도인 여러분이 존재하는 것이 아니라, 오히려 사역자들을 비롯해서 세상 모든 것이 여러분을 위해 존재하기 때문입니다.** [22] 바울이나 아볼로나 게바와 같은 사역자들도, 세상이나 생명이나 죽음과 같은 가치들도, 지금까지 이루어진 일이나 앞으로 일어날 일과 같은

---

* 인용된 구절은 욥기에서 엘리바스가 한 말입니다(참조, 강산, 『말씀 앞에 선 당신에게』, 헤르몬, 2019, 131-34; 강산, 『욥기, 풀어쓴 성경』, 감은사, 2023).

** 사람들이 파당이나 분파를 만드는 가장 큰 이유는 무언가에 종속되고 그것을 섬기려는 "우상의 영"이 있기 때문입니다. 바울은 고린도 교회 성도가 파당을 짓는 근본적이고 영적인 문제를 해부하여 성도와 교회를 위해 준비된 모든 것에 종속되거나 노예가 되지 말고 오히려 복음의 참된 자유를 누리라고 선포한 것 역시 이 내용에 포함되어 있습니다.

모든 것들이 여러분을 위해 준비되었고 여러분이 감당하고 누리도록 하나님께서 예비하신 것입니다. 그러므로 일부에만 소속되고 매달리는 신앙생활을 이제 그만하십시오! 23 그리고 이것이 끝이 아닙니다. 궁극적으로 여러분은 메시아 예수님의 편(소속)이며, 메시아 예수님은 하나님의 편(소속)입니다. 다시 말해서 여러분이 진정으로 소속되고 섬겨야 할 분은 메시아 되신 예수님이시며, 또한 그분(예수님)께서 소속되어 계신 하나님이십니다!

동영상 설교 QR 4. 실체에서 존재로(고전 3:1-23)

## 5. 사역자들에 대한 바른 판단(4:1-21)

주님의 사역자들에 대한 바른 태도와 성숙한 신앙의 모습을 회복하십시오!

4 1 그러므로 여러분은 나, 바울을 비롯하여 주님의 사역자
들의 영적인 위치를 바르게 이해하고 인정해 주기를 바랍
니다. 즉, 우리는 여러분이 섬길 대상도 아니고, 여러분이 무시할
존재도 아닙니다. 오직 주님의 사역자들인 우리는 하나님의 비밀
인 복음을 여러분에게 전달하는 통로이며 일꾼입니다(3:5). 2 따라
서 이러한 주님의 사역자들에게 가장 요구되는 사항이 있다면, 다
시 말해서 사역자들에게 가장 중요한 일은, 하나님께서 맡겨 주신
"복음의 전달"이라는 사명을 충성스럽고 신실하게 감당하는 것입
니다. 3 우리 주님의 사역자들은 하나님께서 보내신 사람들이고
하늘의 일을 하는 사람들이기 때문에, 이 땅에 있는 누군가에게
평가받거나 이 세상 사람의 기준으로 판단받을 이유가 전혀 없습
니다. 다시 말해서 세상은 우리를 판단할 수 없습니다. 심지어 나
도 나 자신을 판단하거나 평가할 수 없고 그렇게 할 것도 없습니
다.* 4 그 이유는 나, 바울이 지금까지 사역해 오면서 사람들에게
판단받거나 비난받을 만한 일을 전혀 하지 않았기 때문입니다. 이

---

* 이 문장의 헬라어 표현을 보면 "사람의 날"이라고 되어 있는데, 이것은 "주님의 날"과 대조되는 표현입니다. "주님의 날"이 하나님께서 심판하시는 날이라면, "사람의 날"은 세상 사람들이 판단하는 날로 이해하면 쉬울 것입니다. 의역에서 이렇게 자세한 설명까지 길게 할 수 없기에 조금 더 부연 설명을 했습니다.

렇게 말한다고 해서 내가 의로운 존재라고 주장하는 것은 아닙니다. 핵심은 주의 사역자나 주의 일을 판단하고 평가하실 수 있는 분이 오직 주님 한 분뿐이라는 것입니다. 5 마지막에 예수님께서 심판하시는 때가 되면 모든 것이 바른 평가를 받을 것입니다. 그러므로 여러분은 그 시간이 되기도 전에 스스로 예수님이 되어 평가하고 판단하는 일을 하지 마시기 바랍니다. 예수님께서 판단하실 때에는 우리가 몰랐던 모든 은밀한 일을 다 드러내실 것이고, 심지어 사람들이 은밀하게 마음속으로 의도한 생각까지도 나타내셔서 평가하실 것입니다. 바로 그 심판 때에 각 사람이 행한 대로, 잘한 사람은 칭찬받을 것입니다. 그러나 잘못한 사람은 벌을 받을 것입니다! 6 앞에서 나(바울)는 "심는 자"이고 아볼로는 "물을 주는 자"라는 비유를 사용해 설명한 이유는 주님의 복음을 전하는 사역자가 어떤 영적인 위치에 있는지를 여러분에게 쉽게 이해시키기 위해서였습니다. 또한 내가 이렇게 말한 더 중요한 이유는 여러분에게 우리 신앙의 기준이 되는 "성경 말씀의 진리에서 벗어나지 말라"라는 교훈을 주려는 것입니다.* 여러분이 하나님 말씀인 성경 말씀을 무시하고 마음대로 살면, 어떤 사람은 존경하고 어떤 사람은 무시하면서 평가하고 판단하는 삶, 즉 교만한 삶을 살게

---

* 당시 고린도 교회 성도는 메시아 예수님의 복음을 받아들이고 그 자유를 누리면서 '구약성경'을 무시하고, 사도들의 가르침에서도 많이 벗어나 자유로운 신앙을 누리고자 했습니다. 그러나 바울은 복음이라는 근본적인 내용이 구약성경과 다르지 않으며 사도들의 가르침에 제한받아야 한다고 분명하게 말하고 있습니다.

되기 때문입니다. 저는 여러분이 그렇게 살면 안 된다고 말하는 것입니다.

7 내가 이렇게 여러분에게 판단하고 평가하는 교만한 삶을 살지 말라고 하는 이유는 여러분의 어떤 공로가 아니라 오직 하나님의 은혜로 여러분이 구원받았기 때문입니다. 하나님께서는 죄로 인해 죽을 수밖에 없는 여러분을 구원해 주셔서 하나님 나라 백성이라는 거룩하고 특별한 신분과 위치로 구별해 주시지 않았습니까? 그런데 왜 아무 수고도 없이 받은 이 귀한 성도의 신분을 마치 여러분이 노력해서 얻은 것인 양 자랑하고 높이면서 다른 사람을 무시하고 판단하는 것입니까(고후 6:1)? 8 여러분은 참으로 교만해졌습니다. 아직도 미숙한 어린아이와 같이 육신적인 종교인으로 살면서 이미 영적으로 성숙한 자리에 오른 성도처럼 행세하고 있으니 말입니다. 영적으로 가난하고 혼란스러운 자신의 실체를 직시하지 못한 채, 주님의 사역자인 우리의 가르침은 무시하고 이미 부유하고 풍족한 왕이 된 것처럼 착각하고 있습니다. 나는 여러분이 진정으로 부유한 사람이 되고 진정으로 삶을 다스릴 수 있는 왕 같은 영적 신분이 회복되기를 원합니다. 그렇다면 우리와 여러분이 함께 성숙한 성도의 반열에 올라 진정한 왕의 신분으로 살아갈 수 있을 텐데 말입니다. 그러나 지금 여러분의 영적 상황은 그렇지 않습니다! 9 이러한 여러분의 교만한 삶의 태도와 대조해 보니, 주님의 사역자인 우리 사도들은 정반대로 비참한 삶을 살고 있다는 생각이 듭니다. 마치 사형 선고받은 사람이 교수대에 올라

[illegible] 세상 모든 사람[illegible] 구경거리가 된 것
같습니다. 하나님께서 우리를 가장 비천하고 낮은 자리에 있도록
만들어 놓으신 것처럼 보입니다. 여러분의 교만하고 가식적인 태
도 때문에 진정 바르게 주님을 믿고 따르는 사람들은 이렇게 비참
한 자리에 있는 것처럼 보인다는 말입니다.

[10] 다시 말해서, 주님의 사역자들인 우리 사도들은 메시아 예수
님을 위해 어리석은 사람처럼 취급 당하지만 여러분은 메시아 예
수님 안에서 똑똑한 사람처럼 살고, 우리는 약한 사람으로 취급
당하지만 여러분은 강한 사람처럼 인정받으며, 여러분이 존경받
는 자리에서 군림하는 동안 우리 사역자들은 치욕스러운 자리에
서 고통당하고 있습니다. 바로 여러분의 잘못된 신앙과 삶의 방식
때문에 말입니다. [11] 나의 말은 단순한 비유가 아니라 실제입니다.
부르심을 받은 그날부터 바로 지금까지, 우리 사도들은 배고프고
목마르며 입을 옷 하나 없고 매 맞고 수치 당하는 고난 속에서, 지
친 몸이 쉴 수 있는 방 한 칸도 없습니다. [12] 아울러 이런 열악한 상
황에서도 주님의 사역자인 우리는 적절한 보수조차 받지 않고 직
접 일하면서 생계를 유지하고 복음을 전하고 있습니다. 우리는 욕
을 먹으면서도 우리를 욕한 사람을 오히려 축복하며, 핍박당하면
서도 참고 견디어 왔습니다. [13] 누군가가 우리에게 악하고 나쁜 말
을 해도 우리는 부드러운 말로 그들을 권면합니다. 우리는 정말
이 순간까지 세상의 쓰레기처럼, 모든 만물의 찌꺼기처럼 대우받
아 왔습니다. [14] 나는 지금 단지 여러분을 부끄럽게 만들려고 이런

말을 하는 것이 아닙니다. 오히려 좋은 부모가 사랑하는 자녀를 교정해 주듯이, 여러분을 내 자녀로 생각하고 아끼는 마음으로 여러분의 잘못된 신앙과 삶의 방식이 변화되고 바로잡히기를 바라며 훈계하는 것입니다. [15] 이렇게 말할 수 있는 이유는, 내가 바로 여러분의 영적인 아버지이기 때문입니다. 지금까지 여러분의 신앙을 위해 나름대로 스승이라고 말할 수 있는 사람은 많아도, 여러분이 처음 신앙으로 태어나는 데 부모의 역할을 하는 사람은 그렇게 많지 않기 때문입니다. 여러분은 정말로 내가 복음으로 낳은 내 자녀들입니다. [16] 그러므로 나의 사랑하는 영적 자녀인 고린도 교회 성도 여러분! 나의 부탁과 도전은 하나뿐입니다. 여러분은 나를 본받으십시오! 진정으로 성숙한 성도의 삶으로 따라오십시오!

[17] 여러분이 나를 본받아 성숙한 성도가 되게 하려고, 나를 대신하여 내 믿음의 아들이자 신실한 주님의 사역자인 디모데를 여러분에게 보냈습니다. 그가 여러분에게 가서 나, 바울이 복음을 전했던 지역과 교회마다 동일하게 알려준 내용, 즉 성숙한 성도가 살아 내야 할 삶의 방식*을 여러분에게도 상기시키고 가르쳐 줄 것입니다. [18] 심각한 문제는 고린도 교회에 있는 몇몇 사람이 다시는 나, 바울이 그곳에 올 수 없을 거라고 생각하면서, 아주 교만한 모습으로 살고 있다는 것입니다. [19] 하지만 나는 우리 주님께서 허

---

* "방식"으로 번역한 헬라어 '호도스'(ὁδος)는 단순히 문자적으로 "길"이라는 뜻이지만 유대인의 관용적인 표현으로는 "삶의 방식과 태도"를 뜻합니다.

락만 하신다면 즉시 여러분에게 갈 것입니다. 그리고 고린도 교회 안에 있는 그 교만한 사람들의 말이 아니라 그들이 실제로 그러한 영적인 능력을 가지고 있는지 점검할 것입니다. [20] 누군가가 진정으로 성숙한 성도가 되었다는 증거, 즉 하나님 나라가 그 성도의 삶에 온전히 임했다는 증거는 단지 말이 아니라 실제적인 능력으로 나타나는 것이기 때문입니다. [21] 자, 내가 어떤 모습으로 여러분 앞에 나타나기를 원합니까? 교만한 여러분을 훈계할 수밖에 없는 무서운 모습입니까? 아니면 바로잡힌 여러분을 사랑할 수밖에 없는 온유한 모습입니까? 그것은 철저히 여러분에게 달려 있습니다!

동영상 설교 QR 5. 위치를 바로잡아라(고전 4:1-21)

## 6. 십자가의 지혜, 구원의 능력(5:1-13)

교회 안에서 음행의 죄를 짓는 사람을 즉시 출회하십시오!*

5 1 상스럽게도** 나는 고린도 교회 성도 중에서 어떤 사람
이 세상 사람도 하지 않는 음란한 짓을 하고 있다는 소식
을 들었습니다. 그 내용은 어떤 아들이 자기 아버지의 아내(계모)와
성관계를 한다는 것입니다(레 18:7-8; 신 22:30). 2 이런 역겨운 죄를
계속 짓는 사람이 교회 안에 버젓이 있는데, 여러분은 파당을 나
누고 사역자들까지 판단하면서 엄청난 지혜가 있다는 식으로 잘
난 체만 할 뿐, 그 충격적인 현실에 대해 애통해 하지도 않고 이러
한 음행을 저지른 사람을 내쫓아 버리지도 않는다는 말입니까?

3 여러분의 시급한 문제는 이러한 심각하고 분명한 죄에 대해
서 즉각적인 결정을 바르게 내리지 않고 있는 것입니다. 물론 내
가 지금 몸으로는 고린도 교회에 있지 않지만 영으로는 여러분과
함께 있기에, 나는 이미 이러한 음행을 행한 그 사람에 대해서 어

---

* 고린도전서 5장부터 시작되는 이야기는 고린도 교회 성도가 자신에게 주어진 '구원과 자유'를 잘못 이해하고 살았기 때문에 생긴 일로 보입니다. 다시 말해, 그들은 "이미 우리 영혼은 구원받았으니 우리 육체는 얼마든지 마음대로 살아도 된다"는 이원론적 사고로 복음을 이해했습니다. 그래서 5장은 독립된 이야기가 아닙니다. 이미 1-4장에서 다룬 교회의 지혜, 분열, 영적 지도자에 대한 판단과 연결되는 교만의 문제가 이어지고 있는 것입니다.

** 헬라어 '홀로스'("Ολως)는 "전적으로", "완전히", "심각하게", "실제적으로" 등의 뜻으로 바로 앞에 있는 4장 마지막 내용과 직결되며, 5장의 문을 열면서 바울이 가진 매우 불쾌한 마음을 감정적으로 담은 표현이기에 한국 정서에 맞게 이렇게 번역해 보았습니다. 이 단어는 15:29에도 한 번 더 나옵니다.

떻게 해야 할지 결정했고 판결을 내렸습니다. 4 이것은 단순히 나
의 생각이나 감정으로 결정한 것이 아니라, 우리 모두의 주인이신
예수님의 이름과 예수님의 능력으로 판결한 것입니다. 5 그 결정
과 판결은 바로 우리가 그 사람에게 내려야 할 처분으로, 교회에
서 내쫓아 사탄이 아직 주권을 행사하는 세상으로 내보내는 것입
니다. 이렇게 하는 것은 그 사람을 저주하는 것이 아닙니다. 그가
교회 밖으로 나가 육체적으로 수치스럽고 고통스러운 찔림을 받
음으로 결국 회개하여 나중에 주님이 재림하시는 심판 날에 그의
영혼이 구원받도록 하기 위해서입니다.*

6 너무 심한 결정이라고요? 그렇게까지 해야 하느냐고요? 아
니요! 반드시 그렇게 해야 합니다! 거룩한 교회 안에 이토록 방탕
한 죄악이 있는데 교만하게 잘난 체만 하면서 이런 분명한 악을
묵인하거나 무시하는 것은 결국 심각한 결과로 이어지는 사망의
흐름이 되기 때문입니다. 여러분은 작은 누룩이 빵 덩어리 전부를
부풀리듯 작은 죄라도 교회 안에 들어오면 다른 성도들에게 전염
되어 교회 공동체 전부에 치명적인 결과를 낳는다는 것을 모르십
니까(마 16:6; 막 8:15; 눅 12:1; 갈 5:9)? 7 이에 여러분은 썩은 누룩 같은
과거의 죄악된 습관이나 관계를 개인적으로든 공동체적으로든 철

* 이 구절은 정확하게 해석하기 무척이나 어려운 내용을 담고 있습니다. 이 구절에 대해서 신학자로서의 바울의 정확한 교리를 추구하기보다는 목회자로서의 바울의 심정과 기대를 읽어 내는 것이 더 중요하다고 생각합니다(참조, 조너선 리먼, 『당신이 오해하는 하나님의 사랑』, 국제제자훈련원, 2015; 고전 11:30-32; 고후 2:5-11; 딤전 1:20)

저하게 제거하고 정리해야 합니다. 그래서 여러분은 썩은 누룩이 전혀 들어 있지 않은 빵처럼, 날마다 거룩하고 새로운 생명 공동체로 거듭나야 합니다.* 그런 존재가 되게 하시려고 메시아 예수님께서 우리를 위해 유월절 어린양으로 희생하셨다는 것을 잊지 마십시오. 8 그러므로 구약 시대의 이스라엘 사람들이 구원을 기념하는 유월절을 오래된 누룩 없이 지킨 것처럼, 신약 시대의 하나님 백성인 우리도 이 세상과 과거의 악하고 타락한 누룩을 제거하여, 순결하고 진실한 생명의 공동체와 구원의 날들을 지키도록 합시다!

9 아울러 추가로 말해야 할 것이 있습니다. 이전에 내가 여러분에게 "음행하는 사람들과 교제하지 마십시오"라는 내용을 담아 보낸 편지에 대한 것입니다.** 10 일부 성도들이 그 편지 내용에 대해 오해를 한 것 같습니다. 내가 여러분에게 "이 세상에 있는 음행하는 사람들과 교제하지 마십시오"라고 한 것은 세상에서 예수님을 믿지 않는 사람들 가운데 음행하는 사람이나 탐욕스러운 사람이나 강도질을 한 사람이나 우상숭배 하는 사람과 전혀 만나지도 말고 이야기하지도 말라는 뜻이 아니었습니다. 세상에는 이런 사

---

* 누룩 자체가 선하거나 악한 것은 분명 아닙니다. 예수님은 누룩을 사용하여 천국을 설명하시기도 했기 때문입니다(마 13:33). 다만 여기서 바울은 누룩이 가진 분명하고 강한 영향력에 대해 부정적인 입장/태도를 취하고 있습니다.

** 많은 학자가 이 구절을 근거로 '고린도전서' 전에 쓴 편지가 최소한 한 통 더 있을 것이라고 추측합니다. 11절에도 이러한 내용이 들어 있습니다.

람이 너무 많기에 만약 그렇게 하려면, 우리는 이 세상 밖으로 나가야만 할 것입니다. [11] 내가 지난번 편지에 교제하지 말라고 한 대상은 세상 사람이 아니라, 교회 안에서 성도라고 불리는 사람입니다. 성도가 되었는데도 여전히 성적으로 방탕하거나 탐욕스럽거나 우상을 숭배하거나 욕하거나 술 취하거나 다른 사람의 것을 훔치는 짓을 반복적이고 습관적으로 한다면, 여러분은 그런 사람들과의 관계를 정리해야만 합니다. 여러분의 영혼을 지키고 그들에게 경고를 주기 위해서라도 그런 사람들과 어울리지 말고, 함께 식탁 교제도 하지 말아야 한다는 내용이었습니다.* [12] 내가 이러한 내용을 분명하게 말하는 이유는 교회 밖에 있는 세상 사람들이 어떠한 죄를 짓더라도 그것은 나와 우리 성도가 판단할 문제가 아니지만, 교회 안에 있는 사람들의 신앙과 삶은 성도인 여러분이 스스로 분별하고 판단해야 할 의무가 있기 때문입니다. [13] 교회 밖에 있는 세상 사람에 대해서는 하나님께서 직접 심판하실 것입니다. 하지만 교회 안에서 회개하지 않고 완고하게 계속 악을 행하는 사람에 대해서는 더 이상 관용하지 말고 여러분이 직접 그리고 즉시

---

* "함께 밥도 먹지 말라"는 바울의 말이 가혹하게 들릴지 모르지만, 여기서 두 가지 분명한 사실을 알아야 합니다. 하나는 초대 교회 당시의 모든 식사는 예수님께서 정하신 성찬식을 포함한 성도들의 식탁 교제로서 단순한 식사가 아니라 예수님의 살과 피를 나누는 것이었습니다. 그러므로 그 자리에 합당치 않은 죄악 된 삶을 습관적으로 살아가는 사람과 함께 식사해서는 안 되는 것입니다(참조, 고린도전서 11장에 확대 설명되어 있음). 또 하나는 교회 안에서 여전히 고의적인 죄를 짓는 성도들에게 강력하게 조치를 해서 그들이 신속하게 회개하도록 하기 위함입니다.

그들을 교회 밖으로 내쫓아 버리십시오(마 18:15-17; 딤후 2:25; 약 1:21)!

동영상 설교 QR 6. 분명한 죄, 분명한 결단(고전 5:1-13)

## 7. 소송의 문제(6:1-11)

싸워 이기려고 하지 말고 더 위대한 승리를 누리십시오!

6 [1] 고린도 교회 성도들이여! 여러분은 왜 이렇게도 한심하
고 이기적인 행동을 하는 것입니까?* 성도들 사이에서 일
어난 문제를 어째서 거룩한 교회 안에서 해결하려고 하지 않고 불
의한 세상의 법정으로 가져가 고소하고 해결하려고 하는 것입니
까? [2] 여러분은 마지막 날에 이 세상을 심판할 존재가 된다는 사
실을 잊어버렸습니까? 성도는 마지막 날에, 예수님과 함께 이 세
상 전부를 심판하는 위치에 서게 될 것입니다. 장차 온 세상을 심
판하고 판단할 위치에 서게 될 여러분이 겨우 교회 안에서 일어나
는 지극히 사소한 일조차 판단하고 해결하지 못한다면 말이 되겠
습니까? [3] 더 나아가 성도는 이 세상만 심판하는 것이 아니라 하
늘에 있는 천사까지 심판할 것입니다. 그러니 하늘의 일까지 판단
할 사람들이 땅의 일 정도는 넉넉히 판단할 수 있어야 하지 않겠
습니까? 세상을 심판할 존재가 세상의 심판을 받다니요! [4] 다시
말해서, 성도들 사이에서 일어난 문제를 믿음 있고 신뢰할 만한

---

* 헬라어로 '톨마'(Τολμᾷ)는 "감히", "심지어"라는 뜻을 가진 부사로 한 단어지만, 이 표현 안에는 바울의 답답함과 속상함이 담겨 있기에 조금 길게 문장으로 풀어서 번역함으로써 바울의 파토스를 느낄 수 있도록 해 보았습니다. 아울러 앞으로 고린도전서 6장부터 소송의 문제와 성적인 문제를 다루게 되는데, 더 넓게 보면 이미 고린도전서 1-4장에서 '지혜'를 중심으로 한 '분쟁'의 문제나 5장에서 나오는 '음행과 잘못된 판단'의 문제까지 모두 6장과 직간접적으로 연결됩니다.

성도를 통해 교회 안에서 해결해야지, 어째서 믿음 없는 세상 법정에서 신뢰할 수 없는 사람을 세워 그 문제를 해결하려고 합니까?

[5] 나는 지금 여러분을 부끄럽게 해서 정신 차리게 만들려고 합니다! 고린도 교회 안에는 성도들 사이에 일어난 이런 사소한 문제조차 해결하고 판결해 줄 수 있는 지혜롭고 능력 있는 성도가 하나도 없다는 말입니까(4:14, 15:34)?* [6] 여러분 스스로 그렇게 지혜롭다고 자랑하더니, 교회 안에서 일어나는 작은 분쟁과 문제조차 해결하지 못하고, 오히려 성도가 성도를 맞서 고소나 하고 세상 법정에 들락거리면서 그들이 문제를 해결해 주길 바라고 있다는 말입니까? [7] 서로 고소하고 세상 법정으로 간다는 사실 자체만으로도, 여러분은 이미 교회 안에서 생긴 문제를 성도답게 바르게 처리하지 못했고 영적인 전쟁에서 완전히 패배했다는 분명한 증거가 됩니다. 성도 여러분! 끝까지 소송해서 누군가를 이기려고 하기보다, 성도답게 차라리 부당한 대우를 받는 편이 낫지 않겠습니까? 차라리 속임 당하고 손해를 보는 편이 더 낫지 않겠느냐는 말입니다.

[8] 그러나 여러분은 손해를 보기는커녕, 소송한 재판에서 이기기 위해 거짓말하고 속여 어떻게든 자기 유익만 얻으려고 하는군

---

* 이 수사적 의문문에 담긴 뜻은 고린도 교회가 스스로 지혜롭다고 자랑하고 교만하게 말하지만(3:18) 실제로는 영적인 성숙을 이룬 사람이 부족하다는 바울의 반어적인 질책입니다.

요. 그러니 당신이 짓밟아서 이기고 유익을 챙겨 보려는 사람은
바로 다름 아닌 믿음 안에 있는 우리 형제요, 자매입니다. 9 너 나
아가 여러분이 이런 식으로 같은 성도를 고소하고 재판해서 누군
가를 이기고 유익을 챙기려는 방식은 악하고 어두운 사망의 흐름
의 시작으로, 그런 방향으로 계속 흘러간다면 절대로 하나님 나라
에 들어갈 수 없다는 것을 분명히 알아야 합니다. 여러분! 세상적
인 가치에 대한 욕망이나 유혹으로 인해 지금까지 걸어온 신앙의
길에서 벗어나지 마십시오! 다시 한번 강조하지만 음란한 사람들
이나 우상숭배를 하는 사람들이나 간음하는 사람들이나 비정상적
인 성적 쾌락을 추구하는 사람들이나* 동성애를 욕망하는 사람
들이나, 10 도둑질하는 사람들이나 탐욕스러운 사람들이나 술에
중독되어 살아가는 사람들이나 습관적으로 욕하는 사람들이나 남
의 것을 강탈하는 사람들은 절대로 하나님 나라를 누릴 수 없고,
천국에 갈 수 없습니다(마 25:34).** 11 고린도 성도 여러분! 여러분도
이전에는 이런 존재들이었습니다! 그러나 이제 여러분은 주인 되

---

* 헬라어 '말라코이'(μαλακοὶ)는 "부드러운 것" 또는 "부드러운 것을 좋아하다"라는 뜻으로 색욕적인 삶의 경향성, 관음증, 더 나아가 유아에 대한 성적 욕망이나 동성애적 도착에 이르기까지 폭넓게 적용할 수 있는 표현입니다.

** 9절과 10절에서 계속 반복되는 "하나님 나라를 유업으로 받지 못한다" 또는 "상속받지 못한다"라는 말은 신학적으로 부족한 표현이지만, 쉽게 말해서 "천국에 못간다"는 말입니다. 그러나 헬라어 문장의 의미는 부모에게 상속받듯이 받아 누리는 삶을 강조하여 천국은 단순히 미래의 문제만이 아니라 현실에서도 누리는 것임을 강조합니다. 아무리 세례를 받고 직분이 있어도 죄악 된 이 세상의 사망의 흐름 속에 있는 사람은 여기 이곳에서 시작하여 마지막에 완성되는 하나님 나라의 생명의 흐름을 절대 누릴 수 없습니다.

신 메시아 예수님의 이름과 하나님께서 보내 주신 성령님을 통해 완전히 새로운 사람이 되었습니다. 여러분의 죄와 과거는 완전히 씻겨졌으며, 여러분의 영혼은 거룩하게 되었으며, 여러분의 신분은 의롭게 되었습니다! 그러므로 이제 변화된 여러분의 존재에 합당하게 살아가기 바랍니다! 새롭게 된 여러분의 미래에 합당한 신분으로 살아가기 바랍니다!

동영상 설교 QR 7. 싸워 이기려 하지 말고 위대한 승리자가 됩시다(고전 6:1-11)

## D. 육체와 성의 문제(6:12-20)

음란의 결합이 아니라 영광의 연합을 이루십시오.

6 [12] 그렇다면 거룩하고 의로운 신분으로 새롭게 된 성도는
앞으로 어떻게 살아야 할까요? 이제 나에게 무엇이든 할
수 있는 **기회**가 주어졌으니, 원하는 대로 전부 다 하면 될까요? 하
지만 그것이 자신과 공동체에 유익하지 않은 위기가 될 수도 있습
니다. 또한, 나에게 무엇이든 할 수 있는 **자유**가 열렸으니, 욕망에
따라 전부 다 하면 될까요? 하지만 그것이 자신과 공동체를 방종
이라는 죄의 노예로 만들 수도 있습니다. 그러므로 이제 나는 성
도의 진정한 **기회**와 **자유**가 "**육체와 성의 문제**"에 있어서 어떻게
사용되어야 하는지 말해 보겠습니다.
[13] 먼저 육체를 위해서는 음식이 필요합니다. 음식을 먹어야 육
체가 건강하게 유지되니까요. 하지만 육체의 욕망을 무조건 다 채
우는 것은 진정한 성도의 모습이 아닙니다. 그런 욕망과 무절제의
삶에 중독되어서 계속 산다면, 하나님께서 육체와 음식을 모두 없
애 버리실 것입니다. 아울러 육체에는 성적인 욕망이 있습니다. 하
지만 진정한 성도의 육체는 성적 욕망만 채우는 도구가 되어서는
안 됩니다. 오히려 하나님의 나라와 그 영광을 위한 통로가 되어
야 합니다. 그러면 바로 그런 성도의 육체와 삶을 주님께서 돌보
아 주십니다. [14] 여러분 중에서 어떤 성도는 육체가 사라져 버릴 것
이기 때문에 육체에 무슨 짓을 해도 상관이 없다고 생각하지만,

사실은 그렇지 않습니다. 하나님께서는 영혼만이 아니라 육체도 중요하게 보시며 지금 우리의 육체성은 미래의 육체와 연속성을 가지고 있다는 것을 기억해야 합니다. 그래서 하나님께서는 예수님을 부활시키실 때, 영혼과 함께 육체까지 부활시키신 것입니다. 마찬가지로 우리도 하나님의 능력으로 영혼과 함께 새로운 육체로 부활하게 됩니다. 그러므로 우리는 우리의 육체를 소중하고 거룩하게 관리해야 합니다.

15 더 나아가, 여러분의 몸은 예수님을 머리로 하는 유기적 생명체인 교회의 한 부분임을 반드시 알아야 합니다. 우리는 예수님의 손이요 발과 같은 하나의 지체입니다. 그런데 여러분이 거룩한 교회 공동체에서 벗어나 음란한 만남과 성관계를 육체에 행함으로 예수님의 몸을 떼어 내서 창녀의 몸에 갖다 붙이면 되겠습니까? 절대 그래서는 안 됩니다! 16 여러분이 창녀와 성관계를 하게 되면 그 성적인 대상과 연합하여 같은 존재가 된다는 것을 반드시 알아야 합니다! 이러한 근거로 창세기 2장 24절에서 하나님께서는 “여자와 남자가 연합하면 둘이 아니라 하나의 육체가 된다”라고 말씀하신 것입니다. 그러므로 누구든지 음란한 행위를 하면 그 음행을 한 대상과 연합하여 같은 존재로 타락하는 것입니다. 17 하지만 반대로 이 세상의 음란한 문화를 거절하고 주님께 순종하며 그분의 뜻에 순종하여 그분과 연합하면, 여러분은 주님과 하나가 되는 것입니다. 다시 말해서, 하나님의 영이신 성령님과 성도의 영이 하나가 되는 것입니다.

18 그러므로 여러분은 모든 종류의 음란한 습관과 행동을 적극
적으로 포기하고 버리십시오! 사람들이 짓는 모든 죄는 대부분 자
신의 몸 밖에서 짓는 것이지만, 음란한 습관과 행동은 자기 몸 안
에 직접 죄를 짓는 것이기에 아주 심각한 결과를 낳게 됩니다. 19
궁극적으로 여러분의 몸은 주님과 연합된 한 몸으로 "성전"이라
는 것을 알지 못합니까? 성도가 된 여러분의 몸은 연합한 공동체
인 "교회"가 되었고 그 하나가 된 몸 안에 성령님께서 거하고 계
십니다. 그러니 여러분의 몸은 더 이상 여러분의 것이 아니라, 성
령님의 것입니다. 그러므로 여러분의 몸을 여러분 마음대로 해서
는 안 됩니다. 20 왜냐하면 이전에 지은 죄로 인해 죽음과 사탄에
게 팔려 그들의 소유가 되었던 여러분의 몸과 삶을 예수님의 죽음
이라는 대가를 치르고 하나님께서 다시 사셨기 때문입니다.* 그
러므로 이런 엄청난 구원을 받아 하나님의 소유가 된 여러분은 새
로운 삶을 주신 하나님께 여러분의 몸으로, 즉 구체적인 삶으로
영광 돌리십시오!

동영상 설교 QR 8. 음란의 결합이 아닌 영광의 연합(고전 6:12-20)

---

* 이것이 바로 성경이 말하는 구속(redeem)의 정확한 의미입니다.

# 제2부
# 고린도 교회의 질문들(7-16장)

## 9. 성과 결혼의 문제 1(7:1-24)

주어진 관계와 삶의 자리에서 충성하십시오!

7 [1] 이제부터는 여러분이 나, 바울에게 편지로 물어본 여러 가지 질문들에 대해 대답해 드리도록 하겠습니다. 먼저 여러분은 내게 **독신과 결혼**의 문제에 대해서 질문했습니다. 일단 여러분이 제안한 것처럼 "남자와 여자가 접촉(성관계)하지 않는 것이 좋습니다." 다시 말해서 결혼하지 않고 독신으로 살면 신앙생활에 유익하다는 말은 사실입니다.* [2] 그러나 대다수 사람이 성적인 욕

* 앞서 살펴본 고린도전서 5장과 6장은 우리 안에 영적인 문제만 중요하기 때문에 육적인 문제는 아무런 상관이 없다는 '이원론적 신앙관'을 지닌 사람들에게 영혼과 육체의 문제가 함께 조화를 이루어야 한다고 말합니다. 마찬가지로 7장부터는 거룩한 신앙생활을 위해 '극단적인 금욕'을 주장하는 사람들

구가 있기에, 결혼하지 않고 독신으로 살면 그 욕구를 해결하려고
하다가 음란의 죄를 지을 수 있습니다. 그러므로 남자는 아내 될
좋은 여자를 만나 결혼하고, 여자도 남편 될 좋은 남자를 만나 결
혼해서 건강한 부부와 가정으로 신앙생활하도록 하십시오!

3 그리고 결혼했다면, 남자는 아내 된 여자에게 성실하게 남편
의 성적인 의무를 다하십시오! 마찬가지로 아내 된 여자도 남편에
게 성실하게 아내의 성적인 도리를 다하십시오!* 4 아내는 자기
몸을 자기가 원하는 대로만 사용하지 말고 남편의 요구에 따라주
어야 하며, 마찬가지로 남편 된 사람도 결혼 생활에서 자기 몸을
자기가 하고 싶은 대로만 사용하지 말고 아내의 요구에 따라주어
야 합니다. 다시 말해서 부부는 상대방의 성적인 요구를 잘 받아

---

에게 균형을 이루라고 강조합니다. 이어서 일부 성도는 7:1을 지나치게 문자적으로 읽어서 바울이 결혼 문제에서 무조건 '독신'을 강조했다고 오해합니다. 사실 그 구절은 고린도 교회 성도 가운데 '지나친 금욕주의자들'이 한 말일 가능성이 더 높습니다. 거룩한 신앙생활을 위해 '남자는 여자를 건드리지도 말라'는 구호 말입니다. 그래서 바울은 일단 그들의 주장을 받아들이면서도 그들의 태도를 좀 더 현실적으로 조율하고 있다는 것을 알아야 합니다.

* 일단 이 문장을 문자적으로만 읽으면 "빚을 갚으라!"가 됩니다. 하지만 문맥 속에서 가지는 더 정확한 의미는 "부부가 성적인 욕구를 서로 감당해 주라"는 뜻입니다. 결혼을 했다고 해서 성적인 욕구가 무조건 해결되는 것은 아닙니다. 결혼한 부부는 서로에게 성적인 욕구에 대해서 "빚지고 있다"는 것을 기억해야 합니다. 그러므로 그것을 반드시 갚으라고 하는 것입니다. 이 구절은 한국 정서상 노골적으로 번역하기 어려운 내용이지만, 문맥의 흐름을 잘 읽어 보면 아내나 남편이 서로에게 부부의 의무를 감당한다는 것이 곧 성적인 욕구를 채워 주는 것이며 그것이 매우 중요하다는 것을 알 수 있습니다. 이런 내용은 이미 출애굽기 21:10에도 매우 구체적으로 나와 있으며, 다음 구절인 4절 이하에서도 계속 적용됩니다.

주고 존중해 주어야 합니다(출 21:10). 5 부부로서 서로가 가지고 있는 성적인 요구를 무시하지 말고 거절하지 마십시오! 다만 서로가 특별한 기도 시간을 가지기 위해 각방을 쓰거나 성생활을 잠시 쉴 수는 있지만, 그런 시간이 지나고 나면 곧 부부로서의 관계를 다시 회복해야 합니다. 그렇게 하지 않는다면 사탄이 성적인 욕구를 이용하여 시험에 들도록 할 것이기 때문입니다.

6 이어서 이제부터 내가 말하는 내용은 여러분에게 그렇게 하면 좋겠다는 권고이지, 반드시 해야만 하는 명령은 아닙니다.* 7 나는 고린도 교회의 모든 성도가 나처럼 독신으로 주님만 바라보며 살기를 바랍니다.** 그러나 모든 사람이 나처럼 독신의 은사를 받은 것은 아닐 것입니다. 사람마다 하나님으로부터 적절한 은사를 받습니다. 그러므로 억지로 독신이 될 필요는 없습니다. 각자에게 주신 주님의 은사에 따라 순종하는 것이 좋습니다. 8 아울러 아직 결혼하지 않은 사람들과 과부들에게 내가 조언을 하겠습니다. 만약 여러분이 나처럼 성적인 욕망을 잘 통제할 수 있다면 그냥

---

* 학자들 사이에서 6절의 표현이 위에서 나온 내용에 대한 것인지, 아래에 대한 내용인지에 대해 논란이 많습니다. 개인적으로 연구한 결과에 따르면 6절의 표현은 아래의 내용과 이어지는 것이 바람직해 보입니다. 그 이유는 위에서 말한 부부의 성관계와 관련된 내용은 주로 명령형으로 되어 있지만, 아래에 나오는 독신과 관련된 내용은 소망의 직설법이기 때문입니다.

** 사실 바울이 독신이었는지는 논쟁거리입니다. 일반적인 유대인이라면 바울은 이미 결혼했을 나이이기 때문입니다. 그래서 많은 신학자가 내세우는 의견 가운데 타당성 있는 (그럴듯한) 견해로, 바울이 특별하게도 ① 독신이었거나 ② '상처(喪妻)한 유대인'이거나(Joachim Jeremias) ③ 그리스도인이 된 뒤 아내와 헤어졌다고 보는 것(F. F. Bruce)이 있습니다.

혼자 지내라고 말하고 싶습니다. 9 하지만 성적인 욕망을 통제할
수 없다면 결혼하십시오. 억지로 혼자 살면서 성적인 욕망으로 인
해 심하게 갈등하는 것보다 차라리 결혼하는 것이 더 좋기 때문입
니다. 10 이어서 이미 결혼한 성도들에게 말씀드립니다. 지금부터
하는 말은 나 바울이 가진 개인적인 의견이 아니라, 주님께서 직
접 내리시는 명령입니다. 이미 결혼한 부부는 이혼하지 마십시오
(말 2:16). 특히 믿음의 아내는 자신의 남편과 헤어지지 마십시오! 11
하지만 만약 어쩔 수 없이 이혼당했다면, 다른 사람과 재혼하려고
하지 말고 그냥 독신으로 지내십시오. 아니면 원래 남편과 재결합
하십시오. 믿음의 남편 역시 자신의 아내를 쫓아내거나 그녀와 이
혼해서는 안 됩니다.

12 다음으로, 나머지 성도들에게 말씀드리려고 합니다.* 지금
부터 내가 하는 말은 주님께서 직접 하신 말씀이 아니라 나의 개
인적인 생각입니다. 만약 신앙을 가진 남자가 신앙이 없는 여자와
결혼했는데, 아내 된 여자가 신앙을 가진 남자와 결혼하여 사는
것에 동의하고 좋아한다면, 신앙을 가진 남자는 굳이 그 아내와
이혼하려고 하지 마십시오! 13 마찬가지로 신앙을 가진 여자가 신
앙이 없는 남자와 결혼했는데, 믿음 없는 남자가 믿음의 여자와
결혼하여 사는 것에 동의하고 좋아한다면, 신앙을 가진 여자도 굳
이 그 남편과 이혼하려고 하지 마십시오! 14 왜냐하면 결혼 생활을

---

* 아마도 여기서 "나머지 사람들"은 고린도 교회 안에 있는 부부 중 한쪽만 신앙을 가지고 있는 아내나 남편에 해당하는 사람들일 것입니다.

하다가 신앙 없는 남편이 신앙 있는 아내 덕분에 거룩한 영향력을 받아서 예수님을 믿게 될 수 있기 때문입니다. 믿음 없는 아내도 믿음 있는 남편을 보고 거룩한 삶에 감동받아 예수님을 믿을 수 있습니다. 만약 이런 거룩한 영향력과 변화가 일어나지 않으면 그 가정의 자녀들은 거룩한 성도의 삶을 살기가 힘들 것입니다. 그러나 여러분의 믿음과 거룩한 삶 덕분에 지금 여러분의 자녀도 거룩한 믿음의 영향력 아래서 살고 있다고 저는 확신합니다.

[15] 하지만 만약 예수님을 믿지 않는 남편이나 아내가 성도인 당신과 이혼하기를 원한다면, 그렇게 하십시오. 하나님은 여러분을 평화로 부르셨고 모든 성도가 평화롭게 살기를 바라시기 때문입니다. 신앙 없는 남편이나 아내를 참고 기다리면서 그들이 구원받을 수 있도록 노력하는 것이 가장 좋은 방법이지만 도저히 불가능하고 상대방이 끝내 이혼을 원한다면, 오히려 이혼해서 하나님의 평화를 누리는 것이 더 나은 길입니다. [16] 나는 지금 이혼을 독려하는 것이 아닙니다. 가장 좋은 길은 신자가 불신자와 함께 살면서 믿음을 가진 사람이 믿음 없는 배우자를 변화시키는 것입니다. 그러나 세상에는 어쩔 수 없는 경우도 있습니다. 그때는 이혼할 수밖에 없습니다. 무조건 고통을 감당하고 시간만 지나간다고 해서, 자신을 통해 자신의 아내나 남편이 구원받을 수 있을지는 그 누구도 장담할 수 없다는 말입니다.*

---

* 교회가 무조건 '이혼은 죄악이다'라는 식의 견해를 고수함으로써 교회 내의 얼마나 많은 가정의 아내와 자녀들이 말할 수 없는 상처를 받고 고통당하며

[17] 이와 관련하여 나는 여러분에게 영적인 교훈을 주려고 합니다. 독신과 결혼 및 부부 관계와 이혼에 이르기까지, 하나님께서는 각 사람에게 가장 적절한 은사와 은혜를 나눠 주셨고 가장 적당한 자리로 부르셨습니다. 그러므로 다른 사람들과 대조하여 비교 의식을 가지거나 좀 더 나은 위치로 올라가려고 하지 말고 자신에게 주어진 삶의 자리에서 충성스럽게 살아가십시오! 이것은 내가 모든 교회에 강력하게 전하는 명령입니다. [18] 인종적으로 어떤 사람이 이미 할례받은 유대인일 때, 부르심을 받아 성도가 되었다면 굳이 무할례자가 되려고 하지 마십시오. 마찬가지로 어떤 사람이 할례받지 않은 이방인일 때, 부르심을 받아 성도가 되었다면 굳이 할례를 받아서 더 특별한 인종이 되려고 하지 마십시오.* [19] 왜냐하면 진정한 성도의 삶은 할례를 받았느냐, 받지 않았느냐가 아니라 하나님 말씀과 계명을 실제로 지키고 삶으로 살아 내고 있느냐가 중요하기 때문입니다. [20] 각 사람이 부르심을 받아 구원받을 때의 그 인종과 신분, 바로 지금 주어진 삶의 자리에서 진짜 성도로 살아가기를 바랍니다. [21] 신분적으로도 당신이 노예의 신분일 때, 부르심을 받아 성도가 되었다면 자유인이 되지 못한다고 해서 걱

---

때로는 회복불가능한 지경까지 이르게 되는지를 교회는 분명하게 알아야 합니다. 바울은 원칙적으로 결혼을 하나님의 선물이며 헤어지지 말아야 할 것을 조건으로 인정하면서도 이 원칙을 무조건 적용하지는 않습니다. 그는 실제로 각 가정의 상황과 형편에 따라 유동적으로 대처해야 한다고 말합니다.

* 고대 의술 기록에 따르면 할례받은 사람이 그 할례를 무효화하거나, 반대로 할례받지 않은 사람이 할례받은 것처럼 보이려고 남자 생식기에 수술을 했다는 기록이 있습니다. 여기서도 그러한 내용을 언급하는 것으로 보입니다.

정하지 마십시오! 다만 자유인이 될 수 있는 기회가 생긴다면 그 때 자유인의 기회를 잘 사용하시면 됩니다. 22 그 이유는 당신이 부르심을 받아 성도가 되는 순간, 육신의 신분은 종이라 할지라도 영의 신분은 주님 안에서 자유인이기 때문입니다. 마찬가지로 당신이 자유인일지라도 예수님을 믿어 그분을 주인으로 모시는 그 순간부터 당신은 그리스도의 종이 되기 때문입니다. 23 무엇보다 여러분은 모두 엄청난 은혜, 바로 예수님의 십자가 죽음이라는 엄청난 대가 지불을 통해 구원받아 하나님의 소유가 되고 하나님의 소속이 되었으니, 더 이상 이 세상과 이 세상의 가치나 자리에 노예처럼 종속되어 살지 마십시오!* 24 그러므로 고린도 성도 여러분! 한 번 더 강조합니다. 누구든지 부르심을 받아 구원받았을 때, 바로 그때 자신에게 주어진 그 관계와 신분과 위치라는 삶의 자리에서 하나님과 연합하고 동행하는 진짜 성도로 살아가기를 바랍니다.

동영상 설교 QR 9. 주어진 관계와 삶의 자리에서 충성하십시오(고전 7:1-24)

---

* 여기서 "종속된다"라는 표현 안에는 당시 로마 식민지인 고린도 안에 있던 후견 제도의 방대한 사회적 관계성과 경향성이 녹아 있습니다. 당시 사람들은 신분과 위치가 높은 사람과 개인적인 유대 관계를 맺어서 자신의 위치를 높이려는 신분 상승 욕구가 강했습니다(참조, John K. Chow, "Patronage and Power. A Study of Social Networks in Corinth," JSNTS 75).

## 10. 성과 결혼의 문제 2(7:25-40)

### 마지막 시간을 사는 미혼 및 재혼 남녀들에게

7 [25] 이제는 미혼의 형제들과 자매들에게* **독신과 결혼**에 대
한 이야기를 나누고자 합니다. 이 부분에 대해 내가 개인적
으로 주님께 받은 말씀이나 명령은 없습니다. 다만 나는 주님의
은혜와 긍휼을 경험한 사람이며 신실한 주님의 사역자로서 여러
분을 위한 조언을 하고자 합니다. [26] 나는 미혼의 형제들과 자매들
이 지금처럼 결혼하지 않고 그냥 독신으로 사는 것이 좋다고 생각
합니다. 그 이유는 이미 시작되었고 앞으로 더 심하게 다가올 신
앙의 시련과 고난 때문입니다.** [27] 하지만 이미 결혼했다면 굳이
더 거룩한 성도로 살겠다는 욕심 때문에, 일부러 이혼할 필요는
없습니다. 마찬가지로 이미 이혼을 했고 혼자 사는 것에 불편함이
없다면 일부러 다른 이성을 만나서 결혼하려고도 하지 마십시오!
[28] 그렇다고 결혼하거나 재혼하는 것이 결코 잘못된 것도 아니며
죄를 짓는 것도 아닙니다. 다만 앞으로 경건하게 살려고 하는 성
도의 삶에는 많은 환란과 고난이 닥칠 것이며, 결혼하면 그 환란
과 고난이 더 극심할 것이기 때문에, 나는 여러분이 그런 환란과

---

* 헬라어 문장에는 "처녀"(παρθένος)라는 명사가 사용되지만 이 단어를 언어학적으로나 문맥적으로 살펴보게 되면, '처녀'만이 아니라 '결혼하지 않은 남자와 여자 모두'를 가리킬 수도 있습니다.

** 26절과 28절의 내용은 "무릇 그리스도 예수 안에서 경건하게 살고자 하는 자는 박해를 받으리라"(딤후 3:12)라는 말씀과 연결이 됩니다.

고난에서 벗어나기를 바라는 마음으로, 여러분을 아껴서 이런 말을 합니다.

[29] 이와 관련하여 나, 바울은 여러분에게 더 중요한 이야기를 하려고 합니다. 결혼 여부보다 더 중요한 것은 **삶의 방식 자체를 전환**하는 것입니다.* 이 세상은 이미 심판을 향해 기울어졌으며 예수님께서 머지않아 재림하실 것이기에, 여러분에게는 이 땅의 가치만 중요하게 여기는 삶이 아니라 하늘의 가치를 더욱 중요하게 여기는 생각과 행동의 대전환이 일어나야 합니다. 쉽게 말해서 이미 결혼을 했더라도 결혼과 가정에만 모든 것을 집중해서 살지 말고 마치 결혼하지 않은 사람처럼 하나님 나라에 더 큰 초점을 맞추며 살아야 한다는 말입니다(롬 13:11-14). [30] 또한 세상 것들에 사로잡혀서 이 땅의 기쁨과 슬픔, 그리고 이 땅의 소유에만 함몰되어 살지 말고 하늘의 기쁨과 슬픔, 그리고 하늘의 가치를 바라보아야 합니다. 그래서 이 세상의 그 어떤 것에도 영향을 받지 않는 사람처럼 초월적인 생명력을 가진 신앙인으로 살아가십시오. [31] 마찬가지로 이 세상의 물건이나 가치를 사용하더라도 "그것 없으면 절대로 못 살아"라는 중독과 노예의 상태로 살지 말고, "그것 없어도 충분히 살 수 있어"라는 태도를 가지고 절제와 결핍의 능력으로 살아가십시오. 이 세상의 모든 물건과 가치와 방식은 결국

* 바울이 말하는 "삶의 방식의 전환"은 단순히 이 세상 것들을 혐오하거나 도피하는 것이 아닙니다. 더 가치 있고 중요한, 임박한 다음 시간을 위한 태도의 변화입니다. 예수님은 이러한 이야기를 마태복음 13장에서 여덟 가지 천국 비유를 통해 말씀하셨습니다.

사라질 것이기 때문입니다. 우리는 이미 전복된 세상에서 살고 있기에 역전의 신앙으로 승리해야 합니다.

[32] 이에 내가 원하는 것은, 여러분이 세상 것들에 대한 지나친 관심과 염려에서 벗어나는 것입니다. 그래서 내가 결혼하기보다는 독신으로 살라고 제안하는 것입니다. 생각해 보십시오! 어떤 신앙 있는 미혼 청년이 결혼하지 않고 독신으로 산다면 당연히 이 청년의 관심은 자신의 배우자나 가족보다는 어떻게든 주님을 기쁘시게 하려는 일에 더 많이 집중되지 않겠습니까? [33] 하지만 결혼을 하게 되면 어쩔 수 없이 배우자와 가족을 기쁘게 하려는 일에 더 많이 치중하게 되어 가족 모임이나 먹고 마시는 세상 것들에 더 많은 관심과 염려를 하게 될 것입니다. [34] 결국 결혼을 하게 되면 주님과 하늘의 일에 관심을 가지면서도 동시에 가정과 세상의 일들에도 신경을 쓰게 되어서 사랑과 헌신이 분리되고 나눠질 수밖에 없습니다. 하지만 결혼하지 않고 독신으로 살게 되면 주님과 하늘의 일에만 집중하게 되어 어떻게든 영혼과 육체가 거룩하게 되는 것을 추구하게 됩니다. 반대로 결혼하게 되면 어쩔 수 없이 배우자와 자녀를 기쁘게 하는 세상의 것들에 관해 관심 가지고 염려하게 되는 것입니다. [35] 지금 나, 바울이 이런 말을 하는 것은 여러분의 영적인 유익을 위해서 말하는 것이지 시험에 들게 하거나 힘들게 하려는 것이 아닙니다. 무조건 결혼하지 말라는 것은 절대 아닙니다. 결혼을 기대하고 결혼을 준비하는 사람들의 마음을 어렵게 하고 부정적으로 만들어서 결혼에는 전혀 유익이 없다

고 말하는 것도 아닙니다. 오직 여러분의 마음이 분리되지 않고 주님께 합당한 고귀함과 한결같은 헌신의 신앙으로 살아가기를 바라는 것뿐입니다.

[7:36-37은 아래 두 가지 의역이 모두 가능합니다.]

① 36-37 다만 **처녀 딸을 둔 어떤 아버지**가 "나, 바울이 지금까지 말한 결혼에 대한 조언"을 자신의 딸에게 적용하여 독신으로 살게 하는 것이 부당하게 여겨지고 딸도 이제 결혼할 나이가 충분히 지나서 결혼하기를 원한다면, 자신의 딸이 결혼하도록 하십시오. 결혼하는 것은 죄가 아니기 때문입니다. 반대로 처녀 딸을 둔 아버지가 "나, 바울이 지금까지 말한 결혼에 대한 조언"을 아무 문제 없이 받아들이고 딸의 결혼 문제에 주도권을 가지고 있어서 딸이 결혼하지 않고 독신으로 지내도록 딸과 잘 상의하여 결정한다면, 그 아버지는 딸의 영적인 삶을 위해 더 좋은 선택을 제공한 것이 될 것입니다.*

② 36-37 다만 **약혼녀를 둔 어떤 남자**가 "나, 바울이 지금까지 말한 결혼에 대한 조언"을 듣고 도전받아서 독신으로 살겠다고 결심했더라도, 약혼녀를 사랑할 뿐 아니라 성적인 욕구도 자제하기

---

* 고대 세계는 가부장적이고 남성적 권위가 강했는데 이 헬라어 문장은 "여자의 처지를 고려할 것"을 충분히 내포하고 있다고 보입니다. 즉, 결혼할 딸이 아버지 결정에 반대한다면 이 내용은 이루어질 수 없습니다. 이것은 고대의 시선으로 볼 때, 바울이 여성의 권리를 상당히 인정해 준 내용으로 보입니다. 마찬가지로 이제는 결혼할 남자를 둔 여자의 입장에서도 고린도전서 7:36-37을 똑같이 적용할 수 있다고 봅니다.

[illegible] 하는 것은 절대로 죄가 아닙니다. 독신은 은사가 있어야 가능한 것이며 억지로 절제하는 것보다 결혼하는 것이 더 좋습니다. 반대로 약혼녀를 둔 남자가 "나, 바울이 지금까지 말한 결혼에 대한 조언"을 아무런 문제 없이 받아들였고 약혼녀와의 결혼 문제를 결정할 수 있는 주도권과 동의를 받아, 약혼녀와 결혼하지 않고 독신으로 지내기로 한다면, 그 남자는 자신의 영적인 삶을 위해 더 좋은 선택을 한 것이 될 것입니다.*

38 그러므로 딸을 둔 신앙 있는 아버지가 자신의 딸로 하여금 믿음의 배우자와 결혼하게 하거나, 신앙 있는 남자가 믿음의 여자와 만나 결혼하는 것은 좋은 일이고 잘한 것입니다. 하지만 신앙적인 은사가 있고 서로에 대한 동의가 이루어져서 독신으로 주님

---

* 사실 고린도전서 7:36-37은 헬라어 문장이 난해해서 명확하게 해석하기는 어렵습니다. 가장 주된 견해는 두 가지입니다. ① 전통적인 견해: 결혼할 딸(약혼도 가능)을 데리고 있는 아버지의 위치에서 독신에 대한 바울의 태도를 받아들이기 어려워, 결혼하도록 허락하는 내용으로 보는 입장(한글개역, 우리말성경)과 ② 최근의 견해: 약혼녀를 둔 어떤 신앙 있는 남자 위치에서 독신에 대한 바울의 태도를 받아들이기 어려워서, 결혼해야만 하는 내용으로 보는 입장(개역개정, 공동번역, 표준새번역, 최근 영어성경 번역본의 대다수)입니다. 여기에 두 가지 번역을 다 옮겨 놓은 이유는 헬라어 문법이나 최근 번역 근거로 볼 때, 두 번째 번역이 더 타당하고 현대적이지만 첫 번째 번역도 목회 현장에서 딸을 둔 아버지에게 적용할 수 있는 가능성이 있으며 언어적으로나 성경 배경적으로도 이러한 전통적 번역을 굳이 '오역'이라고 할 수 없기 때문입니다. 아울러 헬라어 ὑπέρακμος라는 말을 ②의 해석으로 보면 남자가 "성적인 욕구가 강해서"로 해석할 수 있고, ①의 해석으로 보면 "혼기가 지난, 무르익은"의 의미로 해석할 수 있습니다.

만 섬길 수 있도록 결정하는 것은 더욱 좋은 일이고 더 잘한 것입니다. 39 아울러 결혼한 신앙 있는 여자는 남편이 살아 있는 동안 아내로서 그 남자와 하나가 되어야 합니다. 그러나 남편이 죽으면 이 여자는 누구라도 자신이 원하는 남자와 결혼할 수 있습니다. 다만 재혼을 하게 된다면 꼭 믿음의 사람과 결혼하기를 바랍니다.* 40 그러나 결혼하지 말고 내가 조언한 것처럼 독신으로 지낸다면, 더욱 복된 삶이 될 것입니다. 물론 이 말은 주님의 명령이나 절대적인 지시 사항은 아닙니다. 다만 내 안에도 성령님께서 계시다고 생각하기에 나의 의견을 진중하게 받아 주기를 바랍니다.

동영상 설교 QR 10. 전복된 시대, 역전의 복음(고전 7:25-40)

* 여기서 문자적으로 "주 안에서"(ἐν κυρίῳ)라는 표현을 저는 "믿음(신앙) 안에서"라는 의미로 번역했음을 밝혀 둡니다. 아울러 이 구절에서 바울은 여자인 아내의 위치에서만 말하고 있지만, 현대적인 시각에서 남자에게도 충분히 같은 적용이 이루어져야 함을 제안해 봅니다.

## 11. 우상숭배의 문제(8:1-13)

### 지식보다 중요한 것은 사랑입니다

8 [1] 다음으로 **우상 앞에 바친 제물**에 관해서 이야기하겠습니다. 우상 신전에서 제사로 바쳐진 고기를 먹어야 하는지, 말아야 하는지에 대해서 말입니다. 물론 우리는 모두 이 부분에 대한 충분한 지식을 가지고 있습니다. 그러나 지식만 가지고 있으면, 사람을 교만하게 만들 수 있고 교만한 사람은 다른 사람을 세울 수 없습니다. 중요한 것은 지식 자체를 소유하고 있느냐가 아니라 그 지식을 어떻게 사용하느냐에 달려 있습니다. 그래서 사랑이 필요하고 중요합니다. **사랑**이야말로 사람을 진정으로 세워 주기 때문입니다. [2] 만약 어떤 사람이 무언가를 지식적으로 아는 것만이 전부 다 아는 것으로 생각해서 교만해진다면, 그는 진정으로 아는 것에는 반드시 내용만이 아니라 태도와 방식까지도 포함된다는 것을 모르고 있는 것입니다. [3] 우리가 신앙 안에서 진정한 지식을 가진다는 것, 즉 진정으로 안다는 것은 단순히 지식적인 것이 아니라 철저히 관계적인 것입니다. 그래서 하나님을 안다는 것은 하나님을 **사랑**한다는 것이고, 누구든지 하나님을 진정으로 안다면 하나님께서도 그 사람을 알아주시고 인정해 주십니다.

[4] 그러므로 이제 이러한 영적 기초 위에서, 우상에게 바친 제물을 먹는 문제에 대해 본격적으로 이야기해 보겠습니다. 여러분이 잘 알고 있는 것처럼 "이 세상에서 사람들이 말하는 우상이란

아무것도 아니며, 하나님 한 분 외에 다른 신은 없다"라는 말은 사실입니다. 이것이 우리가 알고 있는 바른 영적 지식입니다(신 4:35, 39, 6:4; 사 44:8, 45:5). [5] 다만 세상 사람들이 너무나 많은 것에 "주인"이나 "신"이라는 이름을 붙여서 숭배하고 또한 이용하고 있기에, 실제로 많은 주인과 신들이 존재하는 것처럼 보입니다. [6] 그러나 우리에게는 오직 유일하신 하나님 아버지만 계십니다. 그분께서 세상을 창조하셨습니다. 그래서 이 세상의 모든 것들이 존재하게 되었으며 우리도 그분만을 향해 경배하며 살아갑니다. 마찬가지로 우리에게는 오직 유일하신 주인으로 메시아 예수님만이 계십니다. 그분께서 세상을 구원하시고 다스리십니다. 그래서 이 세상의 모든 것들이 그분께서 주신 구원과 통치 아래에서 진정한 생명을 누리며 살 수 있습니다.*

[7] 하지만 모든 성도가 이러한 신앙의 지식을 온전히 자신의 진리로 내면화하지는 못한 상태입니다. 예수님을 믿은 지 얼마 되지 않는 성도들은 과거에 우상을 섬기고 제사를 지내면서 우상의 존재를 인정했고, 그 우상에게 바쳐진 음식을 먹으면서 받은 영향력이 아직도 남아 있다는 말입니다. 그래서 성도가 되어도, 우상에게 바친 음식을 억지로 먹거나 혹은 누군가 먹는 것을 보게 되면 아직 그 양심이 약하기 때문에 마음에 갈등이 생겨서 영적으로 힘들어지고 혼탁해질 수밖에 없습니다. [8] 물론 원칙적으로 우상에게

---

* 이 구절은 분명히 구약 성경의 쉐마(신 6:4)의 내용을 바울이 인용했을 뿐만 아니라 이위일체론적인 신학을 접목하여 발전시킨 것으로 보입니다.

바친 것이든 아니든 상관없이, 어떤 음식을 먹느냐에 따라서 하나님 앞에 있는 우리의 신앙이 달라지는 것은 전혀 없습니다.* 어떤 음식을 먹든지, 성도의 삶에는 아무런 영향을 끼칠 수 없다는 말입니다. **그러나 마찬가지로 그런 음식을 "먹지 않아도" 신앙생활에는 아무 상관이 없습니다.** 다시 말해서 우상에게 바쳐진 음식을 먹어도 괜찮지만 안 먹어도 괜찮다는 말입니다. 우리가 어떤 음식을 먹지 않아도 다른 음식을 먹으면 되기 때문에 부족한 삶을 사는 것도 아니고, 마찬가지로 일부러 어떤 음식을 많이 먹는다고 해서 모든 것이 만족스러워지는 것도 아닙니다. 그러므로 어떤 음식을 먹든지 신앙에 아무런 상관이 없듯이, 특정 음식을 먹지 않는 것도 잘못된 것이 아니라는 말입니다.** 9 하지만 여기서 우리가 조심해야 할 것이 있습니다! 성숙하다고 자부하며 우상 제물을 먹는 누군가의 자유와 권리가 아직은 그렇게 할 수 없는 연약한 성도들의 양심과 신앙에 어려움과 걸림돌이 될 수 있기 때문입니

---

* 이 문장에는 헬라어로 "하나님 곁에 **세우다**"라는 표현이 나오는데, 여기서 동사의 의미를 어떻게 보느냐에 따라서 다음과 같이 두 가지로 해석할 수 있습니다. ① "특정한 음식, 특히 우상의 제물을 먹는 행위 때문에 하나님 앞에 **세워지는(심판받는)** 것은 아닙니다." ② "특정한 음식, 우상의 제물로 바치지 않은 음식만 먹는 행위 때문에 하나님 앞에 설 수 있을 만큼 **세워져서(높아져서)** 칭찬받는 것도 아닙니다."

** 고린도 교회에서 이른바 "성숙한 성도/강한 자"는 우상의 제물을 먹지 못하는 초신자를 보며 능력이 없고 약하다고 멸시했을 것입니다. 그러나 바울은 진정으로 성숙한 성도라면 먹는 것만이 아니라 먹지 못하는 것도 이해하고, 그들이 잘못하는 것이 아니니 겸손하라고 말하고 있습니다. 다른 것은 틀린 것이 아닙니다. 약하거나 미성숙한 것은 죄가 아닙니다.

다(롬 14:1-15:13).

[10] 예를 들어서 설명해 보겠습니다. 만약 여러분 가운데 신앙적으로 성숙한 "지식"을 가지고 있다고 자부하는 한 성도가 우상 신전에서 우상에게 바친 제물을 먹고 있는 것을, 이제 신앙생활을 시작한 지 얼마 되지 않아서 아직 이전의 우상숭배 문화와 그로 인한 갈등이 남아 있는 성도가 보게 된다면 어떻게 될까요? 아직 신앙의 지식을 온전히 자신의 진리로 내면화하지는 못한 상태에서 잘못된 용기*를 품고 자신도 그런 우상의 음식을 먹고 나면 나중에는 우상숭배하는 문화에도 동참하지 않겠습니까?** [11] 그렇게 되면 잘못된 용기로 우상의 제물을 먹은 그 사람이 그런 음식을 먹거나 그런 문화에 참여하고 나서, 실족하거나 신앙 자체를 잃어버릴 수도 있습니다. 그러면, 당신은 메시아 예수님께서 십자가에서 죽으심으로 구원한 우리 형제이자 자매를 당신이 가진 그 알량한 "지식"으로 타락시켜버린 셈이 되는 것입니다. [12] 결국 여러분이 성숙한 영적 "지식"이 있다고 자부하면서 보여 준 행동으

---

* 여기서 "잘못된 용기"라고 확대 번역한 이유는 그 용기가 사람들이 교회 안에 들어와 신앙생활을 하다가 충분한 말씀과 기도로 성장하여 생긴 "성숙한 신앙의 용기"가 아니라, "저 사람도 하니까 나도 해야겠다는 잘못된 자극으로 생긴 용기"이기 때문입니다. 이것은 세상 사람들이 흔히 말하는 "객기"와 같습니다.

** 우상의 제물을 먹으려면 우상을 숭배하는 자리나 장소인 당시의 '이스트미아 경기 및 길드의 축제' 등에 참석해야 했습니다. 신앙이 성장한 사람이야 그 자리에서 고기만 먹고 오면 되지만, 고기 먹는 모습을 본 초신자는 고기만 먹는 것이 아니라 그 자리에 계속 가도 되는 줄 알고 그런 문화 속으로 들어가 타락할 수 있습니다.

로 인해, 아직 신앙적으로 어린 형제와 자매들의 약한 양심에 심각한 상처를 남기는 것은 단순히 그들에게만 죄를 짓는 것이 아니라, 그들을 구원하신 메시아 예수님께도 죄를 짓는 것임을 알아야 합니다.* 13 이러한 이유로 하나님의 사도인 나, 바울은 다음과 같은 모범으로 결론을 제시하겠습니다. 내가 어떤 특정한 음식을 먹는 일 때문에 예수님께서 구원하신 내 형제나 자매가 실족하거나 믿음을 잃어버리게 된다면, 차라리 나는 그것이 무엇이든 영원히 먹지 않을 것입니다. 그래서 내 형제와 자매가 믿음을 잃지 않고 성장하도록 도와줄 것입니다. 다시 한번 강조하지만, "지식"보다 중요한 것은 사랑입니다!

동영상 설교 QR 11. 진정한 지식, 진정한 진리(고전 8:1-13)

* 마태복음 25장에서 "지극히 작은 자 하나에게 한 것이 곧 나에게 한 것이다"라는 말씀과 연결됩니다.

## 12. 바울의 사역과 삶 1(9:1-14)

### 바울의 권위와 권리

9 [1] 앞에서 말한 내용(8장)을 이제부터 **나 자신에게 적용**해 보겠습니다. 나는 자유인이기 때문에 내가 원하는 삶을 선택하고 결정을 할 수 있는 사람이지 않습니까? 나는 주님께서 선택하셔서 사명을 받은 사도가 아닙니까? 나는 부활하신 주님을 직접 만나 본 사람이 아닙니까? 그리고 내가 주님 안에서 충성스럽게 사역한 그 결과이자 열매가 바로 여러분들이 아닙니까? 모두 맞는 말입니다!* [2] 내가 사역하지 않은 다른 지역의 교회나 성도들이 나, 바울을 사도가 아니라고 말할 수 있을지는 몰라도, 고린도에 있는 여러분에게는 내가 사도인 것이 너무도 분명합니다. 왜냐하면 여러분이 지금 변화되어 성도가 되었다는 사실 그 자체가 주님 안에서 내가 누구이며 어떤 일을 했는지를 증명하는 확실한 근거이기 때문입니다. 다시 말해서 내가 주님의 진짜 사도였기에 여러분이 나를 통해 진짜 성도가 된 것입니다.

[3] 그런데도 "바울은 진짜 사도가 아니다"라고 말하며 나를 정죄하고 비판하는 사람들에게 해 주고 싶은 말은 이렇습니다. [4] 나, 바울과 나의 동역자인 바나바는 자유롭게 먹고 마실 권리를 가지

---

* 1절이나 이어서 4절 및 5절에 나오는 모든 의문문에는 헬라어 부정어인 '우'(οὐ, "~아닌")를 사용하여 긍정의 대답을 기대하는 수사적 질문이 사용되고 있습니다.

고 있으며, 주님의 일을 하는 사역자이므로 당연히 교회로부터 필요한 생활비를 지원받을 자격이 있지 않습니까? 당연히 있습니다! 5 또한 나, 바울과 바나바 역시 다른 사도들 및 예수님의 동생들이나 베드로(게바)처럼, 믿는 자매 가운데 한 사람을 동역자나 아내로 맞아들여 함께 사역할 권리가 있지 않습니까? 당연히 있습니다! 6 혹시라도 나, 바울과 바나바만 교회에서 주는 사례비를 포기하고 일해서 생계비를 충당해야 한다고 생각하십니까? 당연히 우리에게도 교회에서 주는 충분한 사례비로 생활하면서 생계를 위해 별도로 일하지 않아도 되는 권리가 있습니다!

7 생각해 보십시오! 나라를 위해 군 복무를 하는 사람이, 자기 돈으로 그 기간에 필요한 것들을 충당하겠습니까? 나라에서 제공해 주는 것이 마땅하지 않겠습니까? 힘들게 포도나무를 키운 사람이 그 포도나무 열매를 먹는 것이 당연하지 않겠습니까? 수고롭게 양 떼를 기른 사람이 그 양 떼에서 나오는 젖이나 고기를 먹는 것이 당연하지 않겠습니까? 마찬가지로 우리도 그리스도의 군사로서 살아가고 있으며 여러분을 포도나무처럼, 양 떼처럼 길렀는데 여러분이 주는 사례비로 생활하는 것은 지극히 당연한 일입니다!

8 지금 내가 세상 사람들이 말하는 방식으로, 즉 세상의 원리로만 이것을 말하는 것처럼 보입니까? 구약성경의 율법에도 이와 같은 원리와 원칙을 제시하지 않습니까? 9 신명기 25장 4절의 말씀을 보면 "추수하여 탈곡할 때, 그 수고하는 소의 입에 망을 씌우

지 말아라! 오히려 망을 제거해서 추수하는 곡식을 먹을 수 있도록 하라!"라고 했습니다. 여러분은 이 말씀을 주신 하나님께서 그저 문자적인 의미로 동물인 **소**만 염려해서 하는 말씀이라고 생각하십니까? 전혀 그렇지 않습니다! [10] 당연히 이 말씀은 문자적인 의미만이 아니라 **우리 사역자들**을 위한 영적인 적용도 분명히 포함하고 있습니다. 농사꾼이 씨를 뿌리고 밭을 가꾸다가 추수 때가 되면 땅에서 곡식 거두기를 소망하는 것처럼, 영적인 농사꾼인 주의 사역자도 영적인 땅인 성도들에게 복음의 씨를 뿌리고 섬기다가 적당한 때가 되면 그에 합당한 보수와 사례를 받는 것이 당연한 소망이고 결과입니다. [11] 다시 말해서 우리 사도가 여러분에게 영적인 것, 즉 **복음**을 나누어 주었으니, 이제 우리가 여러분에게 육적인 것, 즉 **보수나 사례**를 받는 것은 절대로 지나친 것이 아닙니다.

[12] 이따금 찾아와 영적인 가르침을 나누어 주는 다른 순회 사역자들도 고린도 교회의 성도인 여러분에게서 보수나 사례를 받는 것이 당연하다면, 고린도 교회를 개척하고 여러분을 부모의 심장으로 양육한 나와 바나바는 그 이상의 보수와 사례를 받을 권리가 있지 않겠습니까? **하지만** 우리는 이러한 당연한 권리를 사용하지 않았고 여러분에게 요구하지도 않았습니다. 오히려 항상 그 부분에 대해서 침묵했습니다. 그 이유는 우리가 사도로서 부족하기 때문이 아니라, 이러한 물질적인 요구로 인해, 생명과 진리인

그리스도의 복음이 여러분 앞에서 전해지는 데 걸림돌이* 되거나 부담이 되지 않게 하기 위해서였습니다. 13 여러분이 잘 아는 것처럼, 구약 시대의 제사장이나 레위인은 지금의 복음 사역자들과 같은 사람입니다. 구약 시대의 제사장과 레위인은 성전에서 일하며 제단을 섬겼고 그래서 백성들이 하나님의 제단에 바친 고기와 음식을 받아서 먹었습니다. 14 마찬가지로 예수님께서도 신약 시대를 살아가는 제사장과 레위인 같은 우리 사역자들이 복음 전하는 사역을 할 때, 성도들로부터 생활비와 보수를 받아 생활할 수 있도록 동일하게 명령하시고 규정하셨습니다(마 10:10; 눅 10:7).

동영상 설교 QR 12. 진정한 권위와 권리(고전 9:1-14)

---

* "걸림돌"이라는 모티프는 고린도전서 전체에 나오는 고린도 교회의 문제점을 상징합니다. 바울은 바로 이 걸림돌을 제거하고자 자기 자신을 모델로 삼아 사랑과 연합의 삶을 제시합니다.

## 13. 바울의 사역과 삶 2(9:15-27)

가장 위대한 선택, 포기!

9 15 그러나 나, 바울은 예수님께서 말씀하신 그 명령과 규정
에 따르지 않았습니다. 내가 사도로서 당연히 누릴 수 있
는 권리를 사용하지 않았다는 말입니다. 그 이유는 예수님의 명령
과 규정에 담긴 더 중요한 이유와 목적에 순종하기 위해서였습니
다. 예수님께서 사역자에게 성도로부터 사례를 받고 보수를 받으
라고 하신 이유는 "복음을 가장 효과적으로 전할 수 있도록" 하신
것이었습니다. 그래야만 다른 돈벌이를 하느라 시간과 능력을 허
비하지 않고 집중적이며 효율적인 사역을 할 수 있기 때문입니다.
하지만 고린도 교회의 상황은 오히려 내가 성도들로부터 보수를
받지 않는 것이 더 효과적으로 복음을 전할 기회가 되고 모범이
되었습니다. 그래서 나는 고린도 교회에서 어떠한 사례도 받지 않
고 사역한 것입니다. 물론 지금 내가 이런 말을 한다고 해서 이제
부터는 사례해 달라는 말이 절대 아닙니다. 그렇게 교묘한 방식으
로 여러분의 돈이나 탐내는 사역자가 된다면, 나는 차라리 죽는
편이 더 낫겠습니다…. 복음의 순수함과 고결함에 대해서 나 바울
이 가지고 사역해 온 그 자랑과 자부심을 그 누구도 헛되게 해서
는 안 됩니다! 16 물론 내가 말하는 자랑과 자부심은 복음 자체에
대한 것이지 나 자신에 대한 자랑이나 자부심은 전혀 아닙니다.
복음을 전하는 것은 나에게 주어진 거부할 수 없는 사명이자 운명

이기 때문입니다. 만약 내가 하나님께서 주신 이 사명을 거절하여 복음 전하는 것을 포기한다면 나는 저주를 받을 것입니다(렘 20:9; 암 3:8; 눅 17:1; 22:22; 유 1:11)! [17] 아울러 만약 복음을 전하는 일을 내가 자원해서 선택했고 수고했다면 당연히 이 일에 대한 합당한 보상을 받아야 할 것입니다. 그러나 나는 이 복음을 적대하고 공격하던 중에, 주님의 강권적인 은혜와 부르심으로 복음의 사역자*가 되었습니다. 그래서 나는 그 어떤 합당한 보상도 요구하거나 받을 자격이 없습니다(눅 17:7-10).

[18] 그렇다면 나는 앞으로 전혀 보상이나 상급을 받지 못할까요? 아닙니다! 나에게도 상급이 있습니다. 내가 하나님의 복음을 전할 때, 나에게 주어진 사도의 권리를 모두 다 사용하지 않는 절제와 포기의 방식으로 진정한 복음이 세워지고, 교회가 세워지고, 성도들이 세워지는 것, 바로 그것이 나의 상급입니다(빌 4:1; 살전 2:19). [19] 그래서 나는 모든 사람으로부터 자유로운 사람이지만, 최대한 많은 사람의 영혼을 섬겨서 그들로 구원을 얻게 하고자 스스로 종이 되었습니다. [20] 그리고 나는 은혜의 복음으로 인해 더 이상 율법에 묶여서 살아가는 사람이 아니지만, 율법을 중요하게 생

---

* 헬라어 '오이코노미아'(οἰκονομία)의 문자적인 번역은 "집사/청지기"이지만, 문맥적 의미는 "종/노예"로 보는 것이 더 좋을 것 같습니다. 고용된 일꾼에게 보수를 주는 것은 합당하지만, 주인의 노예는 보수를 기대할 수 없기 때문입니다. 바울은 자신의 처지가 스스로 수고하는 일꾼이 아니라 하나님의 강권적인 부르심으로 주님의 노예가 된 불가항력적인 위치라는 사실을 고백함으로 자기가 보수를 받지 않는 근거를 제시하는 것입니다.

각하는 유대인들을 최대한 구원하고자 유대인처럼 율법을 존중하는 사람으로 저 자신을 묶기도 하였습니다(행 16:3; 롬 9:2-4). 21 또한 나는 하나님의 말씀과 메시아 예수님의 법을 따라 경건하고 거룩한 분리의 삶을 살아가는 사람이지만, 그러한 말씀과 법이 없는 사람들을 최대한 구원하고자 그들처럼 되어서 그들과 함께 먹고 마시며 그들에게 맞추어 주기도 하였습니다(갈 2:11-14). 22 마찬가지로 나는 약한 사람들에게 약한 사람이 되어 주었고, 매우 다양한 삶의 자리와 신앙의 수준에 있는 사람들을 위해서도 그들의 상황과 눈높이에 맞추어서 나 자신을 낮추고 포기하고 절제했습니다. 당연히 그 이유는 그들 중에서 예비된 영혼에게 복음을 전하고 신앙적으로 미성숙한 성도들의 구원을 완성시키기 위해서였습니다. 23 결론적으로 내가 이렇게 다양한 사람에게 다양한 모습으로 나 자신을 맞춰 주고 낮춰 준 이유는 가능한 한 많은 사람에게 **복음이 원래 가지고 있는 성육신적인 겸손과 포기의 흐름**이 그들에게 흘러가서 그들도 복음 안으로 들어오고 나도 그 복음의 빚진 자로서 사명을 감당하여, 함께 메시아 예수님의 복음과 흐름에 동참하고 연합하는 사람이 되기 위해서였습니다.*

---

* 우리는 여기에 단순히 바울의 사도적 사명에 대한 투철한 태도만 담겨 있다고 이해해서는 안 됩니다. 바울의 구원 안에는 첫째 존재적 구원과, 둘째 사명적 구원이 연합되어 있습니다. 그러니까 바울은 자신이 이미 예수 그리스도의 보혈로 존재적으로 구원받은 사람이라는 사실에 그치지 않고 더 나아가 자신에게 주어진 사명적 구원, 즉 사도로 부름받은 사명을 달성하는 것까지 구원으로 보고 있는 것입니다. 아직 복음을 받아들이지 않은 사람은 구원을 받아들여 구원 안으로 들어오고, 자신은 이미 구원의 존재적 위치에 이르

[24] 여기서 중요한 것은, 그저 자신이 지니던 모두가 이 위대한 복음의 흐름 속에 동참하고 연합하는 것이 아니라는 것입니다! 여러분이 이미 잘 알고 있는 것처럼, 달리기 경주에서 많은 사람이 달려도 상을 받을 수 있는 사람은 한 사람뿐이지 않습니까? 성도 여러분도 영적인 경주를 하는 사람입니다. 그러므로 하늘의 상급을 받을 수 있도록 능동적이고 열정적인 신앙생활을 해야 합니다(빌 3:12-14)! [25] 무엇보다 운동경기에서 승리하는 사람에게 가장 필요한 것은 **절제**하는 것입니다. 그러니 우리도 신앙의 영적 경주자로서 하늘의 상급을 받아 누리길 원한다면 **절제하는 삶**을 살아야 합니다. 자신을 겸손히 낮추고 포기할 수 있어야 합니다. 그러면 우리는 모두 함께 영광스러운 하늘의 상급을 받아 누릴 수 있습니다. 다만 세상의 경주와 하늘의 경주에는 엄청난 차이가 있습니다. 세상의 경주에서는 1등이 한 명뿐이고 그들이 받는 상급인 면류관도 금방 시들어 버리는 나뭇잎에 불과하지만, 하늘의 경주에서는 누구나 우승을 할 수 있을 뿐만 아니라 함께 우승해야 하며, 받게 될 상급도 영원히 사라지지 않는 영광스러운 면류관이라는 사실입니다. [26] 나에게도 위대하고 분명한 하늘의 상급이 있습니다. 그

---

렀으나 아울러 사명으로 주어진 자신의 사역적 사명을 감당하여 바울 역시 완전한 구원 안으로 들어간다고 믿은 것입니다(좀 더 급진적으로 말하면, 만약 바울이 구원받았음만 강조하고 자신에게 주어진 사명을 소홀히 한다면 자신이 구원을 잃어버릴 수 있음을 말하고 있는 것입니다). 이러한 바울 자신에 대한 구원의 존재적이며 사명적인 이해는 이제 앞으로 고린도 교회 성도에게 동일하게 구원의 삶을 요구하고 있음을 알도록 합니다.

래서 허공에 주먹을 날리듯 정확한 목표도 없이 살거나 사역하지 않는 것입니다. 여러분도 그래야 합니다. [27] 당연히 그 분명하고 위대한 목표를 향해 나는 내 육체를 쳐서 복종시키는 **절제의 삶**을 끊임없이 이어 가고 있습니다. 교회 안의 약한 자를 위해 고기를 먹지 않는 것이나, 여러분에게 사례를 받지 않는 것이나, 다양한 사람들에게 겸손하게 나를 낮추는 모든 것이 이러한 **절제의 흐름이고 삶**입니다. 궁극적으로 내가 다른 사람들에게 복음을 전하여 그들을 승리자로 이끈 후에, 정작 나는 영적인 패배자가 되지 않기를 바라기 때문입니다. 그리고 여러분도 그래야 합니다!

동영상 설교 QR 13. 가장 위대한 능력, 포기(고전 9:15-27)

## 11. 바울의 사역과 삶 3(10:1-11:1)

### 신앙 선배들의 경험과 삶

10 1 그러므로 앞의 내용과 연결해서 여러분이 반드시 알
아야 할 것이 있습니다. 그것은 구약의 출애굽기 역사
속에서 실패한 이야기를 반면교사로 삼는 것입니다. 우리의 영적
조상인 이스라엘 백성은 모두 하나님의 임재와 영광을 상징하는
구름 아래에서 홍해를 통과하여 하나님께서 선물해 주신 구원을
시작했습니다(출 14:21-22; 시 78:13). 2 그때, 이스라엘 백성은 모두 그
들의 구원을 이끌었던 **모세에게 소속**되어서 구름의 인도를 받고
홍해 바다를 건넜습니다. 그것은 우리가 우리의 구원을 이끄신 **예
수님께 연합**하여서 세례를 받은 것과 동일한 것이었습니다. 3 홍
해를 통과한 이스라엘 백성은 모두 광야에서 "만나"라는 음식을
먹었습니다. 하늘에서 내려온 만나는 하나님께서 믿음의 사람들
에게 날마다 공급해 주시는 영적인 양식과 동일한 것이었습니다
(출 16:15; 시 78:25). 4 또한 그들은 물이 전혀 없는 광야의 사막을 지
나다가 "바위"에서 샘솟는 특별한 물을 마셨습니다. 이 바위는 바
로 그들과 늘 함께하시는 메시아 예수님으로, 그분께서 주시는 영
적인 음료수이며 우리를 살리는 그분의 보혈 및 생수의 말씀과 동
일한 것이었습니다(출 17:1-7; 민 20:1-13; 요 7:39). 5 그러나 이렇게 놀
라운 구원을 시작하여 날마다 특별한 생명의 공급을 체험한 이스
라엘 백성은 배은망덕하게도 그런 하나님의 은혜를 무시하고 불

순종했기 때문에, 하나님께서는 크게 실망하시고 그들 중에서 대다수 사람을 광야에서 철저히 멸망시켜버리셨습니다.

6 자! 이제부터가 중요합니다! 이러한 이스라엘 백성들의 역사는 단순히 옛이야기가 아닙니다. 그것은 그들과 동일한 구원의 여정을 밟으며 오늘을 살아가는 우리 성도들에게 도전을 주는 영적인 본보기입니다. 우리가 받은 놀라운 구원의 선물과 날마다 공급해 주시는 특별한 은혜를 무시하고 오히려 세상의 악한 것을 탐내며 살아가지 않도록 말입니다(10:11). 7 그러므로 여러분! 출애굽기 32장에 기록된 것처럼, 우리의 영적 선배였던 이스라엘 백성 중에서 일부가 금송아지를 만들어 놓고 그 앞에서 먹고 마시며 일어나 춤추면서 우상숭배의 죄를 짓다가 멸망한 것처럼, 우리도 절대로 하나님 외에 다른 것을 신으로 섬기는 우상숭배의 변질된 신앙인이 되어서는 안 됩니다! 8 또한 민수기 25장에 기록된 것처럼, 우리의 영적 선배였던 이스라엘 백성 중에서 일부가 모압 여자들의 성적인 유혹에 넘어가서 음행한 것처럼, 우리도 절대로 음란한 삶을 살아서는 안 됩니다! 단 하루 만에 2만 3천 명이 하나님께 심판받아 죽었다는 사실을 잊지 마십시오!* 9 또한 민수기 21장에 기록된 것처럼, 우리의 영적 선배였던 이스라엘 백성 중에서 일부가

---

* 이 사건이 기록된 민수기 25:9에는 "2만 4천명"이라고 되어 있어서, 고린도전서 10:8에서 바울이 말한 숫자와 다르지만, 아마도 바울은 고린도전서 10:7의 사건(출 32장)과 8절의 사건(민 25장)을 합쳐서 죽은 사람의 숫자를 결산하다 보니, 민수기 25:9의 "2만 명"과 출애굽기 32:28의 "3천 명"을 의도적으로 합쳐서 인용한 것으로 보입니다.

[illegible]
게 물려 죽임당했는데, 우리도 그들처럼 되지 않도록 절대로 메시
아 예수님을 시험하지 맙시다! [10] 또한 민수기 11장과 14장에 기록
된 것처럼, 우리의 영적 선배였던 이스라엘 백성 중에서 일부가
하나님을 향해 원망하고 불평하다가 하나님께서 보내신 심판의
천사에* 의해 멸망당한 것을 기억하여, 여러분도 절대로 원망하
고 불평하는 인생으로 살지 마십시오! [11] 다시 말하지만, 과거에 이
스라엘 백성에게 일어난 이러한 비극적인 역사의 사건들을 기록
으로 남긴 이유는 마지막 시대를 살아가는 지금 우리 성도의 영적
인 삶에 본보기가 되어서 경고와 교훈을 주기 위한 것입니다(10:6).

[12] 그러므로 스스로 자기 믿음이 대단하다고 교만하게 생각하
는 사람이 있다면, 오히려 넘어져서 끝장나지 않도록 주의하십시
오(민 14:3; 히 4:11; 롬 11:11-12)! [13] 물론 여러분이 이런 것들에 주의하
면서 진짜 성도로 살다 보면, 유혹과 박해와 같은 시험들이 닥칠
것입니다. 하지만 걱정하지 마십시오! 시험은 진정한 성도에게 당
연한 것이기 때문입니다. 아울러 하나님께서는 우리가 시험당할
때 늘 함께하시고 약속을 지키시는 신실하신 분이시기에 우리가
감당할 수 있는 시험만 허락하시며, 우리가 감당하기 어려운 시험
이 올 때에는 그것을 견딜 수 있는 힘과 통과할 수 있는 해결책을

---

* 헬라어 성경뿐 아니라 초기 헬라 기독교 문학에서도 유일하게 등장하는 단어인 '올로트류투'(ὀλοθρευτοῦ)는 문자적으로 "파괴하는 자"라는 뜻을 가지고 있습니다. 출애굽기 23:23이나 역대상 21장에 따르면 이것은 하나님께서 보내신 멸망의 천사를 암시하는 것으로 보입니다.

주십니다.* 그러므로 우리는 언제나 교만한 마음을 버리고 겸손한 태도로 하나님과 철저히 동행해야 합니다. [14] 나의 사랑하는 성도 여러분! 바로 이러한 이유로 명령합니다. 여러분은 하나님 외에 그 어떤 것도 우상으로 삼거나 섬기려는 욕망과 유혹의 자리에서 적극적으로 떠나십시오!

동영상 설교 QR 14. 우상숭배의 과거를 반복하지 말라(고전 10:1-14)

---

* 야고보서 1:12-15과 베드로전서 4:12-13을 함께 읽으시면 도움이 될 것입니다.

## 15. 우상숭배를 피하는 이타적 모범 신앙(10:15-11:1)

### 하나님의 영광을 위한 모범이 되는 신앙

10 [15] 여러분은 영적인 지혜가 성숙한 성도답게, 지금부터
내가 하는 말을 잘 듣고 분별하여 우상숭배 및 그 제물
(고기)과 관련된 삶의 방식을 바로잡으시길 바랍니다. [16] 성도인 우
리가 성찬식이나 식탁 교제를 할 때, 축복하면서 나눠 마시는 그
축복의 포도주* 잔은 우리를 위해 죽으신 메시아 예수님의 피에
참여하는 것이며, 또한 우리가 함께 나눠 먹는 빵도 우리를 위해
자신의 생명을 나눠 주신 그분의 몸에 참여하는 것이 분명하지 않
습니까? 이를 통하여 우리는 예수님과 교제하는 한 몸의 공동체
가 되는 것입니다. [17] 다시 말해서 식탁 교제나 성찬식을 할 때, 성
도인 우리는 여러 명이지만 예수님의 몸을 상징하는 하나의 빵 덩
어리를 함께 나누어 먹음으로 모두가 연합되어 하나가 되는 것입
니다. [18] 이런 것은 예전에도 마찬가지였습니다. 구약성경에 등장
하는 혈통적인 이스라엘 사람들을 잘 보십시오! 그들도 하나님께
희생 제사를 드린 후에 남은 고기를 함께 나누어 먹음으로 하나가
되었습니다. 중요한 것은 제사 음식인 고기를 나누어 먹는 행위를
통해, 진정으로 그 제사에 깊게 들어가 하나님과 하나 되는 연합

* 유대 문화에서는 유월절 만찬이 되면 사람들이 네 잔의 포도주를 마십니다. 그중에서 셋째 잔을 "축복의 잔"이라고 합니다. 그래서 초대 교회 당시에는 성찬식을 구별하여 행하기보다는 식사 중에 셋째 잔을 성만찬의 잔으로 기념하고 이름도 "축복의 컵(잔)"으로 그대로 가지고 있었던 것으로 보입니다.

의 교제에 참여하는 것이라는 사실입니다!

[19] 자, 지금 내가 하려는 말의 핵심을 알겠습니까? 여러분이 교회에서 식탁 교제와 성찬식에 참여한 후에, 세상에서 우상숭배 하는 곳에 가서 그곳에서도 먹고 마시는 것에 참여해서는 안 된다는 것입니다! 우상이 무엇입니까? 또 우상에 바친 음식은 무엇입니까? 물론 우상은 아무것도 아니고, 우상에게 바친 음식 역시 아무것도 아닙니다. 우상은 사람이 만든 모형물일 뿐이고 우상에게 바친 제물도 우리가 먹는 음식과 다를 바 없습니다. [20] 그런데 왜 내가 여러분에게 우상에게 제사하는 곳에 가지 말라고 강조할까요? 우상은 아무것도 아니지만, 그 우상 뒤에는 마귀가 있기 때문입니다. 우리가 우상숭배하는 곳에 가게 되면 자연스럽게 우상에게 바쳐진 제물을 그 자리에서 먹게 되는데, 우리는 그때 하나님이 아니라 마귀들과 교제하게 되기 때문입니다. 그래서 나는 여러분이 마귀들과 교제하는 사람이 되지 않기를 바라기에 이렇게 말하는 것입니다.

[21] 여러분이 예수님의 피와 살로 연합되는 성찬식과 식탁 교제에 참여했다가 잠시 후에 귀신들과 교제하는 우상 제사와 식탁에도 참여한다는 것은 있을 수 없는 일입니다. 그것은 마치 어떤 여자가 한 남자와 부부로 사는데, 동시에 다른 남자와도 부부로 살려고 하는 것처럼 불가능한 일이며 해서는 안 되는 일입니다! [22] 그런데도 우리가 우상숭배를 하고 그곳에서 먹음으로 우리의 영적인 남편 되신 예수님을 자극하여 질투 나게 만들겠다는 것입니

[illegible]
니다. 우리가 그분을 대적하여 이길 수 있겠습니까? 우리 중에 그렇게 강한 사람은 아무도 없습니다!*

23 더 나아가 이제부터 우상숭배에 바친 고기와 관련하여 실제적인 지침을 드리겠습니다. 모든 성도는 복음의 자유를 누리고 있으므로 모든 것이 가능합니다. 그러나 모든 것이 영적인 삶과 공동체에 유익한 것은 아닙니다. 아울러 모든 성도는 복음의 능력을 누리고 있으므로 모든 것이 가능합니다. 하지만 모든 것이 성도들의 신앙과 교회 공동체를 건강하고 아름답게 만드는 것은 아닙니다. 24 진정한 복음이 주는 자유와 능력을 누리고 싶다면, 자신의 이기적인 소망이나 목적만이 아니라 언제나 다른 사람들을 위해서 이타적인 소망과 목적을 추구하십시오! 25 예를 들어서 누군가 시장에서 고기를 구매하게 되거나, 누가 식탁 교제를 위한 음식으로 시장에서 파는 고기를 내놓았다면, 여러분은 자신의 양심을 위한답시고 그 고기가 어떤 고기인지 따지거나 조사하지 말고 감사하는 마음으로 편하게 먹기 바랍니다.** 26 왜냐하면 고기를 포함

---

* 질투의 하나님(출 34:14; 신 4:24)이라는 표현이 처음 예수님을 믿는 분에게는 조금 어색할지도 모릅니다. 그러나 사랑해서 결혼한 남편이 다른 여자를 사랑할 때, 정상적인 아내라면 누구나 질투합니다. 우선 하나님의 성품을 인간의 언어로 표현하는 데에는 한계가 있다는 점을 이해하십시오. 아울러 하나님은 우리와 절대적인 부부처럼 교제하고 관계 맺기를 원하시며 그 강도가 엄청나다는 것을 안다면 질투의 하나님이 오히려 감사하게 다가올 것입니다.

** 이미 앞에서 설명했지만, 이 당시의 고기는 두 가지 종류로 나눌 수 있습니

해서 이 세상에 있는 모든 음식을 하나님께서 만드셨기 때문에 모든 것이 주님의 것이며(시 24:1), 감사로 받아서 먹으면 문제 될 것이 전혀 없기 때문입니다(딤전 4:4). [27] 또한 아직 신앙이 없는 어떤 불신자의 집에 여러분이 초대받았을 때, 여러분이 기쁜 마음으로 그 집에 갔고 거기서 음식 대접을 받게 된다면, 마찬가지로 여러분은 양심을 위한답시고 차려진 음식이나 고기에 대해서 따지거나 조사하지 말고 감사하는 마음으로 편하게 먹기 바랍니다. [28] 그러나 만약 함께 식사하러 간 성도들 가운데 아직 믿음이 약한 어떤 성도가 "이 음식은 우상 신전에 바친 고기라서 저는 먹을 수 없습니다"라고 말한다면, 그 연약한 성도의 양심을 위해서 그 고기를 뺀 다른 음식만 함께 먹으면 좋겠습니다.

[29] 이렇게 해야 하는 이유는 음식보다 중요한 것이 영혼이기 때문이며, 진정한 복음은 이기적인 것이 아니라 이타적인 것이기 때문입니다(24절). 그럼에도 여러분 중에서 어떤 성도는 이렇게 말할 수도 있을 것입니다. "우상을 숭배하는 것은 잘못되었지만 우상에게 바친 고기를 먹는 것은 아무런 문제가 없지 않습니까? 왜 내가 식사할 때마다 다른 사람들의 양심이나 영혼을 신경 쓰느라,

---

다. 자연스럽게 도축해서 잡아먹는 고기와 우상 신전에 먼저 제물로 바친 뒤에, 시장에서 팔리는 고기입니다. 당연히 후자가 가격이 저렴했습니다. 문제는 아직도 과거의 종교성이 남아 있는 어린 신자들은 우상숭배에 쓰인 고기라고 하면 귀신이 먹은 음식을 자기도 먹는다는 고정관념 때문에 감정과 양심이 상한다는 것입니다. 그래서 바울은 음식의 출처를 묻지 말고 그저 감사하는 마음으로 먹으라고 한 것입니다.

자유롭게 음식도 못 먹습니까?"라고요. 하지만 이렇게도 생각해 보십시오. "여러분이 가진 자유로 어떤 음식을 먹는 일이 같은 구원 공동체에 있는 다른 성도의 양심을 자유롭게 하지 못한다면 그것이 진정한 자유일까요?" 30 또한 "나는 하나님께 감사한 마음만 가지고 있다면, 어떤 음식이든 먹어도 괜찮다는 진리를 알고 있습니다. 그래서 나는 감사하는 마음으로 음식을 먹는데, 왜 내가 감사로 하는 일이 다른 성도들에게 비난을 받아야 합니까?"라고 불평할 성도도 있을 것입니다. 하지만 이렇게도 생각해 보십시오. "여러분이 하나님께 감사하고 음식을 먹은 일이 같은 구원 공동체에 있는 다른 성도에 의해 감사할 수 없는 일이 된다면 그것이 진정한 감사가 될까요?"*

31 그러므로 이제 여러분은 먹든지, 마시든지, 무엇을 하든지 진정한 자유와 진정한 감사의 구원을 이루도록 하십시오. 즉 모든 것이 하나님께 영광이 되도록 하십시오! 32 아울러 하나님께 영광이 되는 삶은 그 누구에게도 걸림돌이 되지 않는 것입니다. 그러기 위해서 여러분은 율법적인 종교성을 가지고 살아가는 유대인 같은 사람이나, 아직 복음을 듣지 못한 불신자나, 교회 안에서 다

* 29-30절을 다음과 같이 번역할 수도 있을 것입니다. 다만 바울이 "나"라고 한 것을 여기서는 "우리"로 고쳐 보았습니다. "내가 말하는 양심, 즉 우리가 진정으로 초점을 맞추어야 할 양심은 자신의 것이 아니라 언제나 다른 사람의 것입니다. 그 이유는, 우리가 자유롭게 한 어떤 일이 다른 사람의 양심에 의해서 비판받는다면 어떻게 그것이 진정으로 자유롭게 한 일이 되겠습니까? 또한 우리가 감사하고 한 어떤 일이 다른 사람에게도 비난받는다면 그것이 어떻게 진정으로 감사한 일이 되겠습니까?"

양한 수준의 성도들에게 디딤돌과 같은 성도가 되십시오! [33] 여러분의 스승이며, 고린도 교회의 사도인 나, 바울도 그렇게 하기 위해서 내가 가진 권리와 자유를 마음대로 사용하지 않았고 오히려 나 자신을 낮추어 최대한 모든 사람을 배려하고 그들을 기쁘게 하고자 지금까지 섬겨 왔습니다. 내가 이렇게 한 이유는 오직 그들이 구원받기 위해서였습니다. [11:1] 무엇보다 가장 이타적인 삶을 살아가신 분은 바로, 메시아 예수님이십니다. 그분은 십자가에 달려 죽기까지 자신을 낮추심으로 연약한 우리를 섬기셨고 온 인류를 구원하셨습니다. 그래서 나는 언제나 그분을 닮으려고 애써 왔습니다. 그러므로 내가 예수님을 닮고자 최선을 다한 것처럼, 여러분도 나를 닮고자 최선을 다하십시오!*

동영상 설교 QR 15. 위대한 차이(고전 10:15-11:1)

* 고린도전서 11:1은 사실 문맥 흐름상, 10:34이 되어야 자연스럽습니다. 많은 역본과 학자들이 이것이 옳다고 주장합니다.

## 16. 예배의 질서 회복 1(11:2-16)

### 여자가 머리에 써야 할 것

11 [2] 고린도 교회 성도 여러분! 여러분이 처음 복음을 들을
때, 나에게서 듣고 배운 복음의 내용과 그 복음에 합당한
삶의 방식을 여러분이 잘 기억하고 지키고 있는 것에 대해서 내가
칭찬합니다. [3] 하지만 추가로 여러분이 반드시 알아야 할 영적인
진리가 있습니다. 한 사람의 몸에는 그 몸 전체의 질서를 책임지
는 권위의 자리에 머리가 있는 것처럼, 모든 남자의 머리는 메시
아 예수님이시며, 여자의 머리는 남자이고, 메시아 예수님의 머리
는 하나님이십니다. 다시 말해서 여자, 남자, 예수님, 그리고 하나
님은 질서와 권위를 가지고 서로 연결되어 있다는 말입니다. [4] 그
러므로 우리가 함께 모여서 예배할 때, 이러한 질서와 권위에 따
라 복장과 예절을 갖추는 것은 매우 중요한 일입니다. 예를 들어
서, 모든 남자는 예배 시간에 기도하거나 예언할 경우, 절대로 머
리에 어떤 것을 쓰거나 덮어서는 안 됩니다. 만약 그렇게 하면 자
기 머리가 되시는 메시아 예수님을 욕되게 하고 수치스럽게 만드
는 것이기 때문입니다. [5] 하지만 반대로 모든 여자는 예배 시간에
기도하거나 예언할 경우, 머리에 반드시 무엇인가를 쓰거나 덮어
야만 합니다. 만약 그렇게 하지 않으면 그것은 자기 머리가 되는
남자를 욕되게 하고 수치스럽게 만들게 됩니다. 그리고 그것은 결
국 자신에게 돌아와서 여자가 머리카락을 모두 밀어 버린 상태처

럼 자기 자신에게도 욕되고 수치스러운 일이 되는 것입니다. [6] 그런데도 고집스럽게 머리에 쓰거나 덮는 것을 거부하는 여자가 있다면, 그 사람은 아예 머리카락을 모두 깎으십시오! 당연히 그렇게 하지는 않겠지요. 그렇게 하면 여자로서 너무나 민망하고 수치스러운 일이 될 테니까요. 그러므로 그런 수치스러운 일을 당하고 싶지 않다면 반드시 여자는 예배 시간에 머리에 무엇을 쓰거나 덮도록 하십시오! [7] 또한 모든 남자가 예배 시간에 자기 머리에 어떤 것도 쓰거나 덮어서는 안 되는 이유는, 남자의 머리가 상징하는 하나님의 형상과 영광이 가려져서는 안 되기 때문입니다. 마찬가지로 모든 여자가 예배 시간에 자기 머리에 어떤 것을 쓰거나 덮어야 하는 이유는, 여자의 머리가 상징하는 남자(사람)의 형상과 영광이 드러나서는 안 되기 때문입니다.*

[8] 아울러 이러한 형상과 영광의 흐름이 생긴 이유는, 하나님께서 세상을 창조하실 때부터 이러한 순서와 질서를 결정하셨기 때문입니다. 즉, 하나님께서는 맨 처음에, 남자가 여자로부터 존재하게 하지 않으시고 오히려 여자가 남자로부터 존재하게 하셨습니다. [9] 또한 이러한 존재의 순서와 질서를 하나님께서 결정하신 이유는, 남자가 여자를 위해 창조된 것이 아니라, 오히려 여자가 남자를 위해 동역자로 창조되었기 때문입니다. [10] 무엇보다 하늘의 천사와 같은 영적인 존재들이 교회를 지켜보고 있기 때문에, 여자는 반드시 예배 시간에 자기 머리에 무엇인가를 덮거나 써서 자신

---

* 잠언 11:16(70인역)과 『에스라4서』 4:13-28에 미약한 근거가 제시됩니다.

이 하나님과 남자의 권위라는 질서의 흐름을 잘 지키고 있다는 표시를 해야만 합니다.*

11 하지만 이것이 남자와 여자의 전부는 아닙니다. 예배 시간에 지켜야 할 질서가 남자와 여자 중에서 누군가를 더 월등하게 하거나 열등하게 만드는 것이 아니라는 말입니다. 남자 없이 여자가 의미 없듯이 여자가 없으면 남자도 의미가 없어집니다. 우리는 모두 주님 안에서 각자의 특별함을 유지하면서 하나가 되어야 온전케 됩니다. 12 결론적으로 남자와 여자는 서로가 보완적인 존재이며 협력적인 존재입니다. 맨 처음에는 남자로부터 여자가 존재하게 되었지만, 이후에는 모든 남자가 여자로부터 태어나고 있기 때문입니다. 그러므로 중요한 것은 남자든 여자든 모두가 하나님께 소속되어 있다는 것이며, 그분께서 세우신 질서 안에서 서로를 존중하고 연합하는 것입니다.

13 자, 이제 이 문제에 대하여 마무리하겠습니다. 지금까지 내가 한 모든 말을 다 들었으니, 여러분 스스로 잘 생각하여 가장 좋은 것을 선택하고 결정하십시오! 아직도 예배 시간에 여자가 머리

---

* 사실 이 구절은 신약성경에 나오는 난해 구절 가운데서도 가장 난해한 구절입니다. 이 구절의 의미에 대해서 대략 네 가지 정도만 언급해 보자면 이렇습니다. ① 여기에 나오는 천사가 각 교회를 대표하는 인간 지도자라는 의견, ② 창세기 6장에 등장하는 타락한 천사들이라는 의견, ③ 정상적인 천사들이 잘못된 예배를 보고 모방할 수 있다는 의견, ④ 모든 예배 시간에 참석하여 예배의 질서를 돕고 또한 보고하는 천사라는 의견(눅 15:7, 10; 딤전 5:21; 히 1:6, 12:22-23) 등이 있습니다. 다음의 성경 구절들도 참고해 보십시오. 엡 3:10; 시 103:20-21.

에 아무것도 쓰거나 덮지 않고 하나님께 기도하는 것이 정말로 합당한 일이라고 생각합니까? 14-15 하나님께서 사람에게 주신 본성(양심) 그 자체가 가르치는 소리에 귀 기울여 보십시오! 남자는 긴 머리카락을 기르기보다 짧은 머리를 할 때 보기가 좋고, 여자는 오히려 짧은 머리카락보다는 긴 머리를 가꿀 때 보기 좋고 영광스럽다고 말하지 않습니까? 하나님께서 여자에게 긴 머리카락을 아름답게 보이도록 하신 것은 이러한 영적인 질서를 지키기 위해 머리에 쓰거나 덮는 것을 대신해서 주신 선물입니다. 그러므로 여러분은 예배 시간에 자신에게 합당한 복장과 예절을 지켜서 경건하고 질서 있게 예배드리기 바랍니다. 16 이렇게까지 말했는데도 자신의 자유만을 주장하면서 더 논쟁하려는 사람이 있다면, 그것은 더 이상 자유가 아니라 방종이며 우리뿐만 아니라 지금까지 하나님께서 세우신 그 어떤 교회도 그런 무질서한 예배의 모습이나 관습을 가지고 있지 않다고 마지막으로 단호하게 대답할 수밖에 없습니다.

동영상 설교 QR 16. 예배의 질서 1 - 여자의 머리에 쓰는 것(고전 11:2-16)

## 17. 예배의 질서 회복 2(11:17-34)

성만찬의 진정한 가치를 회복하십시오.

11 [17] 그러나 이제 화제를 바꾸어서 "성만찬의 문제"에 대해
서는 여러분을 전혀 칭찬할 수가 없습니다. 여러분이 성
만찬을 하려고 모이는 모습이 점점 더 좋아지는 것이 아니라, 점
점 더 악하고 심각한 모습으로 변질되고 있기 때문입니다.* [18] 가
장 심각한 것은, 여러분이 교회 공동체로 모임을 가질 때마다 성
도들끼리 분리가 되고 분쟁이 일어난다고 내가 들은 것입니다. 나
는 그것이 어느 정도는 사실이라고 믿습니다(1:10, 3:1-4). [19] 물론 사
람들이 모이는 곳에서, 모든 사람의 의견이 일치될 수는 없는 일
입니다. 사람들은 각자의 선택과 의견에 따라서 모이거나 분리될
수밖에 없으며, 또한 그렇게 해야만 여러분 가운데서 인정받는 사
람도 나타나고 잘난 체하는 사람도 드러나게 될 테니까요!

[20] 문제는, 주님께서 모든 성도가 하나 되라고 만들어 주신 연

---

* 먼저 "성찬식"이 아니라 "성만찬"으로 번역한 이유는, 고린도 교회를 포함해서 초대 교회의 모습이 우리의 성찬식이나 식탁 교제와는 많이 달랐기 때문입니다. 그들은 저녁쯤에 모여서 예배를 드렸을 것이고 함께 식사를 나누었을 것입니다. 이때 성찬식이라는 순서를 따로 만들지 않았고 늘 먹고 마시는 빵과 포도주로 식사를 하면서 주님의 살과 피를 나누는 예식의 수준을 넘어 진정 그것으로 살게 되는 생명의 식탁 교제가 있었기 때문입니다. 다시 말해서 성찬식과 식탁 교제는 분리될 수 없는 하나의 교회 모임이었고 나눔이었습니다. 정확한 것은 아니지만, 보통 ① 감사 기도를 하고, ② 빵을 나누는 의식을 한 후에, ③ 자유롭고 충분한 식사를 했을 것이고, ④ 마지막으로 식사를 마치면서 포도주를 나누었던 것으로 보입니다.

합의 성만찬 자리에 여러분이 심각하게 분리된 모습으로 참석함
으로, 겉모습은 함께 모여서 먹는 것처럼 보여도 실제로는 성만찬
이 아닌 것으로 만들어 버린 것입니다. 21 예를 들자면 이런 상황입
니다. 성만찬 시간에는 각자가 가지고 온 음식과 포도주를 모두
함께 나누어 먹어야 하는데, 부유한 성도들은 자신들이 풍족히 가
지고 온 것들을 먼저 먹고 마시므로 배부르고 취해 버리지만, 가
난한 성도들은 늦게 참석해서 부족하게 남은 것들만 겨우 먹고 마
실 수밖에 없습니다. 그래서 나눔을 통해 모두 풍성해야 할 성만
찬이 오히려 누군가는 배고프고 비참한 자리가 되고 만 것입니다.
22 부유한 성도들이여! 여러분이 그렇게 마음껏 먹고 마시고 싶다
면 여러분의 집에서 그렇게 하면 되지 않습니까? 그대들의 부유
함과 사회적으로 높은 신분을 교회에서까지 드러내는 이유가 도
대체 무엇입니까? 그러한 행동이 하나님의 거룩한 모임인 교회를
경멸하고 있다는 것을 왜 모릅니까? 어째서 교회 공동체 안에 상
대적으로 가난하고 사회적으로 낮은 신분을 가진 성도들에게 수
치심을 안겨 주는 것입니까? 그대들이 하는 행동에 대해서 무슨
말을 듣고 싶은 것입니까? 인정과 칭찬이요? 절대로 나는 그대들
의 모습을 인정하거나 칭찬할 수 없습니다!

23 그대들이 이렇게 가볍게 생각하고 있는 성만찬은, 내가 주
님으로부터 받아서 여러분에게 전해 준 매우 특별하고 귀한 예식
이며 모임입니다. 첫 번째 성만찬은 이렇게 시작했습니다. 주님께
서 가룟 유다에 의해 배신당하시고 로마인들에게 넘겨지셔서 십

자기의 죽음을 앞두시기 전날 밤이었습니다. 주님은 제자들을 모두 모으시고 커다란 빵 한 덩이를 집어 올리셨습니다. 24 그리고 감사하신 후에 그 빵을 조각들로 찢어서 나눠 주시며, 이렇게 말씀하셨습니다. "이 찢어진 빵조각은 내가 여러분을 위해 주는 내 살입니다. 여러분은 나의 낮아짐과 희생을 통해 새로운 생명을 얻었음을 기억하기 위하여 오늘과 같은 성만찬의 예식과 모임을 계속 가지도록 하십시오!" 25 마찬가지로 주님은 식사를 다 마치신 후에, 포도주를 채운 잔을 들어 올리시고 이렇게 말씀하셨습니다. "이 잔의 포도주는 여러분과 새로운 언약을 맺게 되는 내 피입니다. 구약의 제사에서 피를 통해 하나님과 사람이 새로운 관계 안으로 들어갈 수 있었던 것처럼, 이제 내 피로 인해 여러분은 하나님과 새로운 관계로 들어갈 수 있게 되었습니다. 그러므로 여러분은 이 잔을 마실 때마다, 나의 낮아짐과 희생을 통해 새로운 생명을 얻었음을 기억하며 그것을 살아 내기 위해 오늘과 같은 성만찬의 예식과 모임을 계속 가지도록 하십시오!" 26 그러므로 여러분은 바로 이러한 가치와 흐름 속에서 성만찬에 참여해야 합니다. 여러분이 성만찬의 시간에 빵을 먹고 포도주를 마실 때마다, 우리에게 새 생명을 주신 예수님의 낮추심과 희생을 이어 가고 선포하는 것입니다. 예수님께서 재림하시는 그날까지 말입니다. 27 결론적으로 누구든지 성만찬에 참여하면서 그 성만찬 안에 있는 "주님의 낮아짐과 희생"이라는 가치와 흐름에 합당하지 않는 태도와 행동을 한다면, 그 사람은 예수님의 살과 피, 즉 우리를 위해 죽으신 십자가의 가치를 짓밟는 엄청난 범죄행위를 하는 것입니다.

28 이제 누구든지 성만찬에 참여하고자 한다면, 자신도 “주님의 낮아짐과 희생”이라는 가치와 흐름에 일치하는 모습인지를 철저히 점검하십시오! 주님께서 낮추시고 희생하신 모습처럼 성만찬의 빵을 먹고 포도주를 마시도록 하십시오! 29 왜냐하면 예수님께서 나눠 주신 몸, 즉 빵과 포도주가 의미하는 “낮춤과 희생”의 가치를 무시하고 성만찬에 참여하게 되면 예수님의 몸으로 용서받은 죄를 기념하는 자리가 아니라 그분의 몸에 다시금 죄를 지어서 형벌을 받는 자리가 될 것입니다. 30 바로 이런 이유로, 다시 말해서 여러분 중에서 일부 성도들이 지금까지 성만찬의 가치와 흐름을 무시하고 참여해 왔기에, 고린도 성도 중에서 많은 사람이 약해지고 병들어 있는 것이며 상당한 수의 사람들은 죽기도 한 것입니다. 31 만약 우리가 지난날, 성만찬의 진정한 가치와 흐름에 따라서 항상 스스로를 점검하고 참여해 왔다면 우리에게 이러한 결과는 일어나지 않았을 것입니다.*

32 하지만 너무 낙망하지 마십시오! 우리가 지금 하나님으로부터 이러한 아픈 결과를 받은 것은 저주가 아니라, 부모가 자녀에게 하듯 **훈계와 훈육**을 받는 것입니다. 그래서 마지막 날에 세상이 받게 되는 심판을 받지 않도록 정신 차리게 하시는 것입니다.

---

* 많은 번역본이 이 부분을 현재로 번역하려고 하는데, 시제 전체가 미완료 형태로서 “과거의 지속적인 행위”를 나타내는 것입니다. 그러므로 이 문장은 30절과 연결되어 첨언된 형태이며 과거를 돌아보는 것으로 보입니다.

[illegible], 늦게 오는 가난하고 연약한 지체들을 기다려 주고 환영해* 주기를 바랍니다! 34 교회에서 성만찬을 하기 전에 배가 많이 고프다면, 먼저 자기 집에서 조금 먹고 오기를 바랍니다! 그렇게 해서 성만찬의 자리가 누군가를 판단하고 하나님의 심판을 받는 자리가 되지 않기를 바랍니다. 성만찬과 관련하여 여러분이 추가적으로 궁금한 것이나 다루어야 할 부분에 대해서는 나, 바울이 직접 가서 알려 줄 것이며 바로잡겠습니다(16:5).

동영상 설교 QR 17. 예배의 질서 2 – 성만찬의 진정한 가치 회복(고전 11:17–34)

* 헬라어 '엑데케스테'(ἐκδέχεσθε)는 문자적으로 "기다려 주라"라는 의미이지만, 이 문맥에서 "서로서로"라는 부사어와 상응하고 연결하여 "환영하고 받아 주라"로 번역하는 것이 더 정확해 보입니다.

## 18. 예배의 질서 회복 3(12:1-11)

성령의 사람과 성령의 은사의 대전제

12 [1] 이제부터는 **어떤 사람이 진정으로 영적인 사람, 곧 성령의 사람인지에 대해서와 성령님께서 주시는 은사와 능력들이 무엇이고 그것을 어떻게 사용해야 하는지**에 대해서 답변을 하려고 합니다. 나는, 여러분이 이것들에 대해서 반드시 제대로 알기를 원합니다. [2] 일단 영적인 사람, 곧 성령의 사람이 어떤 사람인지 알려면 그렇지 않은 사람이 어떤 모습인지를 대조해 보면 됩니다. 그런데 그것은 여러분이 잘 알 것입니다. 여러분의 과거가 그랬기 때문입니다. 예수님을 믿기 전에, 이방인의 삶을 살던 여러분은 아무런 능력도 없는 가짜 신들을 우상으로 삼아서 예배드렸습니다. 그것은 사실 **이 세상의 욕망과 경쟁의 노예**가 되어서 사망의 흐름 속에 휩쓸려 살았던 거짓되고 헛된 삶이었습니다. [3] 내가 여러분에게 알려 주고자 하는 핵심은 이것입니다. 예수님을 믿기 전에 우상을 숭배하던 삶의 중심에는 성령님께서 계시지 않았다는 것입니다. 당연히 성령님께서 자신의 영혼과 인생의 중심에 없는 사람은 예수님께서 십자가에서 우리를 위해 죽으신 복음의 진리가 그저 "신의 저주를 받은 사람의 이야기"처럼 보일 수밖에 없습니다(신 21:23; 갈 3:13). 그러나 성령님께서 한 사람의 영혼과 인생의 중심에 들어오시면 바로 그때 "예수님은 내 인생의 주인이십니다!"라는 고백과 삶이 시작되는 것입니다.

4 [illegible] 능력 있는 삶을 살기에 합당한 은사들을 선물로 주십니다. 당연히 그 근원에는 동일하신 한 분 성령님이 계십니다. 5 그리고 그 성령님께서 주시는 능력으로 우리가 교회와 세상을 섬길 수 있는 다양한 직분을 얻게 됩니다. 당연히 그 근원에는 동일하신 한 분 주님께서 계십니다. 6 또한 그 성령님께서 주시는 기회로 우리가 교회와 세상에서 일할 수 있는 다양한 활동과 역사를 이루게 됩니다. 당연히 그 근원에는 동일하신 하나님, 바로 모든 것들을 모든 사람 안에서 역사하시는 한 분 하나님이 계십니다. 7 이렇게 성령님께서 각 성도에게 다양한 은사와 직분과 역사로 발현되시는(자신을 나타내 보이시는) **궁극적인 목적은 교회 전체가 하나가 되어서 함께 영적인 유익을 얻고 나누기 위해서입니다.** 8 그래서 성령님께서는, 어떤 성도에게 하나님의 은혜와 진리를 잘 전할 수 있는 "지혜의 말씀"을 주십니다. 또한 다른 성도에게 동일한 성령님께서는 하나님의 말씀을 잘 깨닫고 가르칠 수 있는 "지식의 말씀"을 주십니다. 9 마찬가지로 어떤 성도에게 그 동일한 성령님께서는 도저히 믿을 수 없는 것을 믿음으로 기적과 변화를 만들어 내게 하는 "믿음의 은사"를 주시고, 또 다른 성도에게는 성령님의 임재로 인해 병든 사람을 치유할 수 있는 "신유의 은사"를 주십니다. 10 아울러 어떤 성도에게는 초자연적인 일을 할 수 있는 "능력의 은사"를 주시고, 어떤 성도에게는 하나님의 마음과 말씀을 전달하는 "예언의 은사"를 주시고, 어떤 성도에게는 "영들을 분별할 수 있는 은

사"를 주시고, 또 어떤 성도에게는 "다양한 방언들을 말할 수 있는 은사"를 주시고, 그리고 다른 성도에게는 "방언들을 통역할 수 있는 은사"를 주십니다.* 11 그러므로 성도인 우리가 이 모든 은사를 체험하고 누리는 것은 한 분이시고 동일하신 성령님께서 우리 안에서 활동하시고 역사하시는 증거입니다. 성령님께서는 자신이 원하는 성도에게 다양한 은사와 능력을 나누어 주심으로 교회를 건강하게 세우며 하나로 연합시키는 진정한 영적인 사람, 곧 성령의 사람이 되게 하시는 것입니다.

동영상 설교 QR 18. 예배의 질서 3 - 진정한 성령의 사람과 성령의 은사 1(고전 12:1-11)

* 여기서 바울이 나열한 은사의 목록은 성경이나 역사에서 성령님께서 보이신 은사의 전부는 절대 아닙니다. 그 대표적인 것만 제시한 것이며 은사의 순서 역시 높고 낮음이 아닙니다. 아울러 로마서 12장과 에베소서 4장도 함께 참고해서 읽어 보십시오.

## 19. 예배의 질서 회복 4(12:12-31)

### 생명의 교회와 은사들

12 [12] 연결해서 여러분이 반드시 알아야 할 것(12:1)을 조금
더 깊게 설명해 보겠습니다. 우리 각 사람은 하나의 몸
을 가지고 있지만 그 안에는 많은 지체가 있으며, 몸 안에는 다양
한 지체들이 많이 있어도 결국 하나의 몸을 이루는 것처럼, 우리
의 메시아 되시는 예수님의 몸, 바로 교회도 그렇게 존재합니다. [13]
다시 말해서, 교회 안에는 유대인도 있고 헬라인도 있고 종도 있
고 자유인도 있지만, 이러한 다양한 인종과 성별, 신분의 차이에도
불구하고 우리는 하나입니다. 그 이유는 한 분이신 성령님 안에서
세례를 받았고* 한 분이신 성령님을 받아서 하나로 연합되었기 때
문입니다.** [14] 당연히 한 몸 안에는 한 가지 종류의 지체만 있을
수 없고, 반드시 다양한 지체들이 많이 모여서 조화를 이루어야만
합니다. [15] 그래서 다음과 같은 상황이 일어나서는 안 되고 일어날
수도 없습니다. 예를 들어서, 발이 말하기를 "나는, 사람이 중요하
게 생각하는 손이 아니기에, 이 몸의 일부가 아닌 것이 분명해!"라

---

* "세례를 받는다"라는 말 자체가 어떤 새로운 관계나 공동체 안으로 '들어간다'는 의미를 포함하고 있습니다.

** 헬라어, '포티조'(ποτίζω)의 과거 수동태 복수형(ἐποτίσθημεν)을 우리는 기본적으로 "마시다"라는 의미로만 생각하는데 "성령을 마시다"라는 말은 좀 어색합니다. 이 '포티조'라는 단어는 "마시다"라는 의미뿐 아니라, 이 문장에서는 수동태로 "적셔지다, 채워지다"라는 의미로 확대해석할 수 있습니다.

고 불평한다고 해서, 그 발이 한 몸의 일부라는 자격이 사라지는
것은 아니지 않습니까? [16] 또한 귀가 말하기를 "나는, 사람이 아름
답게 생각하는 눈이 아니기에, 이 몸의 일부가 아닌 것이 분명해!"
라고 낙심한다고 해서, 그 귀가 한 몸의 일부라는 자격을 잃어버
리는 것도 아니지 않습니까? [17] 눈이 중요하다고 해서 온몸이 눈으
로만 되어 있다면, 귀가 없으니 어떻게 들을 수 있겠습니까? 마찬
가지로 귀가 중요하다고 해서 온몸이 귀로만 되어 있다면, 코가
없으니 어떻게 냄새를 맡을 수 있겠습니까? [18] 그래서 이제 하나님
께서는 한 몸 안에 다양한 지체를 만드시고 배치하신 것입니다.
여러 가지 기능을 가진 지체들은 하나님의 완전하신 뜻과 계획에
따라 서로 다르지만 조화롭게 연합을 이루어 냄으로 한 몸이 되게
하신 것입니다. [19] 만약 한 사람의 몸이 한 가지 종류의 지체로만
구성된다면 그것은 이상한 괴물과 같은 모양만 될 뿐이지, 절대로
온전한 사람의 몸이 될 수는 없을 것입니다. [20] 그래서 온전한 사
람은 반드시 여러 가지 기능을 가진 많은 지체가 하나로 연합된
한 몸이 되어야 하는 것입니다.

[21] 그러므로 스스로 탁월하다고 생각하는 눈이 자신보다 부족
하다고 생각되는 지체인 손에게 "나는 네가 필요 없어!"라고 말할
수 없고, 또한 스스로 사람의 관심을 받고 있다고 생각하는 머리
가 자신보다 관심 밖에 있다고 생각하는 지체인 발에게 "나는 네
가 필요 없어!"라고 말할 수도 없는 것입니다. [22] 오히려 우리의 생
각과 달리, 한 사람의 몸에서 더 약하게 보이는 지체들이 그보다

약하게 보이는 다른 지체들보다 매우 중요하고 필수적인 역할을
담당하며, 23 또한 우리의 생각과 달리, 한 사람의 몸에서 크게 중
요하지 않아 보이는 지체에 우리는 더 귀한 치장을 해 주며, 시각
적으로 볼 때 아름답지 못한 지체에는 화려한 장식이 되어 있습니
다. 24 원래 우리 몸에 아름답게 자리매김한 지체들에는 더 특별한
것이 필요하지 않으니 그냥 두셨고, 다소 부족해 보이는 지체들에
는 아름다움과 귀한 것을 입혀 주셔서, 하나님께서는 우리 몸에
균형 있고 질서 있는 지체들의 조화를 이루게 하셨습니다. 25 그렇
게 해서 하나님께서는 우리 몸에 있는 지체들이 서로 분쟁하게 하
는 것이 아니라, 서로 신경 쓰고 배려하여서 한 몸이 되도록 만드
셨습니다. 26 그래서 우리 몸의 한 지체가 고통당하면 나머지 다른
지체들도 함께 아파하고, 우리 몸의 한 지체만 영광을 받아도 나
머지 모든 지체가 함께 기쁨을 누리는 것입니다.

27 자! 이제 핵심을 말하겠습니다. 지금까지 내가 사람의 몸을
비유로 들어 설명한 것은 성도 여러분에게 바로 메시아 예수님의
몸이라는 신비를 제대로 알려 드리기 위해서였습니다. 다시 말해
서 여러분 한 사람, 한 사람이 메시아 예수님의 한 몸 된 교회의 다
양하고 중요한 지체라는 말입니다. 28 그래서 하나님께서는 한 몸
인 교회를 건강하게 세우기 위해서 지체가 되는 여러분 각자에게
다양한 은사를 선물로 주셨습니다. 첫 번째로는 사도들을, 두 번째
로는 선지자들을, 세 번째로는 교사들을, 그리고 다음으로는 능력
행하는 은사들을, 그다음으로는 병 고치는 신유의 은사들을, 위로

하고 돕는 은사들을, 다스리고 지도하는 은사들을, 그리고 여러 가
지 방언하는 은사들을 주신 것입니다. 29 사람의 몸에 한 가지 종
류의 지체만 있을 수 없는 것처럼, 교회 안의 모든 성도가 다 사도
가 되거나, 선지자가 되거나, 교사가 되거나, 능력 행하는 사람이
될 수는 없겠지요? 당연히 그렇습니다! 30 마찬가지로 교회 안의
모든 성도가 다 신유의 은사를 가지거나, 방언을 말하는 은사를 가지거나, 방언을 통역하는 은사를 가진 사람이 될 수는 없겠지요? 당연히 그렇습니다! 건강한 몸 안에는 여러 가지 역할을 하는 지체들이 다양하게 있어야 하는 것처럼, 예수님의 몸 된 교회가 건강하게 세워지기 위해서도 여러 가지 능력과 은사를 가진 성도들이 다양하게 있어야 하는 것입니다!

31 문제는 여러분이 그중에서 특정한 능력과 은사만을 탁월하게 생각하고 교만함으로 한 몸인 교회를 분열시키고 있다는 것입니다. 그래서 나는 여러분이 진짜 위대한 은사를 열망하기를 바랍니다. 또한 지금부터 가장 위대한 은사로 가는 길을 여러분에게 보여 주겠습니다.

동영상 설교 QR 19. 예배의 질서 4 - 진정한 성령의 사람과 성령의 은사 2(고전 12:12-31)

## 20. 예배의 질서 회복 5 사랑 그 위대한 길(13:1-13)

모든 것을 사랑의 길과 방식으로 하십시오.

13 [1] 내가 성령님께서 주시는 언어적인 은사들을 받아 오랜
시간 동안 방언으로 기도하거나 천사처럼 아름다운 말
을 할 수 있다 하더라도 **하나님의 사랑**으로* 하지 않는다면, 나는
아무 의미 없고 시끄러운 소리만 만들어 낸 것입니다. [2] 그리고 내
가 예언의 은사를 가지고 있어서 엄청난 비밀과 지식을 사람들에
게 말해 줄 수 있고, 또한 믿음의 은사를 가지고 있어서 산을 옮기
는 것 같은 기적을 이룬다 해도, 만약 내가 **하나님의 사랑**으로 하
지 않는다면, 실제로 아무것도 하지 않은 것입니다. [3] 또한 내가 전
재산을 가난한 사람들에게 나누어 주고, 나에게 마지막으로 남은
내 몸까지 자랑스럽게 내어놓거나 불에 사르듯 희생한다 해도, 그
것을 **하나님의 사랑**으로 하지 않는다면 나는 정말 하나도 유익이
없고 무가치한 일을 한 것입니다.

[4] **하나님의 사랑**, 그 진정한 사랑은 끈기와 지속적인 태도로
참고 견디는 것이며, 온유한 마음으로 남에게 친절을 베풀고, 자신

---

* 요한일서 4:8에 근거하여 고린도전서의 "사랑", 즉 '아가페'(ἀγάπη)를 "하나님의 사랑"으로 번역했습니다. 물론 신약성경에서 '아가페'(ἀγάπη)/'아가파오'(ἀγαπάω)라는 단어가 무조건 하나님의 사랑만을 특정하는 것은 아니지만, 단순히 좋아하는 감정이나 성적인 것까지 "사랑"이라고 부르는 이 시대의 변질된 언어 습관으로 인해서 오직 "하나님의 사랑"만이 진짜 사랑이라는 의미로 이 번역본에서는 이 "사랑"이라는 단어를 구체화해 보았습니다.

과 세상의 기준으로 남을 질투하거나 비교하지 않으며, 자랑하거나 과시하지도 않고 자신을 높여 교만하지도 않고 자신을 낮추어 열등하게 생각하지도 않는 것입니다. [5] 권위와 질서를 거스르는 무례한 행동을 하지 않고, 이기적인 태도를 포기하며, 날카로운 태도와 위협적인 태도로 쉽게 화내는 습관을 버리고, 죄와 관련된 것은 그 무엇이라도 마음에 품지 않는 것입니다. [6] 주님께서 싫어하시는 것은 그 무엇도 삶의 기쁨으로 삼지 않고, 하나님 나라와 그 뜻에 합당한 진리의 삶을 공동체와 함께 추구하며 기뻐하는 것입니다. [7] 삶의 모든 자리에서 용서하는 자세로 살아가고, 삶의 모든 자리에서 믿음의 능력으로 살아가며, 삶의 모든 자리에서 소망의 기대로 살아가고, 삶의 모든 자리에서 신실한 인내의 모습으로 살아가는 것입니다.

[8] 결론적으로 모든 것을 **하나님의 사랑**으로 해야 하는 가장 큰 이유와 목적은 사랑만이 절대로 실패하지 않으며, 사랑만이 영원하며, 사랑만이 모든 선한 것들을 완성하기 때문입니다. 대조적으로 은사들은 그렇지 않습니다. 주님께서 재림하시는 때가 되면, 예언이나 방언이나 지식은 더 이상 필요가 없어지게 될 것입니다. [9] 다만 여기서 중요한 것은 이것입니다. 아무리 성령님께서 주신 은사들이 탁월하다고 해도, 그 지식은 부분적이며, 그 예언도 파편적이라는 사실입니다. 우리가 지금 가진 은사들은 완전하지 못합니다. 그 이유는 은사를 주신 성령님의 문제가 아니라, 이 땅에서 육신을 입고 사는 인간 자체가 불완전하기 때문입니다. [10] 그러므로

완전하신 주님께서 재림하실 때, 곧 세상을 향한 하나님의 모든 계획(경륜)이 완성되는 그날이 오면, 우리가 지금까지 부분적으로 해 온 모든 은사와 사역은 폐기 처분이 될 것입니다. 11 이렇게 모든 것이 점진적으로 완성되는 흐름은 우리가 살아가는 인생과 비슷합니다. 우리가 어린아이였을 때에는 어린아이처럼 유치하게 말하고, 부족하게 이해하며, 철없는 생각에 사로잡히기 쉬웠습니다. 그러다가 점점 장성한 어른이 되면 어린아이 시절에 하던 부족함을 다 버리게 되는 것처럼 말입니다. 12 또 다른 예를 들어 보겠습니다. 지금 우리가 무엇을 알거나 본다고 하는 것은 청동을 때려서 만든 거울을 보는 것 같아서 아무리 훌륭한 거울이라도 비춰 내는 모습이 온전치 않습니다. 그러나 주님께서 재림하시는 때가 되면, 직접 눈으로 보고 얼굴과 얼굴을 맞대어 보듯이 생생하게 보고 온전하게 알 수 있을 것입니다. 그때는 우리가 주님의 뜻을 완전히 이해할 것입니다. 온전하신 주님께서 누구보다 나를 완전히 이해하시는 것처럼 말입니다. 우리는 이렇게 미숙한 곳에서 장성한 곳으로, 희미한 것에서 선명한 것으로 나아갈 것이며, 마땅히 나아가야만 합니다. 13 이 **성숙하고 완전한 삶으로의 나아감**을 완성하는 위대한 길이 있으니, 그것이 바로 믿음, 소망, 사랑이며 그중에 가장 위대한 길은 언제나 **하나님의 사랑**입니다.

동영상 설교 QR 20. 예배의 질서 5 – 사랑, 그 위대한 길(고전 13:1–13)

## 21. 예배의 질서 회복 6(14:1-19)

### 예배에서 방언과 예언

14 1 그러므로 여러분은 **하나님의 사랑**이라는 가장 위대한
길을 열정적으로 걸어가십시오! 바로 그 사랑의 길 위
에서 성령님께서 주시는 다양한 은사들의 통로가 되도록 갈망하
십시오! 그중에서도 특히 여러분은 예언하도록 하십시오! 2 여러
분이 예배 시간에 방언보다 예언하기를 내가 바라는 이유는 다음
과 같습니다. 방언하는 사람은 영의 언어로 비밀스러운 내용을 기
도하기에 하나님만 들으실 수 있고, 대다수 예배에 참석한 사람들
은 방언하는 소리를 들어도 그 의미를 알 수 없기 때문입니다. 3
그러나 예언하는 사람은 예배에 참석한 사람들이 잘 알아들을 수
있는 언어를 사용하기에, 그 예언을 통해 사람들을 영적으로 성장
시키고 권면하며 용기와 위로를 줄 수 있기 때문입니다. 4 물론, 방
언하는 것도 가치 있는 일입니다. 방언 기도를 통해 성도는 각자
내면의 집을 성숙시키고 성장시키는 영적 건축을 하기 때문입니
다. 하지만 예언은 개인만이 아니라 교회라는 공동체 전체를 영적
으로 성숙시키고 성장시키는 더 크고 위대한 영적 건축을 합니다.
그래서 내가 여러분에게 예언의 은사를 추구하라고 도전하는 것
입니다.* 5 그렇다고 방언이 보잘것없는 은사라는 말은 아닙니다.

---

* 바울이 예언을 방언보다 중요하게 생각하는 이유는, 당시에 방언하는 사람들이 자기를 드러내고 자기 자신만을 위해 신앙생활하려는, 이기적인 도구

나는 여러분 모두가 방언의 은사를 받아서 방언으로 기도하기를
원합니다. 그러나 함께 모여 예배하는 자리에서는 여러분이 방언하기보다는 예언하기를 더욱 원합니다. 그 이유는 통역되지 못한 방언보다 잘 알아들을 수 있도록 선포된 예언이 예배에 참석한 성도들에게 유익을 주고 교회 공동체를 영적으로 성장시키며 성숙시킬 수 있기 때문입니다.

6 여러분! 만약 내가 여러분을 방문해서 설교하거나 상담하는데, 여러분이 전혀 알아들을 수 없는 방언으로만 계속 진행한다면 여러분에게 무슨 유익이 있겠습니까? 오히려 분명한 언어를 사용하여 하나님으로부터 받은 계시의 내용이나 영적인 지식, 예언이
나 가르침을 주는 것이 훨씬 여러분에게 유익하지 않겠습니까? 7
연결하여 몇 가지 예를 더 들어 보겠습니다. 무생물인 피리나 하프와 같은 악기도 각자 정확한 음정과 음계로 연주해야만 음악이 됩니다. 그런데 그렇게 하지 않고 마음대로 피리를 불어 대거나 하프를 튕긴다면 그것은 음악이 아니라 소음이 될 것입니다. 그렇게 하면 무슨 곡이 연주되는지 어떤 악기가 사용되는지 누가 알아
들을 수 있겠습니까? 8 또한 군대의 나팔수도 이미 약속한 부대의
신호에 맞게 정확한 음으로 나팔을 불어야 군사들이 그 소리를 듣

---

로 그 은사를 사용했기 때문입니다. 그래서 바울은 예언을 더 강조했습니다. 탁월한 신학자들이 지적한 바와 같이, 만약 고린도 교회에 예언이 더 심각한 문제가 있었다면 그에 합당한 제안을 했을 것이고, 실제로도 예언을 분별해야 한다고 바울이 나중에 말합니다. 물론 예언도 문제가 전혀 없었던 것은 아님을 이후의 내용을 통해 알 수 있습니다.

고 움직일 수 있습니다. 그런데 그렇게 하지 않고 불분명한 소리로 나팔을 분다면, 어떤 군사가 전쟁을 준비할 수 있겠습니까? [9] 마찬가지로 예배 시간에 여러분이 가진 혀로 방언만 하고 분명한 말로 알아들을 수 있는 내용을 나누지 않는다면, 대다수 사람에게 무의미하고 공허한 외침으로 끝날 것입니다.

[10] 그렇다고 방언이 무의미하고 무가치하다는 것은 절대 아닙니다! 이 세상에 수많은 소리가 있고 소리마다 다 의미와 가치가 있는 것처럼, 방언도 마찬가지입니다. [11] 하지만 우리가 예배 시간에 중요하게 생각하는 것은 어떤 말을 하는 사람만이 아니라 그 말을 듣는 사람이며, 그 모임에서 나누는 말과 소리의 내용을 함께 깨닫는 것입니다. 그렇게 되지 않는다면, 그것은 마치 우리가 이해 못하는 언어를 사용하는 외국인 예배에 몸만 와 있는 상태가 되어서, 예배에 참석하는 것이라고 말할 수도 없을 것입니다. [12] 그러므로 여러분은 진정한 예배의 참여자가 되십시오! 여러분 스스로가 성령의 사람이 되기를 원하고, 성령의 은사들을 누리기를 원하는 사람이 아닙니까! 그러니 바로 그렇게 예배 시간에 여러분의 은사를 사용하십시오! 개인의 유익만이 아니라 교회 전체를 건강하게 세우고 영감 넘치는 풍성한 예배 시간이 되도록 최선을 다하십시오!

[13] 이에 여러분에게 진정한 예배를 위한 은사 사용법을 알려드리도록 하겠습니다. 만약 누군가 방언의 은사를 받았다면 방언하는 것에서 멈추지 말고 통역의 은사를 받거나 예배 시간에 그

[illegible]
기도할 때, 자신의 영은 기도하지만 자신의 이성(혼)은 그 기도가 무슨 뜻인지 모르는 상태가 되기 때문입니다. [15] 이런 상황에서 우리는 어떻게 하면 좋을까요? 만약 방언의 은사만 있고 통역의 은사(은사를 가진 사람)가 없다면, 방언으로도 기도하고 알아들을 수 있는 말로도 기도하면 됩니다. 찬양도 마찬가지입니다. 방언으로도 찬양하고 알아들을 수 있는 말로도 찬양하면 되는 것입니다. [16] 그런데도 여러분이 방언만 중요하게 주장하면서 모두 모여 예배하는 자리에서 계속 방언만 고집한다면, 함께 예배드리는 사람 중에서 은사가 없는 성도는 그 말을 이해할 수 없을 것입니다. 아무리 좋은 축복의 내용으로 방언을 한다 해도 사람들이 알아들을 수 없으니, "아멘"으로 화답할 수도 없을 것입니다. [17] 함께 모여 예배하는 자리에서 방언의 은사를 가진 사람이 방언 기도만 해 버린다면, 방언 기도를 한 사람이야 하나님께 적절한 내용으로 감사하고 잘 기도한 것이라고 할 수 있으나, 다른 사람들은 도대체 무슨 내용으로 기도했는지 알 수가 없으니 그들의 신앙에는 아무런 유익을 줄 수 없을 것입니다. [18] 다시 말하지만, 나도 여러분처럼 하나님께서 주신 방언을 감사하고 소중하게 생각합니다. 사실 여러분들 중에서 그 누구보다 많은 시간 방언으로 기도하고 있습니다. [19] 하지만 다양한 영적 수준의 사람들이 함께 모여서 예배하는 자리에서, 나는 방언으로 수만 마디의 말을 하는 것보다 사랑하는 성도들을 성장시키고 변화시키기 위해서 알아들을 수 있는 언어로

다섯 마디의 말을 하기 원합니다. 여러분도 그러기를 바랍니다.

동영상 설교 QR 21. 예배의 질서 6 - 방언과 예언에 대한 이해와 오해(고전 14:1-19)

## [illegible]

방언과 예언의 표적

14 [20] 고린도 교회 성도들이여! 여러분은 내가 지금까지 방
언과 예언을 대표로 해서 설명하고 가르쳐 준 예배와
신앙의 내용을 **생명과 진리의 차원으로 이해하고 실천**하는 것에
이기적이고 고집 센 아이처럼 거역하지 마십시오! 반대로 그런 악
한 태도나 습관을 한 번도 한 적 없는 갓난아기처럼 순수하게 청
종하십시오! 더 나아가 모든 영적인 것을 **생명과 진리의 차원으로
이해하고 실천**하는 데 적당히 하지 말고 온전하고 성숙한 사람이
되십시오!

[21] 그럼에도 불구하고 끝까지 이기적인 태도로 예배 시간에 방
언만 하려고 하는 사람이 있다면, 구약성경 이사야 28장 11-12절에
기록된 말씀을 들어 보십시오! 거기에서 하나님은 범죄한 이스라
엘 백성을 징벌하시고 깨닫게 하시고자 이방인(앗수르 사람)을 사용
하셔서 "그 이방인들이 사용하는 다른 언어, 즉 다른 방언으로 하
나님의 뜻을 전달하셨지만, 이스라엘 사람들 가운데 그 누구도 그
메시지에 귀를 기울이지 않았고 알아듣지 못했다"라고 주님께서
말씀하셨습니다. 다시 말해서 사람들이 이해할 수 없는 방언은 개
인의 영적 성숙에는 가치가 있으나 교회 공동체의 예배에서는 전
혀 모르는 외국어처럼 되어서 무가치한 결과로 이어진다는 말입
니다. [22] 그래서 무질서하고 이기적으로 사용하는 방언들은 그곳

에 모인 사람들의 믿음을 향상시키기보다는 믿음을 잃어버리게 되는 부정적인 예배의 요소(표적)가* 될 수 있습니다. 그러나 반대로 이해할 수 있는 말로 다른 성도들을 위해 사용하는 예언은 믿음 없는 사람에게라도 믿음을 심어 주고 성장시킬 수 있는 예배의 긍정적인 요소(표적)가 되는 것입니다.

[23] 예를 한번 들어 보겠습니다. 고린도 지역에 있는 모든 성도가 한 장소에 함께 모여서 예배를 드린다고 합시다. 그런데 모든 성도가 예배 시간 내내 방언만 한다면, 아직 은사에 대해서 잘 모르는 새신자들이나 그날 처음으로 예배에 참석한 사람들은 무슨 말을 하는지 하나도 알 수 없으니 당연히 "여기 모인 사람들은 다 미쳤구나!"라고 말하지 않겠습니까? [24] 그러나 예배 시간에 계속 예언의 은사가 설교나 나눔을 통해 풍성하게 일어난다면, 아직 은사에 대해서 잘 모르는 새신자든지 그날 처음으로 예배에 참석한 사람들이든지 자신의 죄를 깨닫고 찔림을 받게 될 것입니다. [25] 그 결과 그 예배에 참석한 사람들은 은밀하게 지었던 자신의 죄에 대해 찔림 받고 마음 깊이 숨겨 둔 자신의 악이 드러나게 될 것입니다. 그러면 그들은 자신의 죄와 악을 고백하고 하나님 앞에 엎드

---

* 많은 학자가 이 문장에서 바울이 사용하는 "표적"(σημεῖόν)이라는 단어가 긍정적인 의미인지 혹은 부정적인 의미인지에 대해 판단하기를 어려워하고 있으며 이후에 나오는 문맥의 부자연스러움으로 인해 더욱 혼란스러워하고 있습니다. 하지만 개인적으로 번역을 하면서, 도로의 표지판이 그것을 준수한 사람에게는 긍정적인 의미가 되고 준수하지 않는 사람에게는 부정적인 의미가 되는 것처럼, 여기서도 양면성을 가지고 있다고 보는 것이 가장 좋다고 생각됩니다.

게 회개하며 자신을 [illegible] [illegible] [illegible]입니다. 더 나아가 그들은 “하나님께서 참으로 이 예배와 성도들의 모임 중에서 살아 역사하시는구나!”라고 간증할 뿐 아니라, 나아가 이 사실을 전파하며 증거하게 될 것입니다.

동영상 설교 QR 22. 예배의 질서 7 – 방언과 예언의 표적(고전 14:20-25)

## 23. 예배의 질서 회복 8(14:26-40)

### 은사들의 예배 적용과 실제적 지침들

14 26 그러므로 이제 여러분이 함께 교회에 모여 예배를 드리게 되면, 각자 자기가 받은 은사에 따라 다양하게 섬기십시오. 시편으로 찬송을 부르기도 하고, 가르치기도 하며, 감동받은 하나님의 말씀을 나누기도 하고, 방언도 하며, 그 방언을 통역해 주기도 하십시오. 그러나 이 모든 것을 오직 하나님의 교회가 건강하게 성장하고 세워지는 데 유익한 내용과 태도로 질서 있게 하기를 바랍니다. 27 예배 시간에 누군가 방언으로 말하고자 한다면, 두 사람 정도면 좋겠고 많아야 세 사람 정도만 방언하는 것이 적절합니다. 그리고 방언하는 사람은 자기 혼자 시간을 다 쓰려고 하지 말고 다른 사람과 나누어서 방언하고, 방언이 마무리되면 반드시 통역의 은사가 있는 사람이 그 방언한 내용을 잘 번역해 주어서 교회 공동체 전체가 알아듣고 유익을 누리도록 하십시오. 28 그러나 만약 누군가 방언으로 말하려 하더라도, 확실하게 통역할 수 있는 사람이 없다면, 교회의 공적인 예배 자리에서는 침묵해 주십시오. 다만 개인 기도를 할 때, 자기 자신과 하나님 사이에서만 하는 것이 좋습니다.

29 또한 예배 시간에 누군가에게 하나님께서 주신 말씀이 있어서 예언하고자 한다면, 두 명이나 세 명 정도가 예언하도록 하십시오. 그리고 나머지 성도는 그 예언의 말씀이 바른 내용인지에

[illegible]
기를 바랍니다. 30 만약 예배 시간에 한 사람이 일어나 예언을 하
고 있는데, 앉아 있던 다른 성도에게 하나님의 말씀이 임하여 성
령님께서 새로운 메시지를 전하기를 원하신다면, 새롭게 하나님
말씀을 받은 사람이 일어나 예언하고 먼저 예언하던 사람은 멈추
어 침묵해 주십시오. 31 이렇게 하면, 질서 있는 예언을 통해서 하
나님의 말씀이 차근차근 전달되기에, 예배에 참석한 모든 사람이
다 함께 영적인 진리를 배울 수 있고, 다 함께 권면과 훈계도 받을
수 있게 됩니다.

32-33上 아울러 예언하는 성도들에게 교정해 드릴 내용이 있습
니다. 어떤 성도는 자신이 예언을 한번 하면 하나님의 영에 사로
잡혀서 절대 멈출 수가 없다고 하시는데, 전혀 그렇지 않습니다!
예언의 은사는 예언하는 사람이 조절할 수 있는 은사입니다. 그러
므로 다른 사람에게 성령님께서 감동을 주시면, 자신이 예언하던
것을 멈추기 바랍니다. 이렇게 하는 것이 우리가 믿고 섬기는 하
나님, 곧 질서와 평화의 하나님의 성품에 일치되는 신앙과 예배의
모습이기 때문입니다.

33下-34 성도들의 공동체인 모든 교회에서, 여자 성도들은 예배
의 질서를 어기는 무례한 행동이나 말에 대해서는 조심하고 침묵
하기를 바랍니다. 구약성경에 기록된 대로, 여자들은 무례한 말이
나 질서를 어기는 행동을 하지 말고 순종하는 모습으로 예배 시간
에 참석하기를 바랍니다. 35 만약 무엇인가 궁금한 것이 있다면,

여자 성도들은 예배 시간에 불쑥불쑥 질문하거나 교회에서 소란을 피우지 말고, 집으로 가서 조용하게 자기 남편에게 물어보기 바랍니다. 다 함께 예배드리는 교회에서 여자 성도가 질서를 어기면서 함부로 말하는 것은 수치스러운 일이 되기 때문입니다.*

36 여자 성도들만이 아니라, 남자 성도들도 마찬가지입니다.

---

* 고린도전서 14:33 하반절부터 35절까지의 내용은 그 의미에 대해 현재까지 합의가 이루어지지 않고 있는 난해한 구절입니다. 일단 헬라어 문장 구조상, 14:33 하반절은 33절 상반절과 상관없이 새로이 시작하는 문장으로 35절까지 이어지는 단독적인 문장입니다(한국어 성경도 그렇게 구분해 놓았습니다). 이 구절에 대해서 크게 3가지 입장이 있습니다. ① 삽입 구절이라고 보는 입장—일부 서방 사본이나 중세 시대 사본에서는 이 구절이 14장 맨 끝에 삽입됐다가 후대의 필요에 의해서 중간에 들어간 형태로 판형이 계속 변형됐습니다. 이 구절은 문장 흐름상 전혀 연결되지 않을 뿐 아니라 사본학적으로도 전혀 지지받기 힘들다고 보아, 후대에 삽입된 구절이라고 주장하는 신학자가 많습니다(F. F. Bruce, Gordon D. Fee, 김세윤; 그리고 Scot McKnight도 *The Second Testament*에서 이 구절 자체를 생략했습니다). ② 고린도 교회의 일부 남자 성도들이 주장한 내용을 인용한 구절이라고 보는 입장—그러나 문맥의 흐름상 해석학적으로 연결이 어렵습니다. ③ 고린도 교회의 특별한 상황에 대해서 바울이 그 배경을 생략한 채 짧고 간결하게 표현한 문학적 강조라고 보는 입장—그 이유는 고린도전서 앞부분인 11장에서는 여성이 머리에 쓸 것을 쓰고 예언하고 기도하며 예배에서 "말하기"를 인정한 바울이 이어지는 14장에서 갑자기 "여자는 일절 말하지 말라"라고 하는 것은 논리적으로 맞지 않기 때문입니다. 그러므로 이 구절 하나로 여자들의 교회 사역 금지나 여성 목사 안수를 거부하는 것은 지나친 문자적 적용일 수 있습니다. 성경에 등장하는 여성들인 유오디아와 순두게(빌 4:2-3), 브리스가(롬 16:3; 고전 16:19), 마리아(롬 16:6), 유니아(롬 16:7), 그리고 뵈뵈(롬 16:1-2)와 같은 성도들의 공식적인 사역을 생각해 보면, 이 구절은 아마도 바울이 고린도 교회의 특별한 상황에서 특정 성도들에 대해 과장법과 강조 어법을 사용한 것이라고 짐작해 봅니다. 하지만 어떤 해석이든 단정하기보다 더 좋은 해석을 향해 언제든 열린 마음을 가지면 좋겠습니다.

교회의 질서를 [illegible]에게도 경고합니다. 예언의 은사를 가지고 있다고 해서 하나님 말씀의 근원이 자신뿐이라고 생각합니까? 절대 그렇지 않습니다. 하나님 말씀의 근원은 오직 하나님이십니다. 더 나아가 예언의 말씀을 전할 자격이 자신에게만 있다고 생각합니까? 절대 그렇지 않습니다. 하나님은 공평한 분이십니다. 성령님을 통해 누구에게나 주실 수 있다는 것을 잊지 마십시오. 37 이렇게까지 말했는데도 자신의 영적인 수준이나 자신의 영적인 은사만 대단하게 생각하고 질서를 어기면서 사용하고 과시하려고 한다면, 이것을 분명하게 아십시오! 내가 지금까지 쓴 이 편지의 내용(고전 12:1-14:36)이 단순히 나의 생각을 그대들에게 부탁하는 것이 아니라 주님의 명령을 권위 있게 전달하고 있다는 사실을 말입니다. 38 그러므로 누구든지 이러한 주님의 명령을 인정하지 않는다면, 당신도 주님에게 인정받지 못하게 될 것입니다. 39 마지막으로 고린도 교회 성도들에게 부탁과 도전을 드립니다. 교회 공동체 전체를 건강하게 세우기 위해서 예언의 은사가 소중하니, 여러분은 무엇보다 예언의 은사와 같은 흐름을 사모하십시오. 하지만 방언의 은사와 같은 흐름도 개인의 영적 성장에 유익하고 통역하면 예배 시간에도 유익하니 절대로 부정하거나 금지시키지 마십시오! 40 그래서 모든 영적인 사람들은 영적인 은사들을 장소와 상황에 합당하고 질서 있게 사용하고 섬기기를 바랍니다.

동영상 설교 QR 23.
예배의 질서 8 - 은사의 예배 적용과 실제적 지침(고전 14:26-40)

## 24. 부활 1(15:1-34)

### 부활, 복음의 핵심과 하나님 나라의 정점

15 1 이제부터는 "부활"에 대해 다시금 되새겨 보도록 하겠
습니다. 여러분은 이미 나를 통해서 복음의 핵심적인 내
용을 잘 받아들였으며 바로 그 복음의 내용 안에 굳게 서 왔습니
다. 다시 말해서 복음의 내용 안에 성도라는 여러분의 진짜 정체
성이 들어 있다는 말입니다. 2 더 나아가 진정한 복음은 단순한 지
식적인 이해만이 아니라, 그 내용에 대한 반응과 실천으로 이어져
야 합니다. 그러므로 내가 전해 준 복음의 말과 내용을 여러분이
삶으로 굳게 붙잡는 반응과 실천을 통해 헛된 믿음으로 만들지 않
는다면, 여러분은 그 복음으로 구원을 완성하게 될 것입니다. 3 처
음으로 고린도 지역에 복음을 전할 때, 내가 전해 받았던 복음의
내용 중에서 가장 중요한 것들을 여러분에게 전해 주었습니다. 바
로 그 가장 중요하고 핵심적인 내용은 "메시아 예수님께서 구약성
경의 말씀대로 우리 죄를 위해 죽으셨다는 것"이며, 4 또한 "바로
그 메시아 예수님께서 구약성경의 말씀대로 십자가에서 죽으신
후 무덤에 들어가셨다가 3번째 날에 다시 부활하셨다*"라는 것입
니다. 5 그 증거로, 부활하신 예수님은 게바(베드로)에게 나타나셨으
며 그 후에는 열두 제자들에게 나타나셨습니다. 6 그 후에 부활하
신 예수님은 한 번에 500명이 넘는 사람들 앞에 나타나신 적도 있

* 헬라어의 원래 의미는 "일으킴을 받았다"라는 '신적 수동태'입니다.

습니다. 그 사람들 가운데 일부는 죽었지만, 아직도 많은 사람이
예수님의 부활을 목격한 증인으로 살아남아 있습니다. 7 그것이
끝이 아닙니다. 그 후에 부활하신 예수님은 육신의 동생인 야고보
에게 나타나셨으며, (가장 먼저 그분의 제자가 된 열두 사도가 아니라 이어서
사도적인 직분을 감당했던 다른) 사도들*에게도 나타나셨습니다. 8 마지
막에는 팔삭둥이**나 다를 바 없는 나같이 미천한 사람에게도 예
수님은 부활하신 모습으로 나타나셨습니다. 9 그렇다고 내가 대단
한 사람이라는 말은 절대 아닙니다. 오히려 나는 사도들 가운데
가장 하찮은 사람입니다. 아니, 사도라고 불릴 자격도 없습니다!
나 자신을 이렇게 낮게 평가하는 이유는 내가 예수님을 알지 못할
때, 교회를 핍박했기 때문입니다. 10 하지만 하나님의 그 은혜가 나
를 변화시켰습니다. 오직 하나님의 은혜로 지금의 내가 있게 된
것입니다. 하나님께서 나에게 주신 그 복음의 은혜는 헛되이***

---

* 성경에서 "사도들"(ἀποστόλοι)라는 단어는 단지 예수님의 제자 12명뿐 아니라(그럴 경우는 "12"라는 단어를 독립적인 대명사로 사용합니다), 하나님의 사명을 위임받은 사도적인 제자들(사도들)이 더 있었음을 충분히 짐작할 수 있게 합니다.

** 헬라어 '엑트로마'(ἐκτρώμα)는 사람이 엄마 배 속에서 열 달을 채우지 못하고 나온 상태의 미숙아를 일컫기도 하고 의미가 확대되어서 '유산된, 사산된'이라는 의미를 가지기도 합니다(민 12:12; 욥 3:16; 전 6:3). 여기서는 바울이 실제로 그렇게 태어났다는 말보다는 자신을 겸손하게 낮추어서 표현한 것으로 보입니다.

*** 개인적인 통찰을 나누자면, 바울이 이미 15장 2절에서 고린도 교회 성도들에게 "헛된 믿음으로 만들지 않는다면"이라고 한 표현의 반복과 의미 흐름을 다시금 자신에게 적용함으로 "부활을 놓치면 우리에게 주신 이 엄청난 은혜의 복음이 무가치하게 된다"라는 내용이 매우 무게감 있게 내포되어 있음을

사라지지 않고 나를 변화시켜 그 어떤 주의 사역자들보다 충성되
고 수고로이 주의 일을 감당할 수 있게 하셨습니다. 다시 강조하
지만, 이것은 내 힘과 능력으로 한 것이 아니라 하나님의 은혜가
나와 함께하셨기 때문입니다. 11 바로 그 하나님의 은혜가 모든 사
역자에게 있었기에, 내가 되었든 다른 사도들이 되었든 상관없이,
우리는 바른 복음의 내용을 선포하여 전하였고 여러분은 그 복음
을 믿게 된 것입니다.

12 이렇게 우리 사역자들과 여러분을 변화시킨 진정한 **복음의
핵심적인 내용** 안에는 분명히 "부활"이라는 진리가 명명백백하게
들어 있는데, 왜 여러분은 "부활은 없다"라는 누군가의 말에 흔들
리고 있는 것입니까? 13 복음 안에 있는 부활이 얼마나 중요하고
중요한 진리인지 알려 드릴까요? 만약 "죽은 자들이 부활하는 것"
이 없다면 메시아 예수님은 부활하실 수 없었을 것입니다. 14 이어
서 메시아 예수님께서 부활하실 수 없었다면, 다시 말해서 예수님
의 부활이 가짜라면 우리가 전하는 복음은 헛된 것이 될 것이고,
그런 복음을 받아들인 여러분의 믿음도 헛된 것이 될 것입니다. 15
더 나아가 정말로 부활이 존재하지 않는다면, "하나님께서 메시아
예수님을 죽음에서 일어나게 하셨습니다"라는 부활의 메시지를
전한 우리 사도들은 최악의 거짓말을 한 사기꾼이 될 것입니다.
하나님께서 하시지도 않은 일을 하셨다고 말했으니 말입니다. 우
리는 복음의 축복을 받기는커녕 거짓 증거로 인해 하나님의 저주

---

보게 됩니다.

를 믿어야 할 것입니다. 따라서 앞에서, "죽은 사람이 다시 살아날 수 있다"라는 부활의 진리가 거짓이라면, 메시아 예수님도 부활하지 않으신 것입니다. 17 이어서 메시아 예수님께서 부활하지 않으셨다면 이 내용을 핵심으로 담고 있는 복음도 가짜가 될 것이고, 그 복음을 받아들인 여러분의 믿음도 헛되게 될 것입니다. 그러면 그 복음을 통해 해결받았다고 믿는 "죄와 사망의 문제"까지, 우리 가운데 그대로 남게 되는 것입니다. 18 더 나아가 그 복음을 믿고 살다가 순교 당하거나 죽은 수많은 믿음의 사람들도 이제 부활의 미래가 없으니, 영원한 멸망으로 끝장난 사람들이 되고 마는 것입니다. 19 결국 부활이 없어짐으로 믿음의 사람들조차 바라보고 소망해야 할 것이 겨우 이 세상뿐이라면, 지금까지 부활의 생명과 영원한 생명을 소망하며 이 땅에서 참고 견딘 믿음의 사람들은 세상에서 가장 불쌍한 사람들이 되고 말 것입니다(고전 1:23; 빌 3:7-11).

20 그러나 사실은 그렇지 않습니다! 진실은 전혀 다릅니다! 메시아 예수님께서는 분명히 죽음에서 부활하셨습니다. 예수님께서 모든 사망의 잠을 자는 사람들의 첫 번째 열매*가 되셔서, 죽음의 시간표를 멈추시고 생명의 시간표를 시작하셨습니다! 21 그 이

---

* 헬라어나 한글성경에서 "첫 열매"라는 말은 농경적 모티프를 이해하면 쉽게 감을 잡을 수 있습니다. 농부가 수고한 곡식이 가을로 접어들면 한 번에 모든 곡식이 열매로 변화하는 것이 아니라, 서서히 익게 되는데요, 첫 열매가 열리기 시작하면 나머지도 물결치듯이 모두 따라서 열리는 것을 상상하시면 됩니다. 그래서 예수님이 부활의 첫 열매가 되셨다는 것은 우리 역시 그러한 부활의 흐름으로 이어지게 된다는 소망과 기대의 표현인 것입니다.

유는 한 사람, 아담이 대표로 죄를 지음으로 그의 후손인 인류 전체에게 죽음의 영향력을 준 것처럼, 두 번째 아담으로 오신 새로운 한 사람, 즉 메시아 예수님께서 죄와 사망을 이기시고 부활하심으로 그의 영적 후손인 성도 전체에게 생명의 영향력을 주셨기 때문입니다. 22 그래서 누구든지 첫 번째 사람인 아담을 따라서 죄의 후손으로 살면 결국 죽을 수밖에 없습니다. 하지만 두 번째 아담인 메시아 예수님과 연합하여 구원의 후손으로 살면 영원한 생명의 부활을 얻게 되는 것입니다. 23 다만 이러한 생명의 부활에도 일련의 과정과 순서가 있습니다. 가장 먼저 부활하신 분은 부활의 첫 열매이신 메시아 예수님이시며, 이어서 그분을 믿고 그분과 연합한 성도들이 부활할 것입니다. 바로 예수님께서 재림하실 때 말입니다(롬 8:11). 24 그렇게 예수님께서 재림하심으로 모든 믿음의 사람이 생명의 부활을 얻고 나면, 이 세상 모든 것이 마무리되고 심판받는 때*가 될 것입니다. 바로 그때, 재림하신 예수님은 이 세상에서 하나님과 그분의 통치를 반대한 모든 리더십과 통치의 권력 및 권세와 능력을 멸망시켜 완전히 쓸모없게 만들어 버린 후, 이 모든 세상의 통치권을 하나님 나라의 왕 되신 하나님 아버지께

* "마지막"이라고 쉽게 번역되는 헬라어 '텔로스'(τέλος)는 사실, 단순히 마지막이라는 의미를 가지고 있는 것이 아니라, 일의 결과, 완성, 성취라는 의미를 가지고 있습니다. 예수님이 십자가에서 "내가 다 이루었다"라고 말씀하실 때에도 이 단어의 어근을 사용하십니다. 즉, 마지막 재림의 시간은 단순히 시간의 끝이 아니라 하나님이 계획하신 모든 일이 완성되는 시점입니다.

* 돌려드릴 것입니다. [25] 다만 마지막 심판의 때가 아직 이르지 않았기 때문에, 그때까지는 예수님께서 이 세상의 왕으로 통치하셔야만 합니다. 이 세상에서 하나님 나라와 그 복음을 반대하는 모든 가증스러운 원수들이 멸망당하는 그 마지막 재림의 시간까지 말입니다. [26] 그러다가 마침내 메시아 예수님께서 재림하심으로 그 마지막 심판의 때가 이르면, 가장 가증스러운 원수인 "죽음"조차 최후의 심판을 받아 멸망하게 될 것입니다.** [27] 그래서 시편 110편 1절에는 "하나님께서 세상 모든 것을 예수님의 발아래에 두셨다"라는 말씀이 있는 것입니다. 다시 말해서 현재 세상의 모든 것을 통치하고 다스릴 수 있는 권세를 하나님 아버지께서 예수님께 주셨다는 말입니다. 그러면 마땅히 이러한 권세를 주신 하나님 아버지는 유일하게 그분의 아들인 예수님의 통치와 다스림에서 제외되는 것이 당연합니다. [28] 그래서 온 세상을 통치하시고 다스리시던 예수님께서 마지막 날에 재림하심으로 세상을 향한 궁극적인 구원 계획을 완성하시고 이 땅의 모든 것을 심판하시는 그날, 바로 세상 모든 것이 자신에게 온전히 복종하게 되는 그날이 오면, 예수님은 그런 세상 전부를 하나님 아버지께 바치고 돌려드

---

* 헬라어 접속사 '카이'(καὶ), 즉 "그리고"로 연결된 이 문장은 하나님과 아버지가 다른 분이 아닌 대등적이고 동격적인 문법 표현으로 "하나님 아버지"를 말하는 것입니다.

** "사망"은 이 세상과 죄인 된 인간의 어떤 영향력 같은 무생물이 아니라 실제적인 존재로 성도의 원수입니다. 유념해야 할 것은 성경이 "사망"을 인격화하여 마지막 시간에 심판할 것을 분명하게 말하고 있다는 것입니다. 우리는 이 사망과 동일한 운명이 되지 않도록 깨어 있어야 합니다(계 20:14).

릴 것입니다. 아울러 예수님 자신도 지금까지 자신에게 모든 것을 맡겨 주시고 복종하도록 권리를 주신 하나님 아버지께 복종할 것입니다. 결국 모든 세상의 모든 주권*이 오직 유일하시고 위대하신 하나님 아버지께로 돌아갈 것입니다.

29 이처럼 부활은 이 땅에 사는 **성도의 정체성**에서부터 복음과 구원이 완성되는 마지막 **하나님 나라**까지, 그리고 지금 이 세상을 다스리시는 **예수님의 통치**에서부터 마지막 심판의 때에 온 세상이 복종하게 될 **하나님 아버지의 주권**까지 이어지는 위대한 연결고리이며 소망입니다. 그런데도 부활을 확신하지 못하는 것입니까? 죽은 자들의 부활이 없다면, 어째서 많은 사람이 영적으로 죽은 자들이나 육적으로 죽어 가는 자들을 위해서 세례를 받게 하려고 그토록 애쓰는 것일까요?** 당연히 부활을 소망하기 때문입니다! 30 또한 우리 사도들도 편하게 사역하면 되는데, 어째서 복음을 전하기 위해 매 순간 목숨이 위태로운 상황을 감내하는 걸까요? 당연히 부활을 믿기 때문입니다! 31 나는 부활을 확신하기 때

---

* 헬라어 문장을 문자적으로 보면 "하나님께서 모든 것 안에서 모든 것이 되기 위해서"라는 표현으로, 의역을 하자면 하나님 아버지께서 온 우주 만물의 가장 주권적인 존재가 되셔야 한다는 것입니다.

** 사실 이 구절은 자료가 부족하여서 해석하기가 어렵습니다. 문자적으로만 보면 고린도 지역 또는 고린도 교회 안에서는 믿음을 가지지 못하고 죽은 사람들을 대신해서 세례를 받는 관행이 있었는지도 모르겠습니다. 다만 바울은 여기서 이러한 행위가 성경적이라거나 비성경적이라는 일체의 평가 없이, 그러한 관행을 근거로 부활의 중요성만을 강조합니다. 그래서 이 번역본에서는 조금 더 안전하게 "죽은 자들"을 실제로 죽은 자가 아니라, 영적으로 죽은 자들, 혹은 믿음 없이 죽어 가는 자들로 번역해 보았습니다.

문에 죽어도 좋습니다! 아니 실제로 나는 날마다 죽습니다! 여러분을 향해 내가 가진 가장 확실한 내 삶의 특징과 자랑은 주님이 주실 부활을 확신함으로, 영혼들을 위해, 복음을 위해, 순교자적인 삶을 날마다 살아가는 것입니다. [32] 예를 들어, 내가 에베소에서 복음을 전할 때, 극단적으로 복음에 반대하며 나를 죽이려고 하는 사람들이 있었습니다. 그들은 정말 사나운 맹수처럼 다가왔고 내 감정과 신변의 안전은 한계점에 도달해 있었습니다. 만약 그때 내가 "부활의 신앙"을 믿지 않고 이 세상의 삶만 전부라고 생각했다면, 나는 그들과 심하게 다투거나 싸웠을 것입니다. 그러나 만약 그렇게 했다면 복음을 전파하는 것이나 나 자신의 영혼에 아무런 유익도 없었을 것입니다. "내일은 없으니, 오늘 먹고 마시자!"라고 하며 영적 하루살이처럼 살아가는 이 땅의 사람들과 무엇이 달랐겠습니까? 그러나 나는 부활을 믿고 소망함으로 그 위기를 극복했습니다.* [33] 여러분도 부활을 믿지 않고 부활을 준비하지 않는 사람들의 말에 현혹당하거나 그런 사람들의 문화와 교제에 어울리지 마십시오! 그들은 듣기 좋은 감정의 말과 세상 논리로 여러분을 유혹하지만 나중에는 믿음을 잃어 버리게 됩니다. 그러므로

---

* 이 구절을 바울이 원형 경기장에서 맹수의 밥으로 던져진 사건이라고 보는 학자도 있지만, 그것은 바울의 로마 시민권이나 다른 정황들을 볼 때 역사적으로 불가능해 보입니다. 아울러 고린도후서 11장에서 자신의 여러 고난을 밝히는 바울의 고백 속에는 그런 경험이 소개되지 않기에 문맥상 강력한 반대 때문에 자신의 목숨이 위기에 처할 만큼 어려운 상황으로 보입니다. 아울러 "먹자! 마시자! 내일이 인생의 끝이다"라는 표현은 세상 사람들의 언어적 습관을 흉내 낸 것으로 이사야 22:13에도 나옵니다.

지금 누구와 교제하는지 주의하십시오! 여러분의 믿음이 그들을 변화시킬 수 없다면, 반드시 그들이 여러분의 신앙과 선한 습관을 타락시킬 것입니다!* 34 그러므로 부활 신앙은 죽은 후에 일어나는 미래적인 사건만이 아니라, 바로 오늘을 어떻게 살아가느냐와 직결된 문제입니다. 여러분은 의로운 삶으로 깨어 있어야 합니다! 절대 죄를 짓지 마십시오! 내가 이렇게 강하게 말하는 이유는 여러분 가운데 어떤 사람들이 하나님을 바로 알지 못함으로 부활을 불신하고 믿음을 잃어버리고 있기 때문입니다. 부활이 없는 신앙은 일부가 없는 신앙이 아니라 전부가 없는 신앙입니다. 그래서 나는 그들에게 수치와 강력한 경고를 주려고 이렇게 말하는 것입니다!**

동영상 설교 QR 24. 부활 1 - 복음의 핵심과 하나님 나라의 정점(고전 15:1-34)

---

* "악한 친구들이 선한 행실을 타락시킨다"라는 말은 당시 유행하던 메난드로스(Menander)의 희극 『타이스』(*Thais*)에서 유래한 표현으로 바울 당시에는 관용어처럼 사용된 말로 보입니다.

** 바울 시대에 수치는 죽음보다 나쁜 것이며 반대로 명예는 생명보다 귀한 것입니다. 그러므로 수치를 준다는 것은 아주 강력한 경고입니다. 아울러 이 구절의 "수치"는 바울의 "자랑"이 담긴 31절과 대조됩니다.

## 26. 부활 2(15:35-58)

부활, 그 신비와 오늘의 소망

15 [35] 그런데도 누군가는 이런 질문들을 이어서 던질 것입
니다. "도대체 어떻게 죽은 사람들이 살아날 수 있단 말
입니까?" 또한 "정말 부활한다면 어떤 종류의 몸을 입고 부활하게
되는 것입니까?"라고 말입니다. [36] 어리석은 사람이여, 중요한 진
리를 모르고 있군요! 그렇다면 지금부터 부활의 신비를 차근차근
설명해 주겠습니다. 식물의 씨앗을 한번 생각해 보십시오. 씨앗이
식물로 변화되기 위해서 씨앗에게 가장 먼저 이루어져야 할 일은,
바로 그 씨앗이 땅에 심어져 죽는 것입니다(요 12:24). [37] 이어서 땅
에서 죽도록 그대가 뿌린 씨앗을 잘 보십시오. 그것의 형태는 나
중에 자라날 식물의 모양을 전혀 가지고 있지 않습니다. 즉, 밀과
같이 여러 가지로 순수한 형태의 씨앗들은 그것이 땅에서 죽은 후
에 솟아나게 될 완성된 형태의 식물들과는 전혀 다른 형태의 몸을
가지고 있다는 말입니다. [38] 그렇다면 어떻게 대다수가 비슷해 보
이는 다양한 씨앗들이 나중에 자라나서 완성되면 각자 다른 형태
의 식물이 되는 걸까요? 당연히 그것은 하나님의 능력이요, 하나
님의 신비입니다. 하나님께서 다양한 씨앗들 안에 각자의 완성될
형태의 몸들을 담아 주셨기 때문입니다. [39] 마찬가지로 씨앗뿐만
아니라, 세상의 모든 것들이 다양한 형태의 몸을 가지고 있습니다.
사람의 몸과 같은 형태도 있고, 동물의 몸과 같은 형태도 있으며,

새의 몸과 같은 형태도 있고, 물고기의 몸과 같은 형태도 있습니다. [40] 더 나아가 이러한 사실을 더 확장해 보면, 몸의 형태가 이 세상에 소속된 몸의 형태뿐만 아니라 하늘에 소속된 몸의 형태도 있다는 것을 알게 됩니다. 그리고 당연히 이 세상에 소속된 형태의 몸이 가지는 영광과 하늘에 소속된 형태의 몸이 가지는 영광은 엄청난 차이가 있습니다. [41] 심지어 하늘에 소속된 형태의 몸이 가지는 영광조차 차이가 납니다. 예를 들어서 하늘에는 해와 달과 별이 있지만, 해와 달의 밝기가 다르고 별과 별의 밝기가 다른 것처럼 각자가 가진 몸의 형태에 따라서 그 영광이 다른 것입니다.

[42] **이처럼 죽음 후에 일어날 부활도 마찬가지입니다.** 먼저 씨앗이 죽고 나서 전혀 다른 생명의 식물로 솟아나듯, 성도들도 죽은 후에 전혀 다른 부활 생명의 몸을 입고 일어나게 됩니다. 썩고 부패하게 될 몸으로 죽지만 그 후에 다시는 썩지 않고 부패하지 않는 부활의 몸으로 살아나게 됩니다. [43] 다시 말해서, 성도들이 이 땅에서는 비천하고 불쌍한 인생으로 살다가 죽을지라도 그 후에는 명예롭고 영광스러운 존재로 부활하며, 이 땅에서는 약하고 힘없는 존재로 취급당하며 한 알의 밀알처럼 희생하더라도 그 후에는 강하고 능력 있는 몸을 입고 당당하게 부활하게 된다는 말입니다(롬 4:17; 8:18; 고후 4:17).* [44] 이것을 통해 우리가 확실히 알 수 있

---

* 여기서 우리는 단순히 사람이 죽었다가 기적적으로 살아나는 '소생'과 '부활'은 전혀 다른 것임을 알게 됩니다. 부활은 단순한 생명 연장이 아니라, 존재적으로 다른 몸을 가지는 것을 말하기 때문입니다. 아울러 바울은 계속 요한복음 12장 24절에서 사용한 예수님의 표현을 이용하면서, 그저 성도가 이

는 중요한 진리가 있습니다. 그것은 씨앗처럼 사람의 몸에도 놀라운 변화가 이어진다는 것입니다. 그것은 혼(soul)을* 중심으로 살던 자연적인 육신의 몸이 한 알의 밀알처럼 죽은 후에는, 영(spirit)을 중심으로 사는 영원한 생명의 몸으로 다시금 부활한다는 것입니다. 다시 말해서 혼을 중심으로 사는 이 세상의 육신적인 몸이 있다면, 이어서 영을 중심으로 사는 영원한 부활의 몸도 있다는 것입니다!

45 그렇다면 어떻게 이토록 놀라운 변화와 위대한 부활의 역사가 일어나게 되었을까요? 바로 부활의 첫 열매이신 예수님께서 그 길을 열어 놓으셨기 때문입니다! 첫 번째 사람인 아담은 창세기 2장 7절 말씀처럼 "육신의 유한한 삶을 후손에게 전달해 줄 수 있는 혼의 생명력만 가진 자"였으나, 메시아 예수님께서는 마지막 아담으로 오셔서 "부활의 능력으로 사람을 살릴 뿐만 아니라 영원히 살게 하는 영(성령)의 생명력을 주시는 분"으로 역사하셨기 때문입니다(롬 8:11). 46 물론 **인류 역사의 흐름**으로 보면, 아담이라는 혼의 생명력을 가진 사람이 먼저 왔고, 그다음으로 영의 생명을

---

세상에서 종교인으로 살다가 죽으면 부활한다는 무조건적인 미래를 소개하는 것이 아니라, 이 세상에서 예수님처럼 한 알의 밀알이 되어 자신을 부인하고 십자가 지는 삶을 통과해야 함을 간접적으로 도전하고 있는 것을 알 수 있습니다.

* 한국어 성경에서는 "혼적인"(ψυχικός)을 무조건 "육의", "육적인"이라고만 번역하여 그 의미를 에둘러 전달하고 있습니다. 여기서 말하는 "혼적인"이라는 말은 죄로 인하여 죽음을 기다리고 있는 육체적 몸의 한계 속에 있는 존재, 즉 자연적인 사망을 기다리는 몸의 주체를 말하는 것으로 보입니다.

가진 메시아 예수님께서 이 땅에 오셨습니다. [47] 그러나 **구원 역사의 기원**으로 보면, 첫 번째 아담은 땅에 있는 흙으로부터 나온 사람이었지만, 두 번째 아담이신 메시아 예수님은 하늘의 생명으로부터 오신 분이셨습니다. [48] 그래서 지금 중요한 것은 우리가 어떤 아담과 존재에 소속되고 연합하느냐에 달렸습니다. 누구든지 첫 번째 아담에게만 소속되면 아담과 동일한 운명을 맞이하게 되겠지만, 누구든지 두 번째 아담으로 오신 메시아 예수님과 연합하면 그분과 동일한 미래를 누리게 됩니다. [49] 그러므로 성도 된 우리는 이전에 이 세상에 소속된 첫 번째 아담의 형상을 입어서 사망의 운명을 감당할 수밖에 없었으나, 이제는 하늘에 소속된 메시아 예수님의 형상을 입어서 부활이라는 미래를 누리게 될 것입니다.

[50] **이제 부활에 대해서 결론적인 적용을 내가 말하겠습니다.** 성도 여러분! 살과 피로* 구성된 이 땅의 몸만 가지고는 절대로 하나님 나라를 여러분의 미래로 받을 수 없습니다. 다시 말해서 첫 번째 아담이 가지고 있던 썩어지고 말 육신의 몸과 이 세상의 가치에 함몰된 삶의 방식으로는 썩지 않는 영원한 하나님 나라를 미래로 맞이할 수 없다는 말입니다. [51] 그래서 우리는 모두 부활해야 하며, 부활의 몸을 받게 될 것입니다! 이제 내가 마지막 날에 일어날 놀라운 비밀을 여러분에게 알려 주겠습니다. 우리의 죽음은 영원한 잠처럼 절대로 끝이 아닐 것입니다. 오히려 그 죽음 너머

---

* 헬라어 문장이나 한국어 성경에서 말하는 “혈과 육”은 이 세상의 사람, 즉 자연인(갈 1:16)을 지칭하는 유대인들의 숙어적 표현입니다.

로 이어져 완전히 다른 존재로 변화될 것입니다. 그것이 바로 부활입니다! 성도의 죽음은 벽이 아니라 부활을 향한 회전문이 될 것입니다! 52 그렇게 되는 데 **얼마나** 걸리냐고요? 순식간에, 정말 눈 깜짝할 순간에 그렇게 될 것입니다! 그때가 **언제**냐고요? 마지막 하늘의 나팔이 울리는 순간, 바로 메시아 예수님께서 재림하시는 그 순간입니다. 바로 그때 이미 죽은 자들은 더 이상 썩지 않는 부활의 몸으로 일어날 것이고, 우리도 그들과 함께 부활의 몸으로 변하게 될 것입니다! 53 그 놀라운 부활의 변화는 반드시 일어날 것이고, 반드시 일어나야만 합니다. 왜냐하면 썩고 죽을 몸으로는 썩지 않고 죽지 않는 하나님 나라로 들어갈 수 없기 때문입니다. 54 그렇게 썩고 죽을 육신의 몸을 벗고 썩지 않고 죽지 않는 부활의 영원한 몸을 입게 되는 그 순간이 되면, 바로 그때 이사야 25장 8절에서 확정적으로* 예언한 "부활의 승리가 사망의 죽음을 삼켜 버렸다"라는 말씀이 실현될 것입니다. 55 아울러 호세아 13장 14절의 예언도 변형하여 "사망아! 지금까지 사람들을 두렵게 하고 공격해서 항상 이겼던 너의 승리는 어디로 사라졌느냐? 사망아! 지금까지 독침처럼 사람들을 괴롭히던 너의 무기는 어디로 갔느냐?"라고 조롱할 수 있을 것입니다. 56 [여담으로] 사실 그동안 사망이 이용했던 독침과 같은 치명적인 무기는 바로 사람들이 지었던

* "확정적으로"라고 추가 번역한 이유는 이 문장에서 바울이 구약성경인 이사야 25:8의 말씀을 인용할 때, 미래형이 아니라 과거형을 사용함으로 "확실한 미래"로서 표현했기 때문입니다.

죄였고, 그 죄를 이용할 수 있었던 근거는 사람들이 어길 수밖에 없었던 율법이었습니다.

57 하지만 이제는 우리의 주인 되신 메시아 예수님께서 십자가에서 사망의 무기인 죄를 파괴하셨고, 부활하심으로 율법의 궁극적인 목적인 생명의 승리를 우리에게 주셨습니다! 그러므로 하나님께 감사와 영광을 돌려드립니다!*
58 그러므로 나의 사랑하는 고린도 교회 성도 여러분! 여러 가지 유혹이나 시련으로 인해 흔들리지 말고 우리의 확실한 부활의 소망 위에 굳게 서십시오! 여러분이 주님의 나라와 그 뜻을 위해 수고한 모든 것이 헛되지 않은 날이 다가오고 있다는 것을 분명히 알고 있으니, 주를 위해 더 성숙해지고 더 열정적으로 달려가십시오! 가는 길과 목적지는 절대로 다르지 않습니다!

동영상 설교 QR 25. 부활 2 - 부활의 신비와 오늘의 소망(고전 15:35-58)

* 바울이 이 부분에서 "여담"으로 진행하고 있는, 고린도전서 15:56-57의 말씀이 가진 흐름은 로마서 7장의 흐름과 상당히 유사합니다. 한번 찾아서 읽어 보기를 바랍니다.

## 28. 마지막 인사 이야기(16:1-24)

### 예루살렘 교회를 위한 구제 헌금

16 [1] 이제 편지를 마무리하면서, 예루살렘 교회 성도들을
위한 **구제 헌금**과 관련하여 여러분이 질문한 내용에 대
해 대답해 드리겠습니다.* 일단은, 내가 이전에 갈라디아 교회에
지시한 내용이나 방법과 똑같이 여러분도 구제 헌금을 준비하기
를 바랍니다. [2] 즉, 내가 고린도에 도착한 다음에야 갑작스럽게 구
제 헌금을 거두려고 하지 말고 매주 첫 번째 날인, 주일마다 여러
분은 각자 수입에 따라 일부를 구제 헌금으로 미리 모아 두기 바
랍니다. [3] 그래서 내가 고린도에 도착하면, 여러분은 믿을 만한 사
람들을 선택해서 모금된 구제 헌금을 예루살렘으로 가지고 갈 **선
교단**을 구성하십시오. 그러면 예루살렘 교회 성도들이 여러분의
은혜로운 구제 헌금을 잘 받을 수 있도록 내가 **편지**를 써서 함께
보내도록 하겠습니다(롬 15:25-29).** [4] 만약 여러분의 생각에, 나 바

---

* 여기에는 자세한 설명이 나오지 않지만, 사도행전과 갈라디아서 등을 참고해 보면, 예루살렘 교회가 주전 48년경부터 가뭄으로 인해 경제적인 어려움이 심각했던 모양입니다. 그래서 바울은 이방 땅에 복음을 전하면서도 거기서 예루살렘 교회를 위한 구제 헌금에 동참하도록 독려했습니다. 이것은 유대인 교회와 이방인 교회가 서로 상호적 나눔을 가지는 하나 된 교회임을 보여 주는 아주 중요한 주제입니다(행 11:27-30; 갈 2:10; 롬 15:26; 고후 8-9장 참고).

** 바울은 여기서 구제 헌금의 전달 방법까지 말해 주고 있습니다. 구제 헌금은 바울이 아닌 고린도 교회 대표들(선교단)이 가져갑니다. 그러나 예루살렘 교회는 이방인들이 보낸 헌금을 쉽게 받기 어려울 것입니다. 그래서 유대인인

울도 그 구제 헌금을 예루살렘에 전달하는 **선교단**과 함께 가는 것이 좋겠다고 여겨서 부탁한다면, 나도 그들과 함께 가도록 하겠습니다.*

바울의 일정

5-6 고린도 교회 성도 여러분! 나는 조만간 여러분을 방문하려고
합니다. 일단 마게도냐 지방을 들른 후에 말입니다. 마게도냐 지방
의 사역을 마무리한 후에 여러분에게 가게 되면, 아마도 여러분과
어느 정도 머물게 될 것이고 잘하면 겨울까지 보낼 수도 있을 것
같습니다. 그 시간을 통해서 내가 다음으로 가려는 **사명의 장소와
사역**을 위해 여러분이 도와주기를 바랍니다(행 15:3; 고전 16:11; 롬
15:24; 딛 3:13). 7 왜냐하면 이번에 내가 원하는 것이 그저 고린도 교
회를 잠깐 방문하는 것이 아니라, 시간을 두고 오랫동안 여러분과
교제하는 것이기 때문입니다. 물론 주님께서 허락하신다면 말입
니다. 8 그러나 지금 당장은 내가 있는 장소인 에베소에서 오순절
까지 머물려고 합니다. 9 왜냐하면 지금 에베소 지역에는 복음을
전할 수 있는 매우 좋은 기회의 문이 열렸기 때문입니다. 아울러
반대도 많이 일어나고 있는 것으로 보아, 이곳이 복음이 들어가야

---

바울이 편지에 추천장을 써서 함께 보냄으로, "받음 직하게" 만들어 주는 것입니다. 이것은 이방인 교회와 유대인 교회가 한 몸임을 드러내는 중요하고도 예민한 과정이기 때문입니다.

* 결국, 사도행전 20:4과 로마서 15:26-33을 보면, 바울은 이 구제 헌금을 전달하는 '선교단'과 함께 가게 됩니다.

[illegible], 지금이 복음을 전해야 할 좋은 시기임을 느끼고 있기 때문입니다.* 10 그래서 나는 먼저 여러분에게 디모데를 보냅니다. 디모데가 도착하면 여러분은 그가 여러분을 향해 두려운 마음으로 사역하지 않도록 주의해 주십시오. 그를 존경하고 인정해 주십시오! 디모데도 나와 똑같이 주님의 사역자이기 때문입니다! 11 누구도 디모데를 멸시하거나 무시하지 마십시오! 그가 고린도에서 사역을 잘 마치고 나에게 평안히 올 수 있게 도와주십시오. 디모데가 고린도에서 맡은 사명을 무사히 마무리하고 돌아오기를 나와 나의 동역자들이 기다리고 있기 때문입니다(행 15:33, 16:36; 약 2:16).

### 아볼로에 대하여

12 마지막으로 여러분이 아볼로 형제에 관하여 궁금해하는 내용에 대해 대답해 드리겠습니다. 여러분이 아볼로를 보고 싶어 한다는 것을 잘 알고 있습니다. 그래서 나도 아볼로에게 여러 번 고린도로 형제들과 함께 가라고 부탁했습니다. 그러나 아볼로는 "지금은 전혀 갈 생각이 없습니다"라고 자기 뜻을 분명하게 했습니다. 그

---

* 헬라어 직역에서 볼 수 있듯이, "거대하고 활동적인/효과적인 문"이라는 표현은 복음에 매우 유리하고 가능성 있는 기회가 열렸다는 의미입니다. 이어지는 문장에서 "그리고"로 연결되어 나오는 "반대도 많다"라는 표현은, 바울의 복음 전도 경험에 비추어 이러한 박해를 복음을 증거하는 데 방해가 아니라(물론 분명한 사탄의 방해이지만), 이 자리에 복음이 들어갈 때 일어나는 당연한 반응으로 바울이 여기고 있다는 것입니다(행 19장 참고). 다시 말해서 방해가 많다는 말은 곧 열매가 있을 것이라는 역설적 표현입니다.

렇지만 나중에 기회가 된다면 그는 여러분을 만나러 갈 것입니다.

마지막 권면

13 고린도 성도 여러분! 영적으로 깨어 있으십시오! 참된 믿음을 지키십시오! 담대한 신앙으로 살아가십시오! 영혼과 육체를 모두 강건하게 하십시오(시 31:24)! 14 여러분의 모든 언행심사(言行心事)를 하나님의 사랑으로 하십시오!

사역자들에 대하여

15 아울러 내가 부탁드릴 것이 있습니다. 여러분이 잘 아는 **스데바나**와 그의 가정에 대해서입니다. 그들은 아가야(그리스) 지역에서 첫 번째로 예수님을 믿은 사람들이며 교회와 성도를 섬기기 위해 자신의 재산과 삶을 헌신한 사람들입니다(1:16). 16 내가 부탁할 것은, 바로 이러한 헌신의 사람들의 말과 리더십에 순복하라는 것입니다. 마찬가지로 스데바나 가정과 함께 수고하고 헌신하는 고린도 교회 다른 리더들에게도 여러분은 그들의 권위를 인정하고 순복하십시오! 17 나는 고린도 교회의 **스데바나**, **브드나도**, 그리고 **아가이고**가 에베소까지 찾아와서 나를 방문해 준 것에 대해서 너무나 감사하고 기뻤습니다! 여러분을 보고 싶고 여러분과 함께하고 싶은 나의 그리움을 그들이 대신해서 채워 주었기 때문입니다.* 18

* 고린도 교회 대표단으로 온 이 세 사람은 아마도 ① 바울이 글로에 집안 사람들에게서 들은 고린도 교회의 문제점을 분명하게 알려 주었을 것이며(고

덕분에 내 영은 새로워졌고 내 마음은 새 힘을 얻었습니다. 그러므로 그들이 다시 고린도로 돌아오거든 그들의 노력과 수고를 충분히 인정해 주기를 바랍니다.

마지막 인사

19 이제 마무리 인사를 하겠습니다. 아시아 지역에 있는 교회들이
이 편지를 통해 여러분에게 안부를 전한다고 합니다. 또한, 여기
에베소에서 가정 교회를 섬기고 있는 **아굴라**와 **브리스가**(**브리스길
라**) 부부와 그들의 집에 함께 모이는 성도들이 주 안에서 진심으로
여러분에게 안부를 전합니다(행 18:1-18; 롬 16:3-4).
20 또한 지금 여기,
에베소에서 나와 함께 있는 모든 성도도 여러분에게 안부를 전합
니다. 여러분도 따뜻하고 친밀한 성도의 인사*를 서로 나누십시
오!
21 이 편지의 마지막 부분에 나, 바울의 친필 서명으로 인사드

---

전 1:11) ② 고린도 교회 성도들이 바울에게 궁금해하던 질문들을 가지고 왔을 것이고(그래서 고린도전서를 기록하게 되었고) ③ 고린도 교회 성도들이 바울과 멀리 떨어져 있어서 할 수 없던 것(한국어 성경에 "부족함"), 즉 만나서 위로하거나 경제적인 도움을 주거나 안부를 전하는 것과 같은 성도의 교제와 섬김을 이들이 대신 해 주었을 것입니다. 아울러 일부 학자들은 바울이 쓴 편지(고린도전서)를 고린도로 가지고 갔을 것으로 보기도 합니다.

* 원문에 나오는 "거룩한 입맞춤"은 유대적 배경에서 나온 것으로(창 27:26; 삼상 20:41; 눅 15:20), 초대 교회 성도들의 관행이었으며(롬 16:16; 고후 13:11[13:12 NA[28]]; 살전 5:26; 벧전 5:14), 후에 "평화의 입맞춤"으로 발전한 것으로 보입니다. 한국의 문화에서는 악수나, 신앙적이고 친근한 인사 표현으로 변경해야 할 것입니다.

립니다.* 22 복음의 핵심은 하나님 사랑과 이웃 사랑입니다. 그러므로 만약 누구든지 주님을 사랑하지 않는다면 그에게 다가올 미래는 저주뿐입니다. 주님은 곧 오십니다, 주여 어서 오시옵소서(시 31:23)!** 23-24 끝으로 여러분을 위해 축도하겠습니다. "주 예수님의 은혜가 여러분과 함께하며, 메시아 예수님 안에서 나, 바울의 사랑이 여러분 모두와 함께하기를 축원합니다."

동영상 설교 QR 26. 마지막 7가지 이야기(고전 16:1-24)

* 어떤 학자들은 21절만 바울이 마지막으로 대서자의 손을 빌리지 않고 자신의 손으로 직접 기록한 서명으로 보기도 하고, 또 어떤 학자들은 그 이후 전부(16:21-24)를 바울이 기록한 것으로 보기도 합니다.

** "마라나타"는 주님의 재림을 사모하는 마음으로 초대 교회 사람들이 기도한 아람어입니다. 해석자에 따라서, "우리 주님께서 오셨다", "우리 주님께서 오실 것이다", 그리고 "우리 주님 오시옵소서!"로 다양하게 번역할 수 있습니다. 하지만 어떤 번역이든 동일한 종말론적 신앙을 고백하고 소망하는 것입니다.

# 부록:
## 그리스어 성경(NA[28]) 및
## 강산 문자역(MLT)*

* MLT란 Mountain's Literal Translation의 약어로, 강산 문자역을 뜻합니다. 여기서 둥근 괄호( )는 의미를 통하게 하기 위해 유연하게 표현한 것이고, 대괄호[ ]는 원문에 없는 단어를 추가한 것이며, 슬래시/는 대체 가능한 표현을 나열한 것입니다.

# 고린도전서 1장

1:1 Παῦλος κλητὸς ἀπόστολος Χριστοῦ Ἰησοῦ διὰ θελήματος θεοῦ καὶ Σωσθένης ὁ ἀδελφὸς

바울, [곧] 예수 그리스도의 사도가 [되도록] 부르심 받은 자, 하나님 뜻으로 인해, 그리고 그 (믿음의) 형제 소스데네는,

1:2 τῇ ἐκκλησίᾳ τοῦ θεοῦ τῇ οὔσῃ ἐν Κορίνθῳ, ἡγιασμένοις ἐν Χριστῷ Ἰησοῦ, κλητοῖς ἁγίοις, σὺν πᾶσιν τοῖς ἐπικαλουμένοις τὸ ὄνομα τοῦ κυρίου ἡμῶν Ἰησοῦ Χριστοῦ ἐν παντὶ τόπῳ, αὐτῶν καὶ ἡμῶν·

고린도 안에 있는 하나님의 교회에, 그리스도 예수 안에서 거룩해진 자들, [즉] 성도로 부르심 받은 자들에게, 우리 주 예수 그리스도의 이름을 부르는 모든 자와 함께, 그들의 [주님이시며] 또한 우리의 [주님이신].

1:3 χάρις ὑμῖν καὶ εἰρήνη ἀπὸ θεοῦ πατρὸς ἡμῶν καὶ κυρίου Ἰησοῦ Χριστοῦ.

은혜가 너희에게 그리고 평화가, 우리 아버지 하나님으로부터 그리고 주 예수 그리스도로부터.

1:4 Εὐχαριστῶ τῷ θεῷ μου πάντοτε περὶ ὑμῶν ἐπὶ τῇ χάριτι τοῦ θεοῦ τῇ δοθείσῃ ὑμῖν ἐν Χριστῷ Ἰησοῦ,

나는 감사한다, 나의 하나님께, 항상, 너희에 관하여, 너희에게 주어진 하나님의 그 은혜에 대하여, 그리스도 예수 안에서,

1:5 ὅτι ἐν παντὶ ἐπλουτίσθητε ἐν αὐτῷ, ἐν παντὶ λόγῳ καὶ πάσῃ γνώσει,

즉(왜냐하면) 모든 것에 그분(예수님) 안에서 너희가 부유해졌다, 모든 말(언어적인 것)과 모든 지식에,

1:6 καθὼς τὸ μαρτύριον τοῦ Χριστοῦ ἐβεβαιώθη ἐν ὑμῖν,

그리스도의 그 증거(복음)가 확고해진 것처럼(것으로 인한 것이며), 너희 안에서,

1:7 ὥστε ὑμᾶς μὴ ὑστερεῖσθαι ἐν μηδενὶ χαρίσματι ἀπεκδεχομένους τὴν ἀποκάλυψιν τοῦ κυρίου ἡμῶν Ἰησοῦ Χριστοῦ·

그 결과, 너희는 부족함이 없게 되었다, 어떠한 은사에 있어서도, 우리 주인이신 예수 그리스도의 나타나심을 기다리면서.

1:8 ὃς καὶ βεβαιώσει ὑμᾶς ἕως τέλους ἀνεγκλήτους ἐν τῇ ἡμέρᾳ τοῦ κυρίου ἡμῶν Ἰησοῦ [Χριστοῦ].

그분(예수님)은 또한 너희를 확고하게 하실 것이다, 완성되는 시점까지, 흠이 없

[illegible] 예수 그리스도의 그날에.

1:9 πιστὸς ὁ θεός, δι᾽ οὗ ἐκλήθητε εἰς κοινωνίαν τοῦ υἱοῦ αὐτοῦ Ἰησοῦ Χριστοῦ τοῦ κυρίου ἡμῶν.

하나님은 신실하시다, 그분(예수)을 통하여 너희는 부르심을 받았다, 그분(하나님)의 아들이며 우리 주인이신 예수 그리스도의 교제 안으로.

1:10 Παρακαλῶ δὲ ὑμᾶς, ἀδελφοί, διὰ τοῦ ὀνόματος τοῦ κυρίου ἡμῶν Ἰησοῦ Χριστοῦ, ἵνα τὸ αὐτὸ λέγητε πάντες καὶ μὴ ᾖ ἐν ὑμῖν σχίσματα, ἦτε δὲ κατηρτισμένοι ἐν τῷ αὐτῷ νοΐ καὶ ἐν τῇ αὐτῇ γνώμῃ.

이제 나는 너희에게 권면(요청)한다, 형제들아! 우리 주인이신 예수 그리스도의 이름으로, 너희가 모두 같은 것을 말하고 너희 가운데 분쟁하는 일이 없기를, 또한 너희가 동일한 마음과 동일한 생각(지식)으로 온전히 완성(회복, 정돈)되기를.

1:11 ἐδηλώθη γάρ μοι περὶ ὑμῶν, ἀδελφοί μου, ὑπὸ τῶν Χλόης ὅτι ἔριδες ἐν ὑμῖν εἰσιν.

왜냐하면, 나에게 너희와 관련된 이야기가 전해졌기 때문이다, 글로에 사람들을 통해서. 곧 너희 안에 분쟁이 있다고

1:12 λέγω δὲ τοῦτο ὅτι ἕκαστος ὑμῶν λέγει· ἐγὼ μέν εἰμι Παύλου, ἐγὼ δὲ Ἀπολλῶ, ἐγὼ δὲ Κηφᾶ, ἐγὼ δὲ Χριστοῦ.

이제 내가 하고자 하는 말은, 즉 너희 각자가 말하기를 한편으로, 나는 바울의 (소속)이다, 나는 아볼로의 (소속)이다, 나는 게바의 (소속)이다, 나는 그리스도의 (소속)이다.

1:13 μεμέρισται ὁ Χριστός; μὴ Παῦλος ἐσταυρώθη ὑπὲρ ὑμῶν, ἢ εἰς τὸ ὄνομα Παύλου ἐβαπτίσθητε;

그리스도가 분리되었느냐? (나) 바울이 너희를 위해 십자가를 지고 또는 너희가 (나) 바울의 이름으로 세례를 받기라도 했느냐?

1:14 εὐχαριστῶ [τῷ θεῷ] ὅτι οὐδένα ὑμῶν ἐβάπτισα εἰ μὴ Κρίσπον καὶ Γάϊον,

나는 감사한다, 하나님께, 곧 너희 가운데 누구에게도 세례를 주지 않은 것을. 그리스보와 가이오만 제외하고

1:15 ἵνα μή τις εἴπῃ ὅτι εἰς τὸ ἐμὸν ὄνομα ἐβαπτίσθητε.

누구도 말하지 못하게 하려고 곧 내(바울) 이름으로 너희가 세례를 받았다고

1:16 ἐβάπτισα δὲ καὶ τὸν Στεφανᾶ οἶκον, λοιπὸν οὐκ οἶδα εἴ τινα ἄλλον ἐβάπτισα.

이제(또한/다만), 나는 스데바나 가족에게도 세례를 주었다, [그 밖에] 나머지 성도에게는 세례 준 것을 나는 알지 못한다.

1:17 οὐ γὰρ ἀπέστειλέν με Χριστὸς βαπτίζειν ἀλλ᾽ εὐαγγελίζεσθαι, οὐκ ἐν σοφίᾳ λόγου, ἵνα μὴ κενωθῇ ὁ σταυρὸς τοῦ Χριστοῦ.

왜냐하면 그리스도께서 나를 (사도로) 보내신 것은 세례를 주기 위해서가 아니라 오히려 복음을 전하게 하기 위함이다, 말의 지혜로가 아니라. 그리스도의 그 십자가가 허무해지지 않도록 하기 위해서.

1:18 Ὁ λόγος γὰρ ὁ τοῦ σταυροῦ τοῖς μὲν ἀπολλυμένοις μωρία ἐστίν, τοῖς δὲ σῳζομένοις ἡμῖν δύναμις θεοῦ ἐστιν.

왜냐하면/그러므로, 십자가의 그 말씀(복음)이 멸망당하는 자들에게는 어리석은 것이나, 이제 구원받는 우리에게는 하나님의 능력이다.

1:19 γέγραπται γάρ· ἀπολῶ τὴν σοφίαν τῶν σοφῶν καὶ τὴν σύνεσιν τῶν συνετῶν ἀθετήσω.

그래서 [이런 말이 구약성경에] 기록된 것이다, "내가 지혜로운 자들의 그 지혜를 파괴할 것이다. 그리고 총명한 자들의 그 총명도 폐기시켜버릴 것이다."

1:20 ποῦ σοφός; ποῦ γραμματεύς; ποῦ συζητητὴς τοῦ αἰῶνος τούτου; οὐχὶ ἐμώρανεν ὁ θεὸς τὴν σοφίαν τοῦ κόσμου;

지혜(지혜자)가 어디 있는가? 서기관/율법학자는 어디 있는가? 이 시대에 똑똑하고 말 잘하는 소피스트는 어디 있는가? 하나님이 이 세상의 지혜를 어리석게 만들어 버리신 것이 아닌가?

1:21 ἐπειδὴ γὰρ ἐν τῇ σοφίᾳ τοῦ θεοῦ οὐκ ἔγνω ὁ κόσμος διὰ τῆς σοφίας τὸν θεόν, εὐδόκησεν ὁ θεὸς διὰ τῆς μωρίας τοῦ κηρύγματος σῶσαι τοὺς πιστεύοντας·

그래서 하나님의 지혜에 대해서는 세상이 알지 못했기 때문에, (자신의) 지혜를 통해서 하나님을 알지 못했기에, 하나님은 기뻐하셨다, 말씀선포(케뤼그마)의 어리석은 것을 통해서 믿는 자들을 구원하시기를.

1:22 ἐπειδὴ καὶ Ἰουδαῖοι σημεῖα αἰτοῦσιν καὶ Ἕλληνες σοφίαν ζητοῦσιν,

또한 유대인은 표적(sign)을 요구하고 헬라인은 지혜를 추구했기 때문에,

1:23 ἡμεῖς δὲ κηρύσσομεν Χριστὸν ἐσταυρωμένον, Ἰουδαίοις μὲν σκάνδαλον, ἔθνεσιν δὲ μωρίαν,

그러나 우리는 십자가에 못 박히신 예수 그리스도를 선포한다. 한편으로 유대인에게는 덫이고, 또한 이방인에게는 어리석은 것을

1:24 αὐτοῖς δὲ τοῖς κλητοῖς, Ἰουδαίοις τε καὶ Ἕλλησιν, Χριστὸν θεοῦ δύναμιν καὶ θεοῦ σοφίαν·

이제(그러나) 부르심을 받은 바로 그들에게는, 유대인이든지 헬라인이든지, 그

그리스도시니 하나님의 능력이며 하나님의 지혜가 (되었다)

1:25 ὅτι τὸ μωρὸν τοῦ θεοῦ σοφώτερον τῶν ἀνθρώπων ἐστὶν καὶ τὸ ἀσθενὲς τοῦ θεοῦ ἰσχυρότερον τῶν ἀνθρώπων.

왜냐하면 하나님의 어리석음이 사람의 것보다 지혜롭고 하나님의 약함이 사람의 것보다 강하기 때문이다.

1:26 Βλέπετε γὰρ τὴν κλῆσιν ὑμῶν, ἀδελφοί, ὅτι οὐ πολλοὶ σοφοὶ κατὰ σάρκα, οὐ πολλοὶ δυνατοί, οὐ πολλοὶ εὐγενεῖς·

왜냐하면 너희는 너희의 부르심을 보라! 형제들이여! 곧 육체를 따라 지혜로운 이들이 많지 않고, 능력 있는 자들이 많지 않고, 좋은 혈통도 많지 않다.

1:27 ἀλλὰ τὰ μωρὰ τοῦ κόσμου ἐξελέξατο ὁ θεός, ἵνα καταισχύνῃ τοὺς σοφούς, καὶ τὰ ἀσθενῆ τοῦ κόσμου ἐξελέξατο ὁ θεός, ἵνα καταισχύνῃ τὰ ἰσχυρά,

오히려 세상의 어리석은 자들을 하나님은 선택하셨다. (세상의) 지혜로운 자들을 부끄럽게 만드시려고, 또한 세상의 약한 자들을 하나님은 선택하셨다. (세상의) 강한 자들을 부끄럽게 만드시려고

1:28 καὶ τὰ ἀγενῆ τοῦ κόσμου καὶ τὰ ἐξουθενημένα ἐξελέξατο ὁ θεός, τὰ μὴ ὄντα, ἵνα τὰ ὄντα καταργήσῃ,

그리고 세상의 비천한 것들과 멸시당하는 것들을 하나님은 선택하셨다. (또한) 없는 것들을, 있는 것들을 완전히 폐기하시려고

1:29 ὅπως μὴ καυχήσηται πᾶσα σὰρξ ἐνώπιον τοῦ θεοῦ.

그래서 모든 육체는 하나님 앞에서 자랑할 수 없게 되었다.

1:30 ἐξ αὐτοῦ δὲ ὑμεῖς ἐστε ἐν Χριστῷ Ἰησοῦ, ὃς ἐγενήθη σοφία ἡμῖν ἀπὸ θεοῦ, δικαιοσύνη τε καὶ ἁγιασμὸς καὶ ἀπολύτρωσις,

이제 그분(하나님)으로부터 여러분은 나와서 그리스도 예수 안에 있다. 그분(예수)은 너희에게 지혜가 되셨다, 하나님으로부터(나오는), 능력, 거룩함, 그리고 구속이 [되셨다].

1:31 ἵνα καθὼς γέγραπται· ὁ καυχώμενος ἐν κυρίῳ καυχάσθω.

그래서(위해서) 기록된 말씀과 같이 되기를 "자랑하는 자는 주님 안에서 자랑하라!"

## 고린도전서 2장

2:1 Κἀγὼ ἐλθὼν πρὸς ὑμᾶς, ἀδελφοί, ἦλθον οὐ καθ' ὑπεροχὴν λόγου ἢ σοφίας καταγγέλλων ὑμῖν τὸ μυστήριον τοῦ θεοῦ.

또한 나는, 너희들을 향하여 갈 때, 형제들이여! 나는 간 것이다, 말이나 지혜의 탁월함으로가 아니라, 하나님의 그 비밀/증거를 너희에게 선포/전달함으로.

2:2 οὐ γὰρ ἔκρινά τι εἰδέναι ἐν ὑμῖν εἰ μὴ Ἰησοῦν Χριστὸν καὶ τοῦτον ἐσταυρωμένον.

왜냐하면 나는 결단했기 때문이다, 너희 안에서 예수 그리스도와 그분께서 십자가에서 죽으심 외에는 다른 것을 알지(관심을 가지지) 않겠다고.

2:3 κἀγὼ ἐν ἀσθενείᾳ καὶ ἐν φόβῳ καὶ ἐν τρόμῳ πολλῷ ἐγενόμην πρὸς ὑμᾶς,

또한 나는, 약한 가운데, 그리고 두려운 가운데서 그리고 많이 떨고 있었다, 너희에게로 향할 때,

2:4 καὶ ὁ λόγος μου καὶ τὸ κήρυγμά μου οὐκ ἐν πειθοῖ[ς] σοφίας [λόγοις] ἀλλ' ἐν ἀποδείξει πνεύματος καὶ δυνάμεως,

그리고(그래서) 나의 말과 나의 선포가 지혜로운 설득으로 된 것이 아니라 오히려 영(성령)과 능력의 나타남으로,

2:5 ἵνα ἡ πίστις ὑμῶν μὴ ᾖ ἐν σοφίᾳ ἀνθρώπων ἀλλ' ἐν δυνάμει θεοῦ.

너희들의 그 믿음이 사람들의 지혜 안에(로) 있지 않고 오히려 하나님의 능력 안에서(으로) 되게 하고자.

2:6 Σοφίαν δὲ λαλοῦμεν ἐν τοῖς τελείοις, σοφίαν δὲ οὐ τοῦ αἰῶνος τούτου οὐδὲ τῶν ἀρχόντων τοῦ αἰῶνος τούτου τῶν καταργουμένων·

이제 우리는 온전한/성숙한 자들 안에 있는 지혜를 말하고자 한다, 이제 [그] 지혜는 이 시대(세상)의 지혜가 아니고 폐위될 이 시대 우두머리들/지도자들의 지혜도 아니다.

2:7 ἀλλὰ λαλοῦμεν θεοῦ σοφίαν ἐν μυστηρίῳ τὴν ἀποκεκρυμμένην, ἣν προώρισεν ὁ θεὸς πρὸ τῶν αἰώνων εἰς δόξαν ἡμῶν,

오히려 우리는 [지금까지] 비밀스럽게 감추어져 온 하나님의 지혜를 말하는 것이다. 그것(그 지혜)을 하나님께서 영원 전부터 우리의 영광을 위해 예정하셨다.

2:8 ἣν οὐδεὶς τῶν ἀρχόντων τοῦ αἰῶνος τούτου ἔγνωκεν· εἰ γὰρ ἔγνωσαν, οὐκ ἂν τὸν κύριον τῆς δόξης ἐσταύρωσαν.

이것(하나님의 지혜)을 이 시대의 우두머리/지도자들 가운데서는 아무도 알 수 없었다. 왜냐하면 만약 [그들 중 하나라도] 알았다면, 영광의 주님을 십자가 처형하지 않았을 것이다.

2:9 ἀλλὰ καθὼς γέγραπται· ἃ ὀφθαλμὸς οὐκ εἶδεν καὶ οὖς οὐκ ἤκουσεν καὶ ἐπὶ καρδίαν ἀνθρώπου οὐκ ἀνέβη, ἃ ἡτοίμασεν ὁ θεὸς τοῖς ἀγαπῶσιν αὐτόν.

오히려 기록된 바와 같이 "눈으로 볼 수 없고 귀로 들을 수 없으며 사람의 마음으로 이해할 수 없는 것, 바로 그것을 하나님께서 자신을 사랑하는 자들에게 준비하셨다."

2:10 ἡμῖν δὲ ἀπεκάλυψεν ὁ θεὸς διὰ τοῦ πνεύματος· τὸ γὰρ πνεῦμα πάντα ἐραυνᾷ, καὶ τὰ βάθη τοῦ θεοῦ.

이제 너희들에게 하나님께서 나타내셨다, 그 영(성령)을 통하여, 왜냐하면 그 영(성령)은 모든 것을 꿰뚫어보시기 때문이다. 그리고(심지어) 하나님의 깊은 것까지도.

2:11 τίς γὰρ οἶδεν ἀνθρώπων τὰ τοῦ ἀνθρώπου εἰ μὴ τὸ πνεῦμα τοῦ ἀνθρώπου τὸ ἐν αὐτῷ; οὕτως καὶ τὰ τοῦ θεοῦ οὐδεὶς ἔγνωκεν εἰ μὴ τὸ πνεῦμα τοῦ θεοῦ.

왜냐하면 사람들의 사정을 그 사람 속에 있는 그의 영이 아니라면 누가 알 수 있겠는가? 이와 같이 하나님의 것들도 하나님의 영(성령) 말고는 아무도 알 수가 없다.

2:12 ἡμεῖς δὲ οὐ τὸ πνεῦμα τοῦ κόσμου ἐλάβομεν ἀλλὰ τὸ πνεῦμα τὸ ἐκ τοῦ θεοῦ, ἵνα εἰδῶμεν τὰ ὑπὸ τοῦ θεοῦ χαρισθέντα ἡμῖν·

이제 우리는 세상의 영을 받지 않았다. 오히려 하나님에게서 [오는] 영을 [받았다]. 하나님에 의해서 우리에게 은혜로 주어지는 것을 우리가 깨닫기 위하여.

2:13 ἃ καὶ λαλοῦμεν οὐκ ἐν διδακτοῖς ἀνθρωπίνης σοφίας λόγοις ἀλλ᾽ ἐν διδακτοῖς πνεύματος, πνευματικοῖς πνευματικὰ συγκρίνοντες.

그리고 우리는 이것들(하나님께서 우리에게 은혜로 주신 것들)을 사람들의 지혜로운 말의 가르침으로 말하는 것이 아니다. 오히려 성령의 가르침들로 [말하는 것이다], 영적인 존재에게(영적인 것으로) 영적인 것을 설명(해석)하면서.

2:14 ψυχικὸς δὲ ἄνθρωπος οὐ δέχεται τὰ τοῦ πνεύματος τοῦ θεοῦ· μωρία γὰρ αὐτῷ ἐστιν καὶ οὐ δύναται γνῶναι, ὅτι πνευματικῶς ἀνακρίνεται.

그러나 혼적인 사람은 하나님의 영적인 것들을 받아들이지 않는다. 왜냐하면 그들에게는 어리석은 것으로 [보이고], 이해할 능력도 [그들에게] 없기 때문이다.

즉, [영적인 것은] 영적으로 판단/평가되기 때문이다.

2:15 ὁ δὲ πνευματικὸς ἀνακρίνει [τὰ] πάντα, αὐτὸς δὲ ὑπ' οὐδενὸς ἀνακρίνεται.

이제 영적인 사람은 모든 것을 판단/ 평가한다. 이제(그러나) 그 자신은 아무에게도 판단/평가받지 않는다.

2:16 τίς γὰρ ἔγνω νοῦν κυρίου, ὃς συμβιβάσει αὐτόν; ἡμεῖς δὲ νοῦν Χριστοῦ ἔχομεν.

그러므로(그렇다면) 누가 주님의 마음을 알고, 그분과 동일한 마음을 가질 수 있겠는가? 이제 우리가 그리스도의 마음을 가지고 있다.

## 고린도전서 3장

3:1 Κἀγώ, ἀδελφοί, οὐκ ἠδυνήθην λαλῆσαι ὑμῖν ὡς πνευματικοῖς ἀλλ' ὡς σαρκίνοις, ὡς νηπίοις ἐν Χριστῷ.

; 또한 나는, 형제들아! 너희에게 말할 수가 없었다, 영적인 사람들에게 하듯이, 오히려 육적인 사람들에게 하듯이(해야 했다), 그리스도 안에 있는 어린아이처럼.

3:2 γάλα ὑμᾶς ἐπότισα, οὐ βρῶμα· οὔπω γὰρ ἐδύνασθε. ἀλλ' οὐδὲ ἔτι νῦν δύνασθε,

나는 너희에게 젖을 마시게/먹여주었다, (단단한) 음식이 아니라. 왜냐하면 너희가 그렇게 할 수 없었기 때문이다, 오히려(하물며) 지금도 너희는 그렇게 할 수 없다.

3:3 ἔτι γὰρ σαρκικοί ἐστε. ὅπου γὰρ ἐν ὑμῖν ζῆλος καὶ ἔρις, οὐχὶ σαρκικοί ἐστε καὶ κατὰ ἄνθρωπον περιπατεῖτε;

왜냐하면 아직도 너희는 육적인 자들이다. 왜냐하면 너희 안에 시기와 분쟁이 있으니, 너희는 육적인 사람들이며 [세속적인] 사람들을 따라 살아가고 있지 않은가?

3:4 ὅταν γὰρ λέγῃ τις· ἐγὼ μέν εἰμι Παύλου, ἕτερος δέ· ἐγὼ Ἀπολλῶ, οὐκ ἄνθρωποί ἐστε;

왜냐하면 지금도 어떤 사람은 "나는 한편으로 바울의 (소속)이다"라고 말하고, 이제(또한) 다른 사람은 "나는 아볼로의 (소속)이다"라고 말하니, 너희들은 (세속적인) 사람이 아닌가?

3:5 Τί οὖν ἐστιν Ἀπολλῶς; τί δέ ἐστιν Παῦλος; διάκονοι δι' ὧν ἐπιστεύσατε, καὶ ἑκάστῳ ὡς ὁ κύριος ἔδωκεν.

그리고 아볼로는 무엇인가(뭐라 말합니까)? 이제(또한) 바울은 무엇인가? 사역자들[이다]. 그들을 통해 너희가 믿게 된 것이다. 그리고 주님께서 주신 대로 각자에게(자기 분량에 따라).

3:6 ἐγὼ ἐφύτευσα, Ἀπολλῶς ἐπότισεν, ἀλλ᾽ ὁ θεὸς ηὔξανεν·

나는 심었다, 아볼로는 물을 주었다. 오히려/그러나 하나님께서는 계속 자라게 하셨다.

3:7 ὥστε οὔτε ὁ φυτεύων ἐστίν τι οὔτε ὁ ποτίζων ἀλλ᾽ ὁ αὐξάνων θεός.

그 결과(따라서) 심은 자도 아무것도 아니고, 물을 준 자도 아무것도 아니지만, 오히려 자라게 하신 분은 하나님이시다.

3:8 ὁ φυτεύων δὲ καὶ ὁ ποτίζων ἕν εἰσιν, ἕκαστος δὲ τὸν ἴδιον μισθὸν λήμψεται κατὰ τὸν ἴδιον κόπον·

이제 심은 자와 물을 준 자는 (같은) 한 사람이요, 이제 각자 자신의 상을 받을 것이다, 자신이 수고한 바에 따라.

3:9 θεοῦ γάρ ἐσμεν συνεργοί, θεοῦ γεώργιον, θεοῦ οἰκοδομή ἐστε.

왜냐하면 우리는 하나님의 동역자이고, 너희는 하나님의 밭(땅), 하나님의 집(건축물)이다.

3:10 Κατὰ τὴν χάριν τοῦ θεοῦ τὴν δοθεῖσάν μοι ὡς σοφὸς ἀρχιτέκτων θεμέλιον ἔθηκα, ἄλλος δὲ ἐποικοδομεῖ. ἕκαστος δὲ βλεπέτω πῶς ἐποικοδομεῖ.

하나님께서 내게 주신 그 은혜에 따라, 지혜로운/능숙한 건축자처럼, 나는 기초를 놓았다. 이제 다른 이들은 그 위에 건축한다. 이제 각 사람은 주의하라! 어떻게 그 위에 건축하는가[에 대해서].

3:11 θεμέλιον γὰρ ἄλλον οὐδεὶς δύναται θεῖναι παρὰ τὸν κείμενον, ὅς ἐστιν Ἰησοῦς Χριστός.

왜냐하면 다른 기초를 아무도 놓을 수 없기 때문이다, (이미) 놓인 그 기초에다가, 이것(그 기초)은 예수 그리스도시다.

3:12 εἰ δέ τις ἐποικοδομεῖ ἐπὶ τὸν θεμέλιον χρυσόν, ἄργυρον, λίθους τιμίους, ξύλα, χόρτον, καλάμην,

이제 만약 누가 그 위에 건축한다면, 그 기초 위에, 금을, 은을, 귀한 돌(보석)을, 나무를, 풀을, 짚을,

3:13 ἑκάστου τὸ ἔργον φανερὸν γενήσεται, ἡ γὰρ ἡμέρα δηλώσει, ὅτι ἐν πυρὶ ἀποκαλύπτεται· καὶ ἑκάστου τὸ ἔργον ὁποῖόν ἐστιν τὸ πῦρ [αὐτὸ] δοκιμάσει.

각자의 그 행위(수고)가 분명해질 것이다. 왜냐하면 (심판의) 그날이 (분명히) 알려

줄 것이기 때문이다. 즉, 불로(불에 의해) 드러나는 것이다. 그리고(그렇게) 각자의 행위가 어떤지를 그 불이 검증할 것이다.

3:14 εἴ τινος τὸ ἔργον μενεῖ ὃ ἐποικοδόμησεν, μισθὸν λήμψεται·

만약 어떤 사람이 [그 기초 위에] 세워 올린 행위(수고)가 남아 있으면, 그는 상을 받을 것이다.

3:15 εἴ τινος τὸ ἔργον κατακαήσεται, ζημιωθήσεται, αὐτὸς δὲ σωθήσεται, οὕτως δὲ ὡς διὰ πυρός.

만약 어떤 사람의 그 행위가 타버린다면, 그는 벌을 받을 것이다. 이제(다만) 그 자신은 구원을 받을 것이다. 이제 마치 불을 통과한 것처럼.

3:16 Οὐκ οἴδατε ὅτι ναὸς θεοῦ ἐστε καὶ τὸ πνεῦμα τοῦ θεοῦ οἰκεῖ ἐν ὑμῖν;

너희는 알지 못하는가, 즉 너희가 하나님의 성전이며 하나님의 그 영께서 너희 안에 거주하심을?

3:17 εἴ τις τὸν ναὸν τοῦ θεοῦ φθείρει, φθερεῖ τοῦτον ὁ θεός· ὁ γὰρ ναὸς τοῦ θεοῦ ἅγιός ἐστιν, οἵτινές ἐστε ὑμεῖς.

만약 누가 하나님의 성전을 부패/파괴한다면, 하나님께서도 그를 부패/파괴하실 것이다. 왜냐하면 하나님의 성전은 거룩하기 때문이다. 이와 같이 너희도 그렇다(거룩하다).

3:18 Μηδεὶς ἑαυτὸν ἐξαπατάτω· εἴ τις δοκεῖ σοφὸς εἶναι ἐν ὑμῖν ἐν τῷ αἰῶνι τούτῳ, μωρὸς γενέσθω, ἵνα γένηται σοφός.

아무도 자기 자신을 기만하지(속이지) 말라! 만약 누가 (자신을) 지혜롭다고 생각한다면, 너희 가운데, 이 세상 가운데, 어리석은 자가 되어라! 지혜롭게 되기 위하여.

3:19 ἡ γὰρ σοφία τοῦ κόσμου τούτου μωρία παρὰ τῷ θεῷ ἐστιν. γέγραπται γάρ· ὁ δρασσόμενος τοὺς σοφοὺς ἐν τῇ πανουργίᾳ αὐτῶν·

왜냐하면 이 세상의 지혜는 하나님께 어리석은 것이기 때문이다. 그래서 기록되었다. "(하나님은) 지혜로운 자들을 그들의 교활함(계교)에 빠지게 하시는 분(이시다.)"

3:20 καὶ πάλιν· κύριος γινώσκει τοὺς διαλογισμοὺς τῶν σοφῶν ὅτι εἰσὶν μάταιοι.

그리고 다시 "주님은 지혜로운 자들의 철저한(깊은) 생각을 알고 계신다. 즉, 그것은 헛것이다."

3:21 ὥστε μηδεὶς καυχάσθω ἐν ἀνθρώποις· πάντα γὰρ

ὑμῶν ἐστιν,

그 결과(그러므로) 아무도 자랑하지 말라! 사람들 안에서는, 왜냐하면 모든 것이 너희 것이기 때문이다.

3:22 εἴτε Παῦλος εἴτε Ἀπολλῶς εἴτε Κηφᾶς, εἴτε κόσμος εἴτε ζωὴ εἴτε θάνατος, εἴτε ἐνεστῶτα εἴτε μέλλοντα· πάντα ὑμῶν,

바울이나 아볼로나 게바나, 세상이나 생명이나 죽음이나, 지금까지 일어난 일이나, 앞으로 일어날 일이나, 모든 것이 너희들의 [것이다].

3:23 ὑμεῖς δὲ Χριστοῦ, Χριστὸς δὲ θεοῦ.

이제 너희는 그리스도의 [것이며], 이제 그리스도는 하나님의 [것이다].

## 고린도전서 4장

4:1 Οὕτως ἡμᾶς λογιζέσθω ἄνθρωπος ὡς ὑπηρέτας Χριστοῦ καὶ οἰκονόμους μυστηρίων θεοῦ.

이와 같이(그러므로) 우리를 여기라(인정하라)! 사람은, 그리스도의 하속들/수행원들과 같이(처럼) 그리고 하나님의 비밀들의 청지기로.

4:2 ὧδε λοιπὸν ζητεῖται ἐν τοῖς οἰκονόμοις, ἵνα πιστός τις εὑρεθῇ.

여기에 남은 것으로(이와 관련하여서) 요구된다, 그 청지기들 안에(에게), 어떤 신실/충성한 자로 발견되기를.

4:3 ἐμοὶ δὲ εἰς ἐλάχιστόν ἐστιν, ἵνα ὑφ᾽ ὑμῶν ἀνακριθῶ ἢ ὑπὸ ἀνθρωπίνης ἡμέρας· ἀλλ᾽ οὐδὲ ἐμαυτὸν ἀνακρίνω.

이제 나에게 가장 사소한 것이 된다, 너희들에 의해 철저히 판단을 받거나 사람의 날(재판)에 의해, 오히려 나 자신을 나도 전혀 판단하지 않는다.

4:4 οὐδὲν γὰρ ἐμαυτῷ σύνοιδα, ἀλλ᾽ οὐκ ἐν τούτῳ δεδικαίωμαι, ὁ δὲ ἀνακρίνων με κύριός ἐστιν.

왜냐하면 나는 나 자신에게 아무것도 [판단받거나 평가받을 만한 잘못을] 깨달을 수 없다, 오히려/하지만 그렇다고 해서 내가 의롭다는 말은 아니다. 이제/오직 나를 평가하시고 판단하실 분은 주님이시다.

4:5 ὥστε μὴ πρὸ καιροῦ τι κρίνετε ἕως ἂν ἔλθῃ ὁ κύριος, ὃς καὶ φωτίσει τὰ κρυπτὰ τοῦ σκότους καὶ φανερώσει τὰς βουλὰς τῶν καρδιῶν· καὶ τότε ὁ ἔπαινος γενήσεται ἑκάστῳ ἀπὸ τοῦ θεοῦ.

그 결과 그 [심판의] 시간 전에, 무엇을 너희는 판단하지 말라! 주님께서 오실 그 때가 되기까지. 그분께서 그리고(또한) 어둠의 감추어진 것을 비추실 것이다(드러내실 것이다). 그리고 [사람들이 품은] 마음의 의도/뜻을 명백하게 하실 것이다. 그리고(그러면) 그때 그 칭찬이 있을 것이다, 각 사람에게, 하나님으로부터.

4:6 Ταῦτα δέ, ἀδελφοί, μετεσχημάτισα εἰς ἐμαυτὸν καὶ Ἀπολλῶν δι᾽ ὑμᾶς, ἵνα ἐν ἡμῖν μάθητε τὸ μὴ ὑπὲρ ἃ γέγραπται, ἵνα μὴ εἷς ὑπὲρ τοῦ ἑνὸς φυσιοῦσθε κατὰ τοῦ ἑτέρου.

이제 이것들을, 형제들이여!, 내가 (암시적으로/변형시켜서) 적용해서 설명했다, 나 자신에게와 아볼로에게. 너희를 위해서, 너희 안에서 너희가 배울 수 있도록 하려고, 곧 "기록된 것을 넘어서지 말라"는 것(진리)을, 한 사람(한쪽)을 위하고, 다른 사람(다른 쪽)은 적대하여 너희가 교만하게 되지 않게 하려고.

4:7 τίς γάρ σε διακρίνει; τί δὲ ἔχεις ὃ οὐκ ἔλαβες; εἰ δὲ καὶ ἔλαβες, τί καυχᾶσαι ὡς μὴ λαβών;

왜냐하면 누가 너를 [더 대단하게] 분리/구별시켜주었는가? 이제 네가 가지고 있는 것 가운데 네가 받지 않은 것이 무엇인가? 이제 만약 네가 받은 것이라면, 왜/어째서 너는 [마치] 받지 않은 것처럼 자랑하는가?

4:8 ἤδη κεκορεσμένοι ἐστέ, ἤδη ἐπλουτήσατε, χωρὶς ἡμῶν ἐβασιλεύσατε· καὶ ὄφελόν γε ἐβασιλεύσατε, ἵνα καὶ ἡμεῖς ὑμῖν συμβασιλεύσωμεν.

이미 너희는 배부르고, 이미 풍요로워졌으며, 우리(주의 사역자들) 없이도 왕 노릇하고 있구나. 그리고 나는 너희가 참으로 왕 노릇하면 좋겠다, 너희가 우리와 함께 왕 노릇할 수 있도록.

4:9 δοκῶ γάρ, ὁ θεὸς ἡμᾶς τοὺς ἀποστόλους ἐσχάτους ἀπέδειξεν ὡς ἐπιθανατίους, ὅτι θέατρον ἐγενήθημεν τῷ κόσμῳ καὶ ἀγγέλοις καὶ ἀνθρώποις.

왜냐하면/그러므로 나는 생각한다(내가 보기에는 이러하다). 하나님께서 우리 사도를 마지막(가장 안 좋은 자리)에 진열해 두셨다고, 이미 사형을 선고받은 사람처럼. 즉, 우리는 구경거리가 되었다. 세상과 천사와 사람들에게

4:10 ἡμεῖς μωροὶ διὰ Χριστόν, ὑμεῖς δὲ φρόνιμοι ἐν Χριστῷ· ἡμεῖς ἀσθενεῖς, ὑμεῖς δὲ ἰσχυροί· ὑμεῖς ἔνδοξοι, ἡμεῖς δὲ ἄτιμοι.

우리는 그리스도 때문에 어리석으나 이제 너희는 그리스도 안에서 슬기롭고, 우리는 약하나 이제 너희는 강하고, 너희는 영광/존경스러우나 우리는 불명예스럽다.

4:11 ἄχρι τῆς ἄρτι ὥρας καὶ πεινῶμεν καὶ διψῶμεν καὶ γυμνιτεύομεν καὶ κολαφιζόμεθα καὶ ἀστατοῦμεν

바로 지금 이 순간까지도 우리는 배고프고 목마르고 헐벗고(입을 것이 없고) 매

맞으며 거할 곳이 없도다.

4:12 καὶ κοπιῶμεν ἐργαζόμενοι ταῖς ἰδίαις χερσίν· λοιδορούμενοι εὐλογοῦμεν, διωκόμενοι ἀνεχόμεθα,

그리고(아울러) 우리는 우리 손들로 노동하면서 수고한다. 욕을 먹으면서 축복한다, 핍박당하면서 (태연하게) 참아 견딘다

4:13 δυσφημούμενοι παρακαλοῦμεν· ὡς περικαθάρματα τοῦ κόσμου ἐγενήθημεν, πάντων περίψημα ἕως ἄρτι.

우리는 중상모략을 당하면서 권면한다. 마치 우리가 세상의 쓰레기가 된 것처럼, 모든 것(만물)의 찌꺼기가 된 것처럼, 바로 지금까지.

4:14 Οὐκ ἐντρέπων ὑμᾶς γράφω ταῦτα ἀλλ᾽ ὡς τέκνα μου ἀγαπητὰ νουθετῶ[ν].

나는 너희를 부끄럽게 하면서 쓰는 것이 아니다. 이것을, 오히려 내 사랑하는 자녀처럼(자녀에게 하듯이) 훈계하는 것이다.

4:15 ἐὰν γὰρ μυρίους παιδαγωγοὺς ἔχητε ἐν Χριστῷ ἀλλ᾽ οὐ πολλοὺς πατέρας· ἐν γὰρ Χριστῷ Ἰησοῦ διὰ τοῦ εὐαγγελίου ἐγὼ ὑμᾶς ἐγέννησα.

왜냐하면 만약 그리스도 안에서 너희에게 일만 스승들이 있다 하더라도 아버지는 많지 않기 때문이다. [또한] 왜냐하면 그리스도 예수 안에서 복음을 통해 내가 너희를 낳았기 때문이다.

4:16 Παρακαλῶ οὖν ὑμᾶς, μιμηταί μου γίνεσθε.

그러므로 내가 너희들을 권면한다. 너희는 나를 본받은 자가 되라!

4:17 Διὰ τοῦτο ἔπεμψα ὑμῖν Τιμόθεον, ὅς ἐστίν μου τέκνον ἀγαπητὸν καὶ πιστὸν ἐν κυρίῳ, ὃς ὑμᾶς ἀναμνήσει τὰς ὁδούς μου τὰς ἐν Χριστῷ [Ἰησοῦ], καθὼς πανταχοῦ ἐν πάσῃ ἐκκλησίᾳ διδάσκω.

이것 때문에(이것을 위해), 나는 너희에게 디모데를 보냈다. 그는 내 사랑하는 자녀이며 주 안에서 신실한 자다. 그는 너희들에게 기억나게 할 것이다, 그리스도 예수 안에서 내 길(방식)들을, 내가 모든 지역에 있는 모든 교회에 가르쳐 준 것과 같이.

4:18 Ὡς μὴ ἐρχομένου δέ μου πρὸς ὑμᾶς ἐφυσιώθησάν τινες·

마치 내가 너희를 향해 가지 못할 것처럼, 부풀려/교만해졌다, 어떤 이들이.

4:19 ἐλεύσομαι δὲ ταχέως πρὸς ὑμᾶς ἐὰν ὁ κύριος θελήσῃ, καὶ γνώσομαι οὐ τὸν λόγον τῶν πεφυσιωμένων ἀλλὰ τὴν δύναμιν·

이제(그러나) 내가 너희에게 곧 갈 것이다, 만약 주님께서 원하시면, 그리고 나는 알아볼 것이다, 그 교만해진 사람들의 말이 아니라 오히려 그 능력을.

4:20 οὐ γὰρ ἐν λόγῳ ἡ βασιλεία τοῦ θεοῦ ἀλλ' ἐν δυνάμει.
왜냐하면 말로 하나님의 나라가 아니고, 오히려 능력으로.

4:21 τί θέλετε; ἐν ῥάβδῳ ἔλθω πρὸς ὑμᾶς ἢ ἐν ἀγάπῃ πνεύματί τε πραΰτητος;
너희는 무엇을 원하는가? 매로(회초리를 가지고) 너희를 향해 내가 가는 것이냐? 혹은 사랑의 영으로 또한 온유함으로?

## 고린도전서 5장

5:1 Ὅλως ἀκούεται ἐν ὑμῖν πορνεία, καὶ τοιαύτη πορνεία ἥτις οὐδὲ ἐν τοῖς ἔθνεσιν, ὥστε γυναῖκά τινα τοῦ πατρὸς ἔχειν.
전적으로/실제로, 너희 안에 음행이 있다는 말이 들린다. 그리고(하물며) 이러한 음행은 이방인 사이에서도 없는 것이다. 그 결과/즉 어떤 사람이 아버지의 여자(아내)를 가졌다/취했다는 것이다.

5:2 καὶ ὑμεῖς πεφυσιωμένοι ἐστὲ καὶ οὐχὶ μᾶλλον ἐπενθήσατε, ἵνα ἀρθῇ ἐκ μέσου ὑμῶν ὁ τὸ ἔργον τοῦτο πράξας;
그리고 너희는 교만해져서 그리고(또한) 더욱이 애통해 하지 않았다, 너희 가운데 이러한 일을 행한 바로 그 사람을 들어 올려버리지 않는가(내쫓아 버리지 않는가)?

5:3 ἐγὼ μὲν γάρ, ἀπὼν τῷ σώματι παρὼν δὲ τῷ πνεύματι, ἤδη κέκρικα ὡς παρὼν τὸν οὕτως τοῦτο κατεργασάμενον·
; 내가 물론(내 입장에서) 왜냐하면 몸으로는 떠나 있으나, 이제 영으로는 함께 있어서, 이미 거기 있는 것처럼, 이러한 행위를 한 그 사람을 나는 철저히 심판했다.

5:4 ἐν τῷ ὀνόματι τοῦ κυρίου [ἡμῶν] Ἰησοῦ συναχθέντων ὑμῶν καὶ τοῦ ἐμοῦ πνεύματος σὺν τῇ δυνάμει τοῦ κυρίου ἡμῶν Ἰησοῦ,
우리 주 예수님의 이름으로, 너희와 나의 영이 함께 모인 후, 우리 주 예수님의 능력으로

5:5 παραδοῦναι τὸν τοιοῦτον τῷ σατανᾷ εἰς ὄλεθρον τῆς σαρκός, ἵνα τὸ πνεῦμα σωθῇ ἐν τῇ ἡμέρᾳ τοῦ κυρίου.
넘겨주기를 이러한 사람을 그 사탄에게, 그 육체적으로는 멸망하라고, [그러나] 그 영은 주님의 날에 구원받게 하기 위하여.

5:6 Οὐ καλὸν τὸ καύχημα ὑμῶν. οὐκ οἴδατε ὅτι μικρὰ ζύμη ὅλον τὸ φύραμα ζυμοῖ;

너희의 그 자랑은 좋은 것이 아니다. 너희는 알지 못하느냐, 즉 적은 누룩이 온 빵 덩어리를 발효시키는 영향을 끼친다는 것을?

5:7 ἐκκαθάρατε τὴν παλαιὰν ζύμην, ἵνα ἦτε νέον φύραμα, καθώς ἐστε ἄζυμοι· καὶ γὰρ τὸ πάσχα ἡμῶν ἐτύθη Χριστός.

너희는 그 오래된(썩은) 누룩을 깨끗하게 치워버려라! 너희가 새로운 (빵) 덩어리가 되기 위하여, 너희가 [이미] 누룩 없는 자들인 것처럼, 그리고 왜냐하면/과연 그리스도께서 우리의 유월절 (어린양으로서) 희생이 되셨다.

5:8 ὥστε ἑορτάζωμεν μὴ ἐν ζύμῃ παλαιᾷ μηδὲ ἐν ζύμῃ κακίας καὶ πονηρίας ἀλλ᾽ ἐν ἀζύμοις εἰλικρινείας καὶ ἀληθείας.

그 결과 우리는 명절을 지킨다, 오래된(썩은) 누룩으로도 아니고, 악하고 타락한 누룩으로도 아니라, 오히려 누룩 없는(없이), 곧 순결하고(선명하고/명확하고) 진실함으로.

5:9 Ἔγραψα ὑμῖν ἐν τῇ ἐπιστολῇ μὴ συναναμίγνυσθαι πόρνοις,

내가 (이미) 너희에게 편지로 썼다, 음행하는 사람들과 교제하지 말라고.

5:10 οὐ πάντως τοῖς πόρνοις τοῦ κόσμου τούτου ἢ τοῖς πλεονέκταις καὶ ἅρπαξιν ἢ εἰδωλολάτραις, ἐπεὶ ὠφείλετε ἄρα ἐκ τοῦ κόσμου ἐξελθεῖν.

모든 면에서(전적으로) 이 세상의 음행하는 자나, 탐욕스러운 자나, 강도짓하는 자나, 우상숭배하는 자와 (교제하지 말라는 뜻이) 아니다. 그렇게 하려면 너희는 [이] 세상 밖으로 나가야만 할 것이다.

5:11 νῦν δὲ ἔγραψα ὑμῖν μὴ συναναμίγνυσθαι ἐάν τις ἀδελφὸς ὀνομαζόμενος ᾖ πόρνος ἢ πλεονέκτης ἢ εἰδωλολάτρης ἢ λοίδορος ἢ μέθυσος ἢ ἅρπαξ, τῷ τοιούτῳ μηδὲ συνεσθίειν.

이제 지금 내가 썼다(쓴 내용은), 너희에게 함께 어울리거나 사귀지 말라는 말이다, 만약 형제라고 불리는 사람이(성도가) 음행하거나 탐욕스러운 자거나 우상숭배자거나 욕하는 자거나 술 취하는 자거나 강도짓을 하는 자라면 말이다. 이러한 자와는 절대로 함께 식사해서는 안 된다.

5:12 τί γάρ μοι τοὺς ἔξω κρίνειν; οὐχὶ τοὺς ἔσω ὑμεῖς κρίνετε;

왜냐하면 내게 외부인들을 판단한다는 것이 무엇이 되겠는가(무슨 의미가 있겠는가)? [그러나] 내부인들을 너희는 판단해야만 하지 않겠는가?

5:13 τοὺς δὲ ἔξω ὁ θεὸς κρινεῖ. ἐξάρατε τὸν πονηρὸν ἐξ ὑμῶν αὐτῶν.

이제(그러나) 외부인들을(은) 하나님께서 심판하실 것이다. 너희에게서 악한 자를 너희가 제거하라!

## 고린도전서 6장

6:1 Τολμᾷ τις ὑμῶν πρᾶγμα ἔχων πρὸς τὸν ἕτερον κρίνεσθαι ἐπὶ τῶν ἀδίκων καὶ οὐχὶ ἐπὶ τῶν ἁγίων;

; 감히(심지어) 너희들 중 누군가 사건/문제를 다른 사람을 향하여 가지고 있는데(있다면), 불의한 자들 앞에서 심판받으며, 거룩한 자(성도)들 앞에서 [해결하지] 않는가?

6:2 ἢ οὐκ οἴδατε ὅτι οἱ ἅγιοι τὸν κόσμον κρινοῦσιν; καὶ εἰ ἐν ὑμῖν κρίνεται ὁ κόσμος, ἀνάξιοί ἐστε κριτηρίων ἐλαχίστων;

; 또 너희는 알지 못하는가? 즉 성도들이 세상을 심판할 것을? 그리고 만약 너희로(너희에 의해) 세상이 심판받게 된다면, 너희가 가장 작은 일들의 [심판 정도는 스스로 하는 것이] 합당치 않겠는가?

6:3 οὐκ οἴδατε ὅτι ἀγγέλους κρινοῦμεν, μήτι γε βιωτικά;

; 너희는 알지 못하느냐? 즉 천사들을 우리가 심판할 것을? 하물며 이생/세상/일상의 일이야(말할 것도 없지 않겠는가)?

6:4 βιωτικὰ μὲν οὖν κριτήρια ἐὰν ἔχητε, τοὺς ἐξουθενημένους ἐν τῇ ἐκκλησίᾳ, τούτους καθίζετε;

; 그러므로 한편으로, 이생/세상/일상의 문제들을 너희가 가지고 있을 때(생기게 될 때), 교회 안에서 무시당하는 자들(불신자들)을, 이들을 (심판의 자리에) 너희가 앉히느냐/세우느냐?

6:5 πρὸς ἐντροπὴν ὑμῖν λέγω. οὕτως οὐκ ἔνι ἐν ὑμῖν οὐδεὶς σοφός, ὃς δυνήσεται διακρῖναι ἀνὰ μέσον τοῦ ἀδελφοῦ αὐτοῦ;

; 너희에게 부끄러움을 주고자 내가 말한다. 이토록 너희 안에는 지혜로운 자가 아무도 없다는 말인가? 그의 형제 사이에서 철저한(제대로 된) 심판을 내려줄 능력 있는 자가?

6:6 ἀλλ' ἀδελφὸς μετὰ ἀδελφοῦ κρίνεται καὶ τοῦτο ἐπὶ ἀπίστων;

; 오히려 형제가 형제와 함께(맞서서) 심판(소송)을 당하고 이런 일이 믿음 없는 자들 앞에서(벌어져야 하는가)?

6:7 Ἤδη μὲν [οὖν] ὅλως ἥττημα ὑμῖν ἐστιν ὅτι κρίματα ἔχετε μεθ' ἑαυτῶν. διὰ τί οὐχὶ μᾶλλον ἀδικεῖσθε; διὰ τί οὐχὶ μᾶλλον ἀποστερεῖσθε;

; 이미 한편으로, 완전한 실패/패배가 너희에게 있다. 즉/왜냐하면 너희끼리 심판하고 있기 때문에, 차라리 너희가 부당해지는 것이 낫지 않겠는가? 차라리 너희가 속임 당해서 손해를 보는 것이 낫지 않겠는가?

6:8 ἀλλ' ὑμεῖς ἀδικεῖτε καὶ ἀποστερεῖτε, καὶ τοῦτο ἀδελφούς.

; 오히려 너희들은 불의를 행하고 속여서 빼앗고 있구나, 그리고/바로 그 (너희의) 형제들을.

6:9 Ἢ οὐκ οἴδατε ὅτι ἄδικοι θεοῦ βασιλείαν οὐ κληρονομήσουσιν; μὴ πλανᾶσθε· οὔτε πόρνοι οὔτε εἰδωλολάτραι οὔτε μοιχοὶ οὔτε μαλακοὶ οὔτε ἀρσενοκοῖται

; 또한 너희는 알지 못하느냐? 즉 불의한 자들은 하나님의 나라를 상속받지 못한다는 것을? 너희는 속임 당하지 말라(탈선하지 말라)! 음란한 자들 안 된다, 우상을 숭배하는 자들 안 된다, 간음하는 자들 안 된다, 부드러운 것(비정상적인 성적 쾌락)을 욕망하는 자들 안 된다, 동성애 하는 자들 안 된다,

6:10 οὔτε κλέπται οὔτε πλεονέκται, οὐ μέθυσοι, οὐ λοίδοροι, οὐχ ἅρπαγες βασιλείαν θεοῦ κληρονομήσουσιν.

도둑질하는 자들 안 된다, 탐욕스러운 자들 안 된다, 술에 찌들어 사는 자들 안 된다, 욕 잘하는 자들 안 된다, 강탈하는 자들 안 된다, 그들은 절대로 하나님 나라를 상속받지 못할 것이다.

6:11 καὶ ταῦτά τινες ἦτε· ἀλλ' ἀπελούσασθε, ἀλλ' ἡγιάσθητε, ἀλλ' ἐδικαιώθητε ἐν τῷ ὀνόματι τοῦ κυρίου Ἰησοῦ Χριστοῦ καὶ ἐν τῷ πνεύματι τοῦ θεοῦ ἡμῶν.

; 그리고 이런 것들 중에서 어떤 이들(일부)이 바로 (예전의) 너희였다. 그러나 너희는 완전히 씻겨졌다. 그러나 너희는 거룩해졌다. 그러나 너희는 의롭게 되었다. 주 예수 그리스도의 이름과 우리 하나님의 성령에 의해서

6:12 Πάντα μοι ἔξεστιν ἀλλ' οὐ πάντα συμφέρει· πάντα μοι ἔξεστιν ἀλλ' οὐκ ἐγὼ ἐξουσιασθήσομαι ὑπό τινος.

; 모든 것들이 나에게 합당/허용된다, 그러나 모든 것들이 유익한 것은 아니다. 모든 것들이 나에게 합당/허용된다, 그러나 나는 누구에 의해서도 권력 아래에 있지/지배당하지 않을 것이다.

6:13 τὰ βρώματα τῇ κοιλίᾳ καὶ ἡ κοιλία τοῖς βρώμασιν, ὁ δὲ θεὸς καὶ ταύτην καὶ ταῦτα καταργήσει. τὸ δὲ σῶμα οὐ τῇ πορνείᾳ ἀλλὰ τῷ κυρίῳ, καὶ ὁ κύριος τῷ σώματι·

; 음식들은 배에게(위해서) 그리고 배는 음식들에게(위해서), 이제/그러나 하나님께서 이것(배)과 이것들(음식들)을 완전히 쓸모없게 하실 것이다. 이제 몸은 음란에게(위해서)가 아니라 오히려 주님께(위해서), 그리고 주님은 몸에게(위해서).

6:14 ὁ δὲ θεὸς καὶ τὸν κύριον ἤγειρεν καὶ ἡμᾶς ἐξεγερεῖ διὰ τῆς δυνάμεως αὐτοῦ.

; 이제 하나님께서 예수님도 일으키신 것처럼(부활), 우리도 일으키실 것이다(부활), 그분의 능력으로.

6:15 οὐκ οἴδατε ὅτι τὰ σώματα ὑμῶν μέλη Χριστοῦ ἐστιν; ἄρας οὖν τὰ μέλη τοῦ Χριστοῦ ποιήσω πόρνης μέλη; μὴ γένοιτο.

; 너희들은 알지 못하느냐? 즉 너희들의 몸들이 그리스도의 일부(지체)라는 것을? 그러므로/그런데 내가 그리스도의 한 부분을 들어서/떼어서 창녀(음란한 여자)의 한 부분으로 만들면 되겠는가? 절대 그럴 수 없다!

6:16 [ἢ] οὐκ οἴδατε ὅτι ὁ κολλώμενος τῇ πόρνῃ ἓν σῶμά ἐστιν; ἔσονται γάρ, φησίν, οἱ δύο εἰς σάρκα μίαν.

(또는) 너희들은 알지 못하느냐? 즉 창녀(음란한 여자)와 결합/연합한 자는 (그녀와) 하나가 된다는 것을? 왜냐하면/그래서 "그 둘이 한 육체가 될 것이다"라고 (성경에서) 발화/말씀하신 것이다.

6:17 ὁ δὲ κολλώμενος τῷ κυρίῳ ἓν πνεῦμά ἐστιν.

이제(그러나) 주님과 연합한 자는 (그분과 함께) 한 영이 되는 것이다.

6:18 Φεύγετε τὴν πορνείαν. πᾶν ἁμάρτημα ὃ ἐὰν ποιήσῃ ἄνθρωπος ἐκτὸς τοῦ σώματός ἐστιν· ὁ δὲ πορνεύων εἰς τὸ ἴδιον σῶμα ἁμαρτάνει.

너희는 피하라, 그 음행을! 만일 어떤 사람이 짓는 모든 범죄 행위가 있다면 그것은 그 (사람의) 몸 밖에 있는 죄이다. 이제/그러나 음행의 죄를 짓는 사람은 바로 자기 몸 안으로 죄를 짓는 것이다.

6:19 ἢ οὐκ οἴδατε ὅτι τὸ σῶμα ὑμῶν ναὸς τοῦ ἐν ὑμῖν ἁγίου πνεύματός ἐστιν οὗ ἔχετε ἀπὸ θεοῦ, καὶ οὐκ ἐστὲ ἑαυτῶν;

또한 너희들은 알지 못하느냐? 즉 너희들의 그 몸[단수]은 너희들 안에 계신 성령님의 성전이다, 그곳에 너희들이 가지고(모시고) 있다, 하나님으로부터. 그리고(그래서) 너희는 너희 자신의 것이 아니다.

6:20 ἠγοράσθητε γὰρ τιμῆς· δοξάσατε δὴ τὸν θεὸν ἐν τῷ

σώματι ὑμῶν.

왜냐하면 너희는 구속/대가를 치르고 산 것이 되었기 때문이다. [그러므로] 너희는 영광을 돌리라. 확실히/즉시, 하나님께! 너희의 그 몸으로.

## 고린도전서 7장

7:1 Περὶ δὲ ὧν ἐγράψατε, καλὸν ἀνθρώπῳ γυναικὸς μὴ ἅπτεσθαι·

이제 너희가 (편지로) 쓴 것에 대해서, 남자(사람)에게 여자(아내)를 접촉(성관계)하지 않는 것이 좋다.

7:2 διὰ δὲ τὰς πορνείας ἕκαστος τὴν ἑαυτοῦ γυναῖκα ἐχέτω καὶ ἑκάστη τὸν ἴδιον ἄνδρα ἐχέτω.

이제/그러나 음행들(성적 욕망들) 때문에, 각 남자는 자기 자신의 여자(아내)를 가지라! 그리고 각 여자도 자신의 남편을 가지라!

7:3 τῇ γυναικὶ ὁ ἀνὴρ τὴν ὀφειλὴν ἀποδιδότω, ὁμοίως δὲ καὶ ἡ γυνὴ τῷ ἀνδρί.

아내에게 남편은 그 의무를 다하라(빚을 갚으라)! 또한 여자도 남편에게 그와 같이 하라!

7:4 ἡ γυνὴ τοῦ ἰδίου σώματος οὐκ ἐξουσιάζει ἀλλ᾽ ὁ ἀνήρ, ὁμοίως δὲ καὶ ὁ ἀνὴρ τοῦ ἰδίου σώματος οὐκ ἐξουσιάζει ἀλλ᾽ ἡ γυνή.

; 그 아내는 자신의 몸의 권리를 자신이 가지지 말고 오히려 남편이 [가지도록 하라], 또한 이와 같이 남편도 자기 몸의 권리를 자신이 가지지 말고 오히려 아내가 [가지도록 하라].

7:5 μὴ ἀποστερεῖτε ἀλλήλους, εἰ μήτι ἂν ἐκ συμφώνου πρὸς καιρόν, ἵνα σχολάσητε τῇ προσευχῇ καὶ πάλιν ἐπὶ τὸ αὐτὸ ἦτε, ἵνα μὴ πειράζῃ ὑμᾶς ὁ σατανᾶς διὰ τὴν ἀκρασίαν ὑμῶν.

서로들의 (성적인 요구를) 빼앗지 말라! 만약 합의한다면, 잠시 동안 기도할 여유(휴가)를 얻기 위해서, 그리고 다시 하나가 되어야 한다, 너희에게 사탄이 시험하지 않도록, 너희의 절제하지 못함을 인하여.

7:6 τοῦτο δὲ λέγω κατὰ συγγνώμην οὐ κατ᾽ ἐπιταγήν.

이제 이것을 내가 말하는 것은 허용(권고)에 따른 것이지, 명령에 따른 것은 아니다.

7:7 θέλω δὲ πάντας ἀνθρώπους εἶναι ὡς καὶ ἐμαυτόν· ἀλλ᾽ ἕκαστος ἴδιον ἔχει χάρισμα ἐκ θεοῦ, ὁ μὲν οὕτως, ὁ δὲ οὕτως.

이제 나는 원한다, 모든 사람들이 나처럼 되기를. 그러나 각 사람이 자신의 은사를 하나님으로부터 가지고 있다, 한 사람은 이러하고, 또 한 사람은 저러하게.

7:8 Λέγω δὲ τοῖς ἀγάμοις καὶ ταῖς χήραις, καλὸν αὐτοῖς ἐὰν μείνωσιν ὡς κἀγώ·

이제 미혼인 사람들과 과부들에게 나는 말한다. 너희들에게 좋다, 만약 남을 수 있다면, 나처럼.

7:9 εἰ δὲ οὐκ ἐγκρατεύονται, γαμησάτωσαν, κρεῖττον γάρ ἐστιν γαμῆσαι ἢ πυροῦσθαι.

이제 만약 어떤 사람이 절제할 수 없다면, 그는 결혼하라! 왜냐하면 (정욕에) 불타오르는 것보다 결혼하는 것이 더 낫기 때문이다.

7:10 Τοῖς δὲ γεγαμηκόσιν παραγγέλλω, οὐκ ἐγὼ ἀλλ᾽ ὁ κύριος, γυναῖκα ἀπὸ ἀνδρὸς μὴ χωρισθῆναι,

이제 [이미] 결혼한 사람들에게 내가 명령한다, 내가 아니요 오히려 주님께서 [하시는 명령이다]. 아내 된 여자는 자기 남편으로부터 분리되지 말고,

7:11 –ἐὰν δὲ καὶ χωρισθῇ, μενέτω ἄγαμος ἢ τῷ ἀνδρὶ καταλλαγήτω,– καὶ ἄνδρα γυναῖκα μὴ ἀφιέναι.

이제 만약 또한 분리되었다면(이혼했다면), 결혼하지 않은 상태로 그냥 머무르라! 또는 남편과 (다시) 화합하라! 그리고 남편 된 남자는 아내를 버리지 말라!

7:12 Τοῖς δὲ λοιποῖς λέγω ἐγὼ οὐχ ὁ κύριος· εἴ τις ἀδελφὸς γυναῖκα ἔχει ἄπιστον καὶ αὕτη συνευδοκεῖ οἰκεῖν μετ᾽ αὐτοῦ, μὴ ἀφιέτω αὐτήν·

이제 나머지 사람들에게 내가 말한다, 주님께서 [말씀하신 것은] 아니다. 만약 어떤 [믿음의] 형제가 불신의 아내를 데리고 있다면 그리고 그 아내가 그와 함께 지내기를 동의하고 좋아한다면, 그 여자를 버리지 말라!

7:13 καὶ γυνὴ εἴ τις ἔχει ἄνδρα ἄπιστον καὶ οὗτος συνευδοκεῖ οἰκεῖν μετ᾽ αὐτῆς, μὴ ἀφιέτω τὸν ἄνδρα.

그리고(또한) [믿음의] 여자가 불신의 남편을 데리고 있는데 그리고 그 남자가 그 아내와 함께 거하기를 동의하고 좋아한다면, 그 남자를 버리지 말라!

7:14 ἡγίασται γὰρ ὁ ἀνὴρ ὁ ἄπιστος ἐν τῇ γυναικὶ καὶ ἡγίασται ἡ γυνὴ ἡ ἄπιστος ἐν τῷ ἀδελφῷ· ἐπεὶ ἄρα τὰ τέκνα ὑμῶν ἀκάθαρτά ἐστιν, νῦν δὲ ἅγιά ἐστιν.

왜냐하면 그 불신의 남편이 아내로 인하여 거룩해지고 불신의 아내도 [믿는 남편인] 형제로 인하여 거룩해지기 때문이다. 만약 그렇지 않다면, 너희 자녀는 부정하다. 그러나 이제는 그들이 거룩하다.

7:15 εἰ δὲ ὁ ἄπιστος χωρίζεται, χωριζέσθω· οὐ δεδούλωται

ὁ ἀδελφὸς ἢ ἡ ἀδελφὴ ἐν τοῖς τοιούτοις· ἐν δὲ εἰρήνῃ κέκληκεν ὑμᾶς ὁ θεός.

그러나 만약 불신자가 갈라서려고 한다면, 갈라서라! 이러한 일에 (믿음 있는) 형제나 자매는 종속되지 말라! 이제(그 이유는) 평화로 하나님께서 너희를 부르셨다.

7:16 τί γὰρ οἶδας, γύναι, εἰ τὸν ἄνδρα σώσεις; ἢ τί οἶδας, ἄνερ, εἰ τὴν γυναῖκα σώσεις;

; 왜냐하면 누가 알겠는가? 아내여! 당신이 (당신의) 남편을 구원하게 될지를? 또는 누가 알겠는가? 남편이여! 당신이 (당신의) 아내를 구원하게 될지를?

7:17 Εἰ μὴ ἑκάστῳ ὡς ἐμέρισεν ὁ κύριος, ἕκαστον ὡς κέκληκεν ὁ θεός, οὕτως περιπατείτω. καὶ οὕτως ἐν ταῖς ἐκκλησίαις πάσαις διατάσσομαι.

그렇지 않다면(그러나/다만) 각 사람에게 주님께서 나누어 주신 대로, 각 사람을 하나님께서 부르신 대로, 그렇게 살아가라! 그리고 이와 같이 나는 모든 교회들에 철저히 명령한다.

7:18 περιτετμημένος τις ἐκλήθη, μὴ ἐπισπάσθω· ἐν ἀκροβυστίᾳ κέκληταί τις, μὴ περιτεμνέσθω.

누가 할례자일 때 부르심을 받았다면, 무할례자가 되려고 하지 말라! 누가 무할례자일 때 부르심을 받았다면, 할례자가 되려고 하지 말라!

7:19 ἡ περιτομὴ οὐδέν ἐστιν καὶ ἡ ἀκροβυστία οὐδέν ἐστιν, ἀλλὰ τήρησις ἐντολῶν θεοῦ.

그 할례(라는 것)는 아무것도 아니고 그 무할례도 아무것도 아니다, 오히려/다만 하나님의 계명을 지키는 것! [그것이 중요하다.]

7:20 ἕκαστος ἐν τῇ κλήσει ᾗ ἐκλήθη, ἐν ταύτῃ μενέτω.

각 사람은 그가 부르심 받은 그 부르심에, 그 안에/그대로 머물라!

7:21 δοῦλος ἐκλήθης, μή σοι μελέτω· ἀλλ᾽ εἰ καὶ δύνασαι ἐλεύθερος γενέσθαι, μᾶλλον χρῆσαι.

네가 종으로 [있을 때] 부르심을 받았다면, 너는 염려하지 말라! 오히려/그러나 만약 자유인이 될 수 있다면, 더욱 [그 기회를] 이용하라!

7:22 ὁ γὰρ ἐν κυρίῳ κληθεὶς δοῦλος ἀπελεύθερος κυρίου ἐστίν, ὁμοίως ὁ ἐλεύθερος κληθεὶς δοῦλός ἐστιν Χριστοῦ.

왜냐하면 주 안에서 네가 부르심을 받을 때, 종이었다 하더라도 주님의 자유자가 되는 것이며, 마찬가지로 자유인으로 [있을 때] 부르심을 받았다 할지라도 너는 그리스도의 종이기 때문이다.

7:23 τιμῆς ἠγοράσθητε· μὴ γίνεσθε δοῦλοι ἀνθρώπων.

대가로(대가를 치르고) 너희는 사신 존재가 되었다(되었으니), 너희들은 사람들의 종들이 되지 말라!

7:24 ἕκαστος ἐν ᾧ ἐκλήθη, ἀδελφοί, ἐν τούτῳ μενέτω παρὰ θεῷ.

각 사람은 부르심을 받은 대로, 형제들아! 바로 그대로 머물러라, 하나님 곁에(함께)!

7:25 Περὶ δὲ τῶν παρθένων ἐπιταγὴν κυρίου οὐκ ἔχω, γνώμην δὲ δίδωμι ὡς ἠλεημένος ὑπὸ κυρίου πιστὸς εἶναι.

이제 처녀(미혼 남녀)들에 대해서, 주님의 지시(명령)를 나는 가지고 있지 않다(받은 것이 없다), 이제(그러나) 내가 긍휼하심을 받은 대로 주님 아래의 신실한 자로서 지식/의견을 준다(제시한다).

7:26 Νομίζω οὖν τοῦτο καλὸν ὑπάρχειν διὰ τὴν ἐνεστῶσαν ἀνάγκην, ὅτι καλὸν ἀνθρώπῳ τὸ οὕτως εἶναι.

그러므로 나는 생각(가정)한다, 이렇게 하는 것이 좋다고, 즉 다가오는 (이미 시작되었고) 다가오는 고난 때문에, 즉 사람이 그렇게(그냥) 지내는 것이 좋다.

7:27 δέδεσαι γυναικί, μὴ ζήτει λύσιν· λέλυσαι ἀπὸ γυναικός, μὴ ζήτει γυναῖκα.

네가 아내에게 묶여 있느냐? 너는 풀려나기를 구하지 말라! 네가 아내로부터 풀려났느냐? 아내를 구하지 말라!

7:28 ἐὰν δὲ καὶ γαμήσῃς, οὐχ ἥμαρτες, καὶ ἐὰν γήμῃ ἡ παρθένος, οὐχ ἥμαρτεν· θλῖψιν δὲ τῇ σαρκὶ ἕξουσιν οἱ τοιοῦτοι, ἐγὼ δὲ ὑμῶν φείδομαι.

이제 만약 네가 결혼한다면(하더라도), 죄를 짓는 것은 아니다. 그리고(또한) 만약 처녀가 결혼한다면(하더라도) 죄를 짓는 것은 아니다. 이제(그러나) 환란을 이런 사람들은 가지게 될 것이다. 이제/다만 나는 너희를 아끼는(면제되기를 바라는) 것이다.

7:29 Τοῦτο δέ φημι, ἀδελφοί, ὁ καιρὸς συνεσταλμένος ἐστίν· τὸ λοιπόν, ἵνα καὶ οἱ ἔχοντες γυναῖκας ὡς μὴ ἔχοντες ὦσιν

이제 나는 이것을 발화/알려준다, 형제들아! 그 시간이 단축되고 있다. 남은 시간에, 아내를 가지고 있는 자는 아내가 없는 사람처럼,

7:30 καὶ οἱ κλαίοντες ὡς μὴ κλαίοντες καὶ οἱ χαίροντες ὡς μὴ χαίροντες καὶ οἱ ἀγοράζοντες ὡς μὴ κατέχοντες,

그리고(또한) 우는 자들은 울지 않는 자들처럼, 그리고 기쁜 자들은 기쁘지 않은 자들처럼, 그리고 매매하는 사람들은 소유/집착하지 않은 자처럼.

7:31 καὶ οἱ χρώμενοι τὸν κόσμον ὡς μὴ καταχρώμενοι· παράγει γὰρ τὸ σχῆμα τοῦ κόσμου τούτου.

; 그리고 세상(물건)을 사용하는 자들은 온전히 사용하지 못하는 자들처럼. 왜냐하면 이 세상의 모습(외형/구조/방식)은 지나가기 때문이다.

7:32 Θέλω δὲ ὑμᾶς ἀμερίμνους εἶναι. ὁ ἄγαμος μεριμνᾷ τὰ τοῦ κυρίου, πῶς ἀρέσῃ τῷ κυρίῳ·

이제 나는 원한다, 너희들이 근심/염려 없기를(없이 살아가기를). 결혼하지 않은 남자는 주님의 일들을 향해 유념(염려)한다, 어떻게 주님께 기쁘게 할까 [하고].

7:33 ὁ δὲ γαμήσας μεριμνᾷ τὰ τοῦ κόσμου, πῶς ἀρέσῃ τῇ γυναικί,

; 그러나 결혼한 남자는 세상일에 유념하여(근심하여) 어떻게 (나의) 아내를 기쁘게 할까,

7:34 καὶ μεμέρισται. καὶ ἡ γυνὴ ἡ ἄγαμος καὶ ἡ παρθένος μεριμνᾷ τὰ τοῦ κυρίου, ἵνα ᾖ ἁγία καὶ τῷ σώματι καὶ τῷ πνεύματι· ἡ δὲ γαμήσασα μεριμνᾷ τὰ τοῦ κόσμου, πῶς ἀρέσῃ τῷ ἀνδρί.

그래서 [마음이] 나뉘게 된다. 또한(하지만) 결혼하지 않은 여자와 처녀는 주님의 일들에 유념(염려)하여, 거룩하기 위하여 육으로든 영으로든. 이제(그러나) 결혼한 여자는 세상일에 유념(염려)하여, 어떻게 남편에게 기쁘게 할까 [하게 된다].

7:35 τοῦτο δὲ πρὸς τὸ ὑμῶν αὐτῶν σύμφορον λέγω, οὐχ ἵνα βρόχον ὑμῖν ἐπιβάλω ἀλλὰ πρὸς τὸ εὔσχημον καὶ εὐπάρεδρον τῷ κυρίῳ ἀπερισπάστως.

이제 이것을 너희를 향해/위해 유익 되게 하려고 내가 말한다, 너희 앞에 덫을 놓으려고 하는 것이 아니라, 오히려 주님께 합당(고귀)함과 지속적인(한결같은) 헌신함을 위해서다, 산만함 없이(마음의 분리됨 없이).

7:36 Εἰ δέ τις ἀσχημονεῖν ἐπὶ τὴν παρθένον αὐτοῦ νομίζει, ἐὰν ᾖ ὑπέρακμος καὶ οὕτως ὀφείλει γίνεσθαι, ὃ θέλει ποιείτω, οὐχ ἁμαρτάνει, γαμείτωσαν.

이제(다만) 만약 누가 자신의 처녀/약혼녀에 대해 (내가 한 말이) 부당하다고 생각한다면, 또한 절정/혼기가 무르익어 지났고 그처럼 해야 한다면, 원하는 것을 그는 하라! 그가 죄짓는 것이 아니다. 그들은 결혼하라!

7:37 ὃς δὲ ἕστηκεν ἐν τῇ καρδίᾳ αὐτοῦ ἑδραῖος μὴ ἔχων ἀνάγκην, ἐξουσίαν δὲ ἔχει περὶ τοῦ ἰδίου θελήματος καὶ τοῦτο κέκρικεν ἐν τῇ ἰδίᾳ καρδίᾳ, τηρεῖν τὴν ἑαυτοῦ παρθένον, καλῶς ποιήσει.

이제 그가 자신의 마음으로 (굳게) 세워서 필요성(반드시 해야만 할 이유) 없이, 이제 자신의 뜻에 대해 주도권을 가지고 자신의 마음에 결정하기를, 자기 자신의

딸/약혼녀를 지키기로(결혼시키지 않기로) 한다면, 그는 잘 행한 것이 될 것이다.

7:38 ὥστε καὶ ὁ γαμίζων τὴν ἑαυτοῦ παρθένον καλῶς ποιεῖ καὶ ὁ μὴ γαμίζων κρεῖσσον ποιήσει.

그리고 그 결과(그러므로) 자기 딸(혹은 약혼녀)이 결혼할 수 있도록 한 사람도 잘 한 것이다. 그리고(하지만) 결혼하지 않도록 한 사람은 더 좋은 일을 한 것이다.

7:39 Γυνὴ δέδεται ἐφ' ὅσον χρόνον ζῇ ὁ ἀνὴρ αὐτῆς· ἐὰν δὲ κοιμηθῇ ὁ ἀνήρ, ἐλευθέρα ἐστὶν ᾧ θέλει γαμηθῆναι, μόνον ἐν κυρίῳ.

여자/아내는 매여 있게 된다, 남자/남편이 살아 있는 시간까지, 이제 만약(그러나) 만약 남편이 죽으면, 자유로워져서 여자가 원하는 사람과 결혼할 수 있게 된다, 오직 주 안에서.

7:40 μακαριωτέρα δέ ἐστιν ἐὰν οὕτως μείνῃ, κατὰ τὴν ἐμὴν γνώμην· δοκῶ δὲ κἀγὼ πνεῦμα θεοῦ ἔχειν.

이제 더 복될 것이다, 만약 그렇게(그냥) 그녀가 머문다면, 내 의견(인식)에 따라서, 이제 나도 생각한다, 나 또한 하나님의 영을 가지고 있다고.

## 고린도전서 8장

8:1 Περὶ δὲ τῶν εἰδωλοθύτων, οἴδαμεν ὅτι πάντες γνῶσιν ἔχομεν. ἡ γνῶσις φυσιοῖ, ἡ δὲ ἀγάπη οἰκοδομεῖ·

; 이제 우상의 제물에 대해서, 우리는 알고 있다, 즉 (우리) 모두가 지식을 소유하고 있다[고]. 그 지식은 교만하다(교만하게 만든다). 이제(오히려) 그 사랑은 세워준다.

8:2 εἴ τις δοκεῖ ἐγνωκέναι τι, οὔπω ἔγνω καθὼς δεῖ γνῶναι·

만약 누가 생각한다면 무언가를 알고 있다[고], 그는 아직도 알고 있는 것이 아니다, 그가 반드시(마땅히) 알아야 할 것을 따라서/방식대로.

8:3 εἰ δέ τις ἀγαπᾷ τὸν θεόν, οὗτος ἔγνωσται ὑπ' αὐτοῦ.

이제 만약 누가 하나님을 사랑하면, 그 사람은 그분(하나님)에 의해 알려진 바가 되어진 것이다(인정받아야 하는 것이다).

8:4 Περὶ τῆς βρώσεως οὖν τῶν εἰδωλοθύτων, οἴδαμεν ὅτι οὐδὲν εἴδωλον ἐν κόσμῳ καὶ ὅτι οὐδεὶς θεὸς εἰ μὴ εἷς.

그러므로 우상의 제물에 대해서, 우리는 알고 있다, 즉 세상에 우상은 아무것도 아니며 즉(또한) 하나님 한 분 말고 다른 신은 없다[는 것을].

8:5 καὶ γὰρ εἴπερ εἰσὶν λεγόμενοι θεοὶ εἴτε ἐν οὐρανῷ εἴτε ἐπὶ γῆς, ὥσπερ εἰσὶν θεοὶ πολλοὶ καὶ κύριοι πολλοί,

그리고(다만) 신들이라 불리기 때문에, 하늘이든지 땅이든지, 마치 많은 주인들과 많은 신들이 있는 것처럼 [보인다].

8:6 ἀλλ᾽ ἡμῖν εἷς θεὸς ὁ πατὴρ ἐξ οὗ τὰ πάντα καὶ ἡμεῖς εἰς αὐτόν, καὶ εἷς κύριος Ἰησοῦς Χριστὸς δι᾽ οὗ τὰ πάντα καὶ ἡμεῖς δι᾽ αὐτοῦ.

그러나 우리에게는 한 하나님, 아버지가 [계시다.] 그분으로부터 모든 것들이, 그리고 우리들은 그분을 향해, 그리고 한 분 주인(주님), 예수 그리스도께서 [계시다.] 그분을 통해 모든 것들이 그리고 우리들이 그분을 통해 [있다].

8:7 Ἀλλ᾽ οὐκ ἐν πᾶσιν ἡ γνῶσις· τινὲς δὲ τῇ συνηθείᾳ ἕως ἄρτι τοῦ εἰδώλου ὡς εἰδωλόθυτον ἐσθίουσιν, καὶ ἡ συνείδησις αὐτῶν ἀσθενὴς οὖσα μολύνεται.

그러나 모든 사람들 안에 이러한 지식이 있지는 않다. 이제 어떤 사람들은 지금까지도 우상의 습관으로, 마치 그가 우상의 제물을 먹는 것처럼 [여긴다], 그리고(그래서) 그들의 양심이 약하기에 더러워진다.

8:8 βρῶμα δὲ ἡμᾶς οὐ παραστήσει τῷ θεῷ· οὔτε ἐὰν μὴ φάγωμεν ὑστερούμεθα, οὔτε ἐὰν φάγωμεν περισσεύομεν.

이제 음식은 우리를 하나님 곁에 세울 수 없는 것이다. 우리가 먹지 않는다 해도 부족해지지 않고, 우리가 먹는다 해도 풍족해지지 않는다.

8:9 βλέπετε δὲ μή πως ἡ ἐξουσία ὑμῶν αὕτη πρόσκομμα γένηται τοῖς ἀσθενέσιν.

이제(그러므로) 너희는 주의하라! 어떻게든 너희들의 그 권리가 방해물이 되지 않도록, 그 약한 자들에게.

8:10 ἐὰν γάρ τις ἴδῃ σὲ τὸν ἔχοντα γνῶσιν ἐν εἰδωλείῳ κατακείμενον, οὐχὶ ἡ συνείδησις αὐτοῦ ἀσθενοῦς ὄντος οἰκοδομηθήσεται εἰς τὸ τὰ εἰδωλόθυτα ἐσθίειν;

; 왜냐하면 만약 누가 지식이 있다고 하면서 우상의 신전 안에서 우상 제물을 먹고 있는 너를 보고, 그의 약한 양심이 세워지게 되어 우상에게 바친 제물을 먹게 되지 않겠는가?

8:11 ἀπόλλυται γὰρ ὁ ἀσθενῶν ἐν τῇ σῇ γνώσει, ὁ ἀδελφὸς δι᾽ ὃν Χριστὸς ἀπέθανεν.

왜냐하면 멸망당하기 때문이다. 그 약한 사람이, 너의 그 지식 때문에, 바로 그리스도께서 그를 위해 죽으신 바로 그 형제가

8:12 οὕτως δὲ ἁμαρτάνοντες εἰς τοὺς ἀδελφοὺς καὶ τύπτοντες αὐτῶν τὴν συνείδησιν ἀσθενοῦσαν εἰς Χριστὸν ἁμαρτάνετε.

이제 그 결과 너희가 이렇게 죄를 지어서 그 (연약한) 형제들에게, 그리고 그들의 약한 양심을 때리는/손상시키는 것은 [곧] 그리스도께 죄짓는 것이다.

8:13 διόπερ εἰ βρῶμα σκανδαλίζει τὸν ἀδελφόν μου, οὐ μὴ φάγω κρέα εἰς τὸν αἰῶνα, ἵνα μὴ τὸν ἀδελφόν μου σκανδαλίσω.

바로 이러한 이유로 만약 [어떤] 음식이 나의 형제를 실족시킨다면, 나는 (제물로 바쳐진) 고기를 먹지 않을 것이다, 영원히. 나의 형제를 내가 실족시키지 않기 위하여.

## 고린도전서 9장

9:1 Οὐκ εἰμὶ ἐλεύθερος; οὐκ εἰμὶ ἀπόστολος; οὐχὶ Ἰησοῦν τὸν κύριον ἡμῶν ἑόρακα; οὐ τὸ ἔργον μου ὑμεῖς ἐστε ἐν κυρίῳ;

내가 자유로운 자가 아니냐? 내가 사도가 아니냐? 우리 주 예수님을 내가 보아 오지 않았느냐? 나의 행위(수고)가 주 안에서 너희들이 아니냐?

9:2 εἰ ἄλλοις οὐκ εἰμὶ ἀπόστολος, ἀλλά γε ὑμῖν εἰμι· ἡ γὰρ σφραγίς μου τῆς ἀποστολῆς ὑμεῖς ἐστε ἐν κυρίῳ.

만약 다른 이들에게[는] 내가 사도가 아니어도, 그러나 참으로 너희에게는 (마땅히) 그러하다. 왜냐하면 내 사도 직분의 인침(증거, 표시)이 너희이기 때문이다, 주 안에서.

9:3 Ἡ ἐμὴ ἀπολογία τοῖς ἐμὲ ἀνακρίνουσίν ἐστιν αὕτη.

이것이 나의 변호/변증, 나를 철저히 판단하는 사람들에게, 바로 이것이다.

9:4 μὴ οὐκ ἔχομεν ἐξουσίαν φαγεῖν καὶ πεῖν;

우리가 권리를 가지고 있지 않은가, 먹는 것과 마시는 것에?

9:5 μὴ οὐκ ἔχομεν ἐξουσίαν ἀδελφὴν γυναῖκα περιάγειν ὡς καὶ οἱ λοιποὶ ἀπόστολοι καὶ οἱ ἀδελφοὶ τοῦ κυρίου καὶ Κηφᾶς;

우리가 권리를 가지고 있지 않은가, 믿음의 자매를 아내로 [삼아] 데리고 다닐, 나머지 사도와 주의 형제들과 게바처럼?

9:6 ἢ μόνος ἐγὼ καὶ Βαρναβᾶς οὐκ ἔχομεν ἐξουσίαν μὴ ἐργάζεσθαι;

혹은 나와 바나바만 권리를 가지고 있지 않은가, 일하지 않아도 되는 권리를?

9:7 Τίς στρατεύεται ἰδίοις ὀψωνίοις ποτέ; τίς φυτεύει ἀμπελῶνα καὶ τὸν καρπὸν αὐτοῦ οὐκ ἐσθίει; ἢ τίς ποιμαίνει ποίμνην καὶ ἐκ τοῦ γάλακτος τῆς ποίμνης οὐκ ἐσθίει;

누가 군 생활을 하겠는가, 자기 스스로 비용(식량과 생활용품)을 지불하면서 언제라도? 누가 포도원을 가꾸고 나서 그것의 열매를 먹지 않겠는가? 혹은 누가 양 떼를 기르면서 그 양 떼에서 (나오는) 젖을 먹지 않겠는가?

9:8 Μὴ κατὰ ἄνθρωπον ταῦτα λαλῶ ἢ καὶ ὁ νόμος ταῦτα οὐ λέγει;

사람(들의 방식)에 따라 이것들을 내가 말하는 것이냐? 또한 율법도 이것들을 말하지 않는가?

9:9 ἐν γὰρ τῷ Μωϋσέως νόμῳ γέγραπται· οὐ κημώσεις βοῦν ἀλοῶντα. μὴ τῶν βοῶν μέλει τῷ θεῷ

왜냐하면(그러므로) 모세의 율법에 기록되어 있기 때문이다. "탈곡하는 소를 너는 재갈 물리지(망을 씌우지) 말라!" [이 말씀이] 소에 대해 관심(염려)하심이 아니지 않는가, 하나님께?

9:10 ἢ δι' ἡμᾶς πάντως λέγει; δι' ἡμᾶς γὰρ ἐγράφη ὅτι ὀφείλει ἐπ' ἐλπίδι ὁ ἀροτριῶν ἀροτριᾶν καὶ ὁ ἀλοῶν ἐπ' ἐλπίδι τοῦ μετέχειν.

혹은 우리를 위해 전적으로(확실히/틀림없이) 말한 것이 아닌가? 왜냐하면 우리를 위해서 기록된 것이기 때문이다. 즉, 당연한 것이다(빚진 것이다), 소망 위에서 밭을 가는 사람이 밭을 갈고 탈곡하는 사람도 함께 나눌 소망 위에서 [탈곡하는 것이다].

9:11 εἰ ἡμεῖς ὑμῖν τὰ πνευματικὰ ἐσπείραμεν, μέγα εἰ ἡμεῖς ὑμῶν τὰ σαρκικὰ θερίσομεν;

만약 우리가 너희들에게 영적인 것을 뿌렸다면, 커다란 것인가?(과한 것인가?) 만약 우리가 너희들의 육적인 것을 추수하는 것이

9:12 Εἰ ἄλλοι τῆς ὑμῶν ἐξουσίας μετέχουσιν, οὐ μᾶλλον ἡμεῖς; ἀλλ' οὐκ ἐχρησάμεθα τῇ ἐξουσίᾳ ταύτῃ, ἀλλὰ πάντα στέγομεν, ἵνα μή τινα ἐγκοπὴν δῶμεν τῷ εὐαγγελίῳ τοῦ Χριστοῦ.

만약 다른 이들이 너희들의 그 권리(너희에게서 육적인 것을 받을 권리)를 나눈다면, 더욱이 우리가 아니겠는가? 그러나 우리가 이러한 권리를 사용하지 않고, 오히려 항상 침묵으로 덮는다. 누구에게도 방해(장애)를 우리가 주지 않기 위해서, 그리스도의 복음에.

9:13 Οὐκ οἴδατε ὅτι οἱ τὰ ἱερὰ ἐργαζόμενοι [τὰ] ἐκ τοῦ ἱεροῦ ἐσθίουσιν, οἱ τῷ θυσιαστηρίῳ παρεδρεύοντες τῷ θυσιαστηρίῳ συμμερίζονται;

너희는 알지 못하느냐, 즉 성전에서 일하는 사람이 성전에서 나오는 것을 먹는다는 것을? 제단을 가까이하며 섬기는 사람은 제단과(함께) 나눈다는 것을?

9:14 οὕτως καὶ ὁ κύριος διέταξεν τοῖς τὸ εὐαγγέλιον καταγγέλλουσιν ἐκ τοῦ εὐαγγελίου ζῆν.

이와 같이 주님도 명령/규정하셨다, 복음을 증거하는 전파하는 자들에게, 복음으로부터 살도록.

9:15 Ἐγὼ δὲ οὐ κέχρημαι οὐδενὶ τούτων. Οὐκ ἔγραψα δὲ ταῦτα, ἵνα οὕτως γένηται ἐν ἐμοί· καλὸν γάρ μοι μᾶλλον ἀποθανεῖν ἤ– τὸ καύχημά μου οὐδεὶς κενώσει.

이제/그러나 나는 아무것도 이러한 것들로부터(것들을) 사용하지 않았다. 이제 내가 (편지) 쓰는 것이 아니다, 그렇게 나에게 해달라고 [하려고]. 왜냐하면(오히려) [그렇게 할 바에는] 나에게 죽는 것이 더 낫지.... 나의 자랑을 아무도 헛되게 하지 않을 것이다.

9:16 ἐὰν γὰρ εὐαγγελίζωμαι, οὐκ ἔστιν μοι καύχημα· ἀνάγκη γάρ μοι ἐπίκειται· οὐαὶ γάρ μοί ἐστιν ἐὰν μὴ εὐαγγελίσωμαι.

왜냐하면(그러므로) 만약 내가 복음을 전한다 해도, 나에게 자랑이 없다. 왜냐하면 나에게 의무(사명)로 놓여 있기 때문이다. 왜냐하면 나에게 화가 있다(있을 것이다), 만약 내가 복음을 전하지 않으면!

9:17 εἰ γὰρ ἑκὼν τοῦτο πράσσω, μισθὸν ἔχω· εἰ δὲ ἄκων, οἰκονομίαν πεπίστευμαι·

왜냐하면 만약 내가 내 자유의지로 이것을(복음전파) 행한다면, 나는 상을 가지고 있다. 이제/그러나 만약 내가 자유의지 없이(떠밀려서) 한다면, 나는 이 청지기 직분(사명)을 위임받은 것이다.

9:18 τίς οὖν μού ἐστιν ὁ μισθός; ἵνα εὐαγγελιζόμενος ἀδάπανον θήσω τὸ εὐαγγέλιον εἰς τὸ μὴ καταχρήσασθαι τῇ ἐξουσίᾳ μου ἐν τῷ εὐαγγελίῳ.

그러므로/그러면 내 상은 무엇이겠는가? 내가 복음을 전할 때, 보수를 받지 않고(무료로) 그 복음을 세우기 위해, 내 권리를 철저히 사용하지 않는 것으로(방향으로) 그 복음 안에서.

9:19 Ἐλεύθερος γὰρ ὢν ἐκ πάντων πᾶσιν ἐμαυτὸν ἐδούλωσα, ἵνα τοὺς πλείονας κερδήσω·

왜냐하면/그러므로 모든 사람에게서 자유로운 자인데, 나 스스로 종처럼 되었다, 더 많은 사람을 얻기 위하여.

9:20 καὶ ἐγενόμην τοῖς Ἰουδαίοις ὡς Ἰουδαῖος, ἵνα

Ἰουδαίους κερδήσω· τοῖς ὑπὸ νόμον ὡς ὑπὸ νόμον, μὴ ὢν αὐτὸς ὑπὸ νόμον, ἵνα τοὺς ὑπὸ νόμον κερδήσω·

; 그리고 나는 되었다, 유대인에게는 유대인처럼, 유대인을 얻기 위해서. 율법 아래(있는 자)의 자에게는 율법 아래처럼(있는 것처럼), 내가 율법 아래에 있지 않으나, 율법 아래 있는 자를 얻기 위해서.

9:21 τοῖς ἀνόμοις ὡς ἄνομος, μὴ ὢν ἄνομος θεοῦ ἀλλ' ἔννομος Χριστοῦ, ἵνα κερδάνω τοὺς ἀνόμους·

율법이 없는 자에게는 율법이 없는 자처럼, 나는 하나님의 율법이 없는 자가 아니라 오히려 그리스도의 법에 따르는 사람인데도, 율법 없는 자를 얻기 위해서.

9:22 ἐγενόμην τοῖς ἀσθενέσιν ἀσθενής, ἵνα τοὺς ἀσθενεῖς κερδήσω· τοῖς πᾶσιν γέγονα πάντα, ἵνα πάντως τινὰς σώσω.

나는 되었다, 약한 자에게 약한 자가, 약한 자를 얻기 위해서. 모든 사람들에게 나는 되어 왔다. 모든 것들로, 내가 모든 사람들 가운데 누군가를 구원하기 위해서.

9:23 πάντα δὲ ποιῶ διὰ τὸ εὐαγγέλιον, ἵνα συγκοινωνὸς αὐτοῦ γένωμαι.

이제 모든 것들을 내가 행했다, 복음/복음전파를 위해서, 그것(복음)의 공동참가자가 되기 위해서.

9:24 Οὐκ οἴδατε ὅτι οἱ ἐν σταδίῳ τρέχοντες πάντες μὲν τρέχουσιν, εἷς δὲ λαμβάνει τὸ βραβεῖον; οὕτως τρέχετε ἵνα καταλάβητε.

너희는 알지 못하는가? 즉 경기장에서 달리기 하는 사람들이 모두 다 한편으로(일단은) 달린다. 그러나 한 사람만 취하게 되는 것이 아닌가, 그 상을? 이렇게(이런 식으로) 너희는 달리라, 꽉 붙잡을 수 있도록!

9:25 πᾶς δὲ ὁ ἀγωνιζόμενος πάντα ἐγκρατεύεται, ἐκεῖνοι μὲν οὖν ἵνα φθαρτὸν στέφανον λάβωσιν, ἡμεῖς δὲ ἄφθαρτον.

이제 경쟁하는 사람은 모든 것에서 언제나 절제한다, 저 사람들은 한편 결과적으로 썩을 면류관을 취하려고 [그렇게 하지만], 이제/그러나 우리는 썩지 않을(면류관을 취하려고 그렇게 하는 것이다).

9:26 ἐγὼ τοίνυν οὕτως τρέχω ὡς οὐκ ἀδήλως, οὕτως πυκτεύω ὡς οὐκ ἀέρα δέρων·

나는 바로 이러하므로 노력한다, 목표가 없는 것처럼 [하는 것이] 아니라, 그렇게 나는 싸운다, 허공을 때리는 것처럼 [하는 것이] 아니라.

9:27 ἀλλ᾽ ὑπωπιάζω μου τὸ σῶμα καὶ δουλαγωγῶ, μή πως ἄλλοις κηρύξας αὐτὸς ἀδόκιμος γένωμαι.

오히려 나는 내 육체를 내리치고(눈 아래가 멍들도록 때리고) 복종하게 만들고 있다. 어떻게 다른 이들에게 내가 복음을 전한 후에 나 자신이 합당하지 않은 존재가 되지 않도록 하려고.

## 고린도전서 10장

10:1 Οὐ θέλω γὰρ ὑμᾶς ἀγνοεῖν, ἀδελφοί, ὅτι οἱ πατέρες ἡμῶν πάντες ὑπὸ τὴν νεφέλην ἦσαν καὶ πάντες διὰ τῆς θαλάσσης διῆλθον

; 왜냐하면/그러므로 나는 원하지 않는다, 너희가 모르기를, 형제들아! 즉 우리의 아버지들(조상들)이 모두 구름 아래 있었고 모두들 바다를 통해서 지나갔다.

10:2 καὶ πάντες εἰς τὸν Μωϋσῆν ἐβαπτίσθησαν ἐν τῇ νεφέλῃ καὶ ἐν τῇ θαλάσσῃ

그리고 모두들 모세 속으로(속하여) 세례를 받았다, 그 구름 안에서 그리고 그 바다 안에서.

10:3 καὶ πάντες τὸ αὐτὸ πνευματικὸν βρῶμα ἔφαγον

그리고 모두들 그 동일한 영적 음식을 먹었다.

10:4 καὶ πάντες τὸ αὐτὸ πνευματικὸν ἔπιον πόμα· ἔπινον γὰρ ἐκ πνευματικῆς ἀκολουθούσης πέτρας, ἡ πέτρα δὲ ἦν ὁ Χριστός.

그리고 모두들 그 동일한 영적 음료를 마셨다. 왜냐하면(이것은) (그들을) 따르는 (함께하는) 영적 반석에서 그들이 마신 것이다, [바로] 그 반석이 그리스도이시다.

10:5 Ἀλλ᾽ οὐκ ἐν τοῖς πλείοσιν αὐτῶν εὐδόκησεν ὁ θεός, κατεστρώθησαν γὰρ ἐν τῇ ἐρήμῳ.

그러나 그들 중에서 더 많은 자들을 좋게/기쁘게 생각하지 않으셨다, 하나님께서. 그래서 그들은 철저히 흩어 멸망당했다, 광야에서.

10:6 Ταῦτα δὲ τύποι ἡμῶν ἐγενήθησαν, εἰς τὸ μὴ εἶναι ἡμᾶς ἐπιθυμητὰς κακῶν, καθὼς κἀκεῖνοι ἐπεθύμησαν.

이제 이것들이 우리의 본보기(음각, 모델)들이 되었다. 너희들이 악한/나쁜 것들의 갈망하는 자(탐욕스러운 자)들이 되지 않도록, 저들이(그들이) 갈망한 것처럼(탐욕스러운 자들이 된 것처럼).

10:7 μηδὲ εἰδωλολάτραι γίνεσθε καθώς τινες αὐτῶν, ὥσπερ γέγραπται· ἐκάθισεν ὁ λαὸς φαγεῖν καὶ πεῖν καὶ ἀνέστησαν παίζειν.

너희는 절대 우상숭배자가 되지 말라, 그들 중의 어떤 이들처럼! 그래서 기록되었다, "그 백성이 앉아서 먹고 마셨으며 일어나서는 뛰놀았다."

10:8 μηδὲ πορνεύωμεν, καθώς τινες αὐτῶν ἐπόρνευσαν καὶ ἔπεσαν μιᾷ ἡμέρᾳ εἴκοσι τρεῖς χιλιάδες.

우리는 절대 간음하지 말자, 그들 가운데 어떤 자들이 간음한 것처럼! 그리고(그래서) 그들이 넘어졌다(죽었다), 하루에, 이만 삼천 명이.

10:9 μηδὲ ἐκπειράζωμεν τὸν Χριστόν, καθώς τινες αὐτῶν ἐπείρασαν καὶ ὑπὸ τῶν ὄφεων ἀπώλλυντο.

우리는 절대로 철저하게 시험하지 말자, 그리스도를! 그들 중의 어떤 자들이 시험한 것처럼, 그리고(그래서) 뱀들에 의해 그들은 멸망당했다.

10:10 μηδὲ γογγύζετε, καθάπερ τινὲς αὐτῶν ἐγόγγυσαν καὶ ἀπώλοντο ὑπὸ τοῦ ὀλοθρευτοῦ.

너희는 원망/불평하지 말라, 그들 가운데 어떤 이들이 원망/불평한 것처럼! 그리고(그래서) 그들은 멸망당했다, 파괴자에 의해.

10:11 ταῦτα δὲ τυπικῶς συνέβαινεν ἐκείνοις, ἐγράφη δὲ πρὸς νουθεσίαν ἡμῶν, εἰς οὓς τὰ τέλη τῶν αἰώνων κατήντηκεν.

이제 이것들이 본보기(음각, 모델)들로 일어난 것이다, 저들에게. 이제 우리들의 충고를 향해(위해) 기록된 것이다, 시대들의 마지막(결과, 완성, 추수)들을 만나게 된 자들에게(자들을 위해).

10:12 Ὥστε ὁ δοκῶν ἑστάναι βλεπέτω μὴ πέσῃ.

그 결과(그러므로) 서 있다고 생각하는 자는, 보라/주의하라, 넘어지지 않도록!

10:13 πειρασμὸς ὑμᾶς οὐκ εἴληφεν εἰ μὴ ἀνθρώπινος· πιστὸς δὲ ὁ θεός, ὃς οὐκ ἐάσει ὑμᾶς πειρασθῆναι ὑπὲρ ὃ δύνασθε ἀλλὰ ποιήσει σὺν τῷ πειρασμῷ καὶ τὴν ἔκβασιν τοῦ δύνασθαι ὑπενεγκεῖν.

시험이 너희를 붙잡을 수 없다, 사람에게 관련된/일반적인 것을 제외하고(사람이 감당할 수 없는 것을 제외하고). 이제 하나님은 신실하시다. 그분은 허락하지 않으신다, 너희들이 할 수 있는 것을 넘어서 시험에 빠지게 되는 것을, 오히려 (하나님은) 행하신다/만드신다, 그 시험과 함께 그리고 견딜 수 있는 능력의 출구를(해결책을).

10:14 Διόπερ, ἀγαπητοί μου, φεύγετε ἀπὸ τῆς εἰδωλολατρίας.

바로 이러한 이유로, 나의 사랑하는 자들아! 너희는 피하라! 우상숭배에서

10:15 ὡς φρονίμοις λέγω· κρίνατε ὑμεῖς ὅ φημι.

지혜 있는 자들에게처럼/답게 내가 말한다. 너희들은 너희들 스스로(직접) 판단

하라, 내가 알려 주는 것을!

10:16 Τὸ ποτήριον τῆς εὐλογίας ὃ εὐλογοῦμεν, οὐχὶ κοινωνία ἐστὶν τοῦ αἵματος τοῦ Χριστοῦ; τὸν ἄρτον ὃν κλῶμεν, οὐχὶ κοινωνία τοῦ σώματος τοῦ Χριστοῦ ἐστιν;

우리가 축복하는 그 축복의 컵(잔)은 그리스도의 피의 교제가 아니냐? 곧 우리가 떼는 그 빵은 그리스도의 살의 교제가 아니냐?

10:17 ὅτι εἷς ἄρτος, ἓν σῶμα οἱ πολλοί ἐσμεν, οἱ γὰρ πάντες ἐκ τοῦ ἑνὸς ἄρτου μετέχομεν.

즉 한 빵(빵이 하나다), 하나의 몸, 우리는 다수다. 왜냐하면 모든 사람이 하나의 빵에서부터 나누기 때문이다.

10:18 βλέπετε τὸν Ἰσραὴλ κατὰ σάρκα· οὐχ οἱ ἐσθίοντες τὰς θυσίας κοινωνοὶ τοῦ θυσιαστηρίου εἰσίν;

너희들은 보라(주의하라), 육체를 따라(된) 이스라엘을! 희생제물을 먹는 사람들이 제단에 참여/교제하는 사람들이 아니냐?

10:19 Τί οὖν φημι; ὅτι εἰδωλόθυτόν τί ἐστιν ἢ ὅτι εἴδωλόν τί ἐστιν;

그러므로 무엇을 내가 발화/알려 주려는 것이냐? 즉 우상의 제물은 무엇이냐? 또는 즉 우상은 무엇인가?

10:20 ἀλλ᾽ ὅτι ἃ θύουσιν, δαιμονίοις καὶ οὐ θεῷ [θύουσιν]· οὐ θέλω δὲ ὑμᾶς κοινωνοὺς τῶν δαιμονίων γίνεσθαι.

오히려 즉 그들이 제사하는 것은 마귀에게 그리고 하나님께는 아니다(제사하는 것이). 이제 나는 원하지 않는다, 너희들이 마귀들과 교제하는 자가 되는 것을.

10:21 οὐ δύνασθε ποτήριον κυρίου πίνειν καὶ ποτήριον δαιμονίων, οὐ δύνασθε τραπέζης κυρίου μετέχειν καὶ τραπέζης δαιμονίων.

; 너희는 할 수 없다, 주님의 잔을 마시기를 그리고(함께) 귀신들의 잔을! 너희는 할 수 없다, 주님의 식탁에 참여하기를 그리고 [동시에] 귀신의 식탁에 (참여하기를)!

10:22 ἢ παραζηλοῦμεν τὸν κύριον; μὴ ἰσχυρότεροι αὐτοῦ ἐσμεν;

; 또는 우리가 주님을 자극하여 질투 나게 하는 것이냐? 우리는 그분보다 더 강하지 않은 것이 아니냐?

10:23 Πάντα ἔξεστιν ἀλλ᾽ οὐ πάντα συμφέρει· πάντα ἔξεστιν ἀλλ᾽ οὐ πάντα οἰκοδομεῖ.

모든 것들이 허용된다. 그러나 모든 것들이 유익하지 않다. 모든 것들이 허용된다. 그러나 모든 것들이 세우는 것은 아니다.

10:24 μηδεὶς τὸ ἑαυτοῦ ζητείτω ἀλλὰ τὸ τοῦ ἑτέρου.

아무도 자신의 것을 추구하지 말라, 오히려 다른 이의 것을!

10:25 Πᾶν τὸ ἐν μακέλλῳ πωλούμενον ἐσθίετε μηδὲν ἀνακρίνοντες διὰ τὴν συνείδησιν·

모든 시장에서 파는 것을 너희는 먹으라! 자세히 조사(심판)하지 말고, 그 양심을 위하여.

10:26 τοῦ κυρίου γὰρ ἡ γῆ καὶ τὸ πλήρωμα αὐτῆς.

왜냐하면 그 땅과 그 땅에 가득한 것들이 주님의 (것이기) 때문이다(시 24:1).

10:27 εἴ τις καλεῖ ὑμᾶς τῶν ἀπίστων καὶ θέλετε πορεύεσθαι, πᾶν τὸ παρατιθέμενον ὑμῖν ἐσθίετε μηδὲν ἀνακρίνοντες διὰ τὴν συνείδησιν.

만약 믿음이 없는 자들 가운데 누가 너희를 부르고 너희도 가기를 원하거든, 차려놓은 것을(음식) 너희에게 너희는 먹으라! 철저하게 시험(판단)하지 말고, 그 양심을 위하여

10:28 ἐὰν δέ τις ὑμῖν εἴπῃ· τοῦτο ἱερόθυτόν ἐστιν, μὴ ἐσθίετε δι᾽ ἐκεῖνον τὸν μηνύσαντα καὶ τὴν συνείδησιν·

이제/그러나 만약 어떤 사람이 너희에게 말한다면 "이것은 우상 제물이다."[라고], 너희는 먹지 말라! 폭로한 저 사람을 위해 그리고 그 양심을(위해).

10:29 συνείδησιν δὲ λέγω οὐχὶ τὴν ἑαυτοῦ ἀλλὰ τὴν τοῦ ἑτέρου. ἱνατί γὰρ ἡ ἐλευθερία μου κρίνεται ὑπὸ ἄλλης συνειδήσεως;

이제 내가 "양심을" 이라고 말하는 것은 너희 것이 아니라 오히려 다른 이의 것을 말하는 것이다. 왜냐하면/물론 무슨 이유로 나의 자유가 판단받아야만 하는가, 다른 양심에 의해서?

10:30 εἰ ἐγὼ χάριτι μετέχω, τί βλασφημοῦμαι ὑπὲρ οὗ ἐγὼ εὐχαριστῶ;

만약 내가 감사로(은혜로) 참여한다면, 왜 내가 비난받아야 하는가? 내가 감사하는 것에 의해서

10:31 Εἴτε οὖν ἐσθίετε εἴτε πίνετε εἴτε τι ποιεῖτε, πάντα εἰς δόξαν θεοῦ ποιεῖτε.

그러므로 너희들은 먹든지, 마시든지, 무엇을 하든지, 모든 것들을 하나님의 영광을 위해서 너희는 하라!

10:32 ἀπρόσκοποι καὶ Ἰουδαίοις γίνεσθε καὶ Ἕλλησιν καὶ τῇ ἐκκλησίᾳ τοῦ θεοῦ,

걸림이 되지 않는 존재들이, 유대인들에게도 너희는 돼라! 그리고 헬라인에게도, 그리고 하나님의 교회에도,

10:33 καθὼς κἀγὼ πάντα πᾶσιν ἀρέσκω μὴ ζητῶν τὸ ἐμαυτοῦ σύμφορον ἀλλὰ τὸ τῶν πολλῶν, ἵνα σωθῶσιν.

나 역시 모든 것을 모든 사람에게 기쁘게 하는 것처럼, 나 자신의 유익을 구하지 않고 오히려 많은 이의 그것(유익)을, 그들이 구원받도록 하기 위해서.

## 고린도전서 11장

11:1 μιμηταί μου γίνεσθε καθὼς κἀγὼ Χριστοῦ.

너희들은 나의 모방자가 되라, 내가 그리스도의 (모방자가) 된 것처럼!

11:2 Ἐπαινῶ δὲ ὑμᾶς ὅτι πάντα μου μέμνησθε καί, καθὼς παρέδωκα ὑμῖν, τὰς παραδόσεις κατέχετε.

이제 나는 칭찬한다, 즉 나의 모든 것들을 너희가 기억하고, 내가 너희에게 전달해 준 대로, 그 전달되어진 것(전통)들을 너희가 지키고 있다[는 것을].

11:3 Θέλω δὲ ὑμᾶς εἰδέναι ὅτι παντὸς ἀνδρὸς ἡ κεφαλὴ ὁ Χριστός ἐστιν, κεφαλὴ δὲ γυναικὸς ὁ ἀνήρ, κεφαλὴ δὲ τοῦ Χριστοῦ ὁ θεός.

이제(하지만) 나는 원한다, 너희가 알기를, 즉 모든 남자의 머리는 그리스도다. 이제/또한 여자의 머리는 남자다. 이제/또한 그리스도의 머리는 하나님이다.

11:4 πᾶς ἀνὴρ προσευχόμενος ἢ προφητεύων κατὰ κεφαλῆς ἔχων καταισχύνει τὴν κεφαλὴν αὐτοῦ.

모든 남자는 기도하거나 예언할 때, 머리에 대항하는 것(쓸 것)을 가지고 있게 되면 그의 머리를 수치스럽게 하는 것이다.

11:5 πᾶσα δὲ γυνὴ προσευχομένη ἢ προφητεύουσα ἀκατακαλύπτῳ τῇ κεφαλῇ καταισχύνει τὴν κεφαλὴν αὐτῆς· ἓν γάρ ἐστιν καὶ τὸ αὐτὸ τῇ ἐξυρημένῃ.

이제 모든 여자가 기도하거나 예언할 때, 머리에 쓰지 않고 하면 자신의 머리를 수치스럽게 하는 것이다. 그러므로 이것은 머리를 밀어 버린 것과 마찬가지다.

11:6 εἰ γὰρ οὐ κατακαλύπτεται γυνή, καὶ κειράσθω· εἰ δὲ αἰσχρὸν γυναικὶ τὸ κείρασθαι ἢ ξυρᾶσθαι, κατακα-λυπτέσθω.

그러므로 만약 여자가 (머리에) 철저히 쓰지 않으려거든, 그러면 (머리카락을) 깎도록 하라! 이제/그러나 만약 (머리카락을) 깎거나 미는 것이 수치스럽다면, (머리에) 철저히 쓰도록 하라!

11:7 Ἀνὴρ μὲν γὰρ οὐκ ὀφείλει κατακαλύπτεσθαι τὴν

κεφαλὴν εἰκὼν καὶ δόξα θεοῦ ὑπάρχων· ἡ γυνὴ δὲ δόξα ἀνδρός ἐστιν.

왜냐하면/그 이유는, 한편으로 남자는 그 머리에 어떤 것도 써서는 안 된다, 하나님의 형상/반영(reflection)과 영광을 가지고 있기에. 이제 그 여자(아내)는 남자의 영광이다.

11:8 οὐ γάρ ἐστιν ἀνὴρ ἐκ γυναικὸς ἀλλὰ γυνὴ ἐξ ἀνδρός·

왜냐하면/그 이유는, 남자가 여자에게서 존재하게 된 것이 아니라 오히려 여자가 남자에게서이기 때문이다.

11:9 καὶ γὰρ οὐκ ἐκτίσθη ἀνὴρ διὰ τὴν γυναῖκα ἀλλὰ γυνὴ διὰ τὸν ἄνδρα.

그리고 왜냐하면/그 이유는, 남자가 여자를 위해서 창조된 것이 아니라 오히려 여자가 남자를 위해서.

11:10 διὰ τοῦτο ὀφείλει ἡ γυνὴ ἐξουσίαν ἔχειν ἐπὶ τῆς κεφαλῆς διὰ τοὺς ἀγγέλους.

이러하므로 여자는 반드시 권위(의 표시)를 가지고 있어야 한다, 그 머리 위에 천사들 때문에.

11:11 πλὴν οὔτε γυνὴ χωρὶς ἀνδρὸς οὔτε ἀνὴρ χωρὶς γυναικὸς ἐν κυρίῳ·

더욱이(더 나아가) 남자 없이 여자가 아니며 여자 없이 남자도 아니다, 주 안에서.

11:12 ὥσπερ γὰρ ἡ γυνὴ ἐκ τοῦ ἀνδρός, οὕτως καὶ ὁ ἀνὴρ διὰ τῆς γυναικός· τὰ δὲ πάντα ἐκ τοῦ θεοῦ.

그러므로/결과적으로 여자가 남자에게서인 것처럼, 마찬가지로 남자도 여자를 통해서입니다. 이제 모든 것이 하나님으로부터 입니다.

11:13 Ἐν ὑμῖν αὐτοῖς κρίνατε· πρέπον ἐστὶν γυναῖκα ἀκατακάλυπτον τῷ θεῷ προσεύχεσθαι;

너희 안에서 스스로 너희는 판단하라! 탁월/적절한 것인가를, 여자가 머리에 아무것도 덮지 않고 하나님께 기도하는 것이?

11:14 οὐδὲ ἡ φύσις αὐτὴ διδάσκει ὑμᾶς ὅτι ἀνὴρ μὲν ἐὰν κομᾷ ἀτιμία αὐτῷ ἐστιν,

본성 바로 그 자체가 너희에게 가르치지 않는가, 즉 한편으로 남자가 만약 긴 머리를 하면 바로 자신에게 수치가 되고,

11:15 γυνὴ δὲ ἐὰν κομᾷ δόξα αὐτῇ ἐστιν; ὅτι ἡ κόμη ἀντὶ περιβολαίου δέδοται [αὐτῇ].

이제/또한 여자가 긴 머리를 기르고 있으면 자신에게 영광이 되는 것을? 즉 (여자에게) 긴 머리는 자신의 머리에 덮을 것을 대신해서 주어진 것이다.

11:16 Εἰ δέ τις δοκεῖ φιλόνεικος εἶναι, ἡμεῖς τοιαύτην συνήθειαν οὐκ ἔχομεν οὐδὲ αἱ ἐκκλησίαι τοῦ θεοῦ.

이제 만약 누군가 논쟁하고자 생각하고 있다면, 우리는 이러한 관습을 가지고 있지 않고 하나님의 교회들에도 마찬가지다[라고 말하겠다].

11:17 Τοῦτο δὲ παραγγέλλων οὐκ ἐπαινῶ ὅτι οὐκ εἰς τὸ κρεῖσσον ἀλλ᾽ εἰς τὸ ἧσσον συνέρχεσθε.

이제 내가 지시/명령하려는 것들을/것들에 대해서는 내가 칭찬하지 않는다. 즉/왜냐하면 더 좋은 것을 향하지 않고 오히려 더 나쁜 것으로 향하여 너희가 모이기 때문이다.

11:18 πρῶτον μὲν γὰρ συνερχομένων ὑμῶν ἐν ἐκκλησίᾳ ἀκούω σχίσματα ἐν ὑμῖν ὑπάρχειν καὶ μέρος τι πιστεύω.

먼저 한편으로, 너희가 모일 때 교회로/안에서, 나는 듣는다, 너희 안에 분쟁이 일어나고 있다는 것을 그리고 부분적으로. 그 어떤 것(사실)을 나는 믿는다(어느 정도는 사실이라고 내가 믿는다).

11:19 δεῖ γὰρ καὶ αἱρέσεις ἐν ὑμῖν εἶναι, ἵνα [καὶ] οἱ δόκιμοι φανεροὶ γένωνται ἐν ὑμῖν.

왜냐하면/그러므로 너희 안에서 선택들(분리들)이 당연히 있어야 한다. 인정받은(검증받은) 자들이 분명히 드러나기 위해서, 너희들 안에서.

11:20 Συνερχομένων οὖν ὑμῶν ἐπὶ τὸ αὐτὸ οὐκ ἔστιν κυριακὸν δεῖπνον φαγεῖν·

; 그러므로 너희가 함께한 자리(같은 자리)에 모여서(모여도) 주님의 성만찬을 먹는 것이 아닌 것이 되었다.

11:21 ἕκαστος γὰρ τὸ ἴδιον δεῖπνον προλαμβάνει ἐν τῷ φαγεῖν, καὶ ὃς μὲν πεινᾷ ὃς δὲ μεθύει.

왜냐하면 각자 자신의 만찬을 먼저/미리 가져(취해)버리기 때문이다, 먹을 때에(식사 시간에), 그리고 한 사람은 한편 배고프고 한 사람은 반면에 술 취한다.

11:22 μὴ γὰρ οἰκίας οὐκ ἔχετε εἰς τὸ ἐσθίειν καὶ πίνειν; ἢ τῆς ἐκκλησίας τοῦ θεοῦ καταφρονεῖτε, καὶ καταισχύνετε τοὺς μὴ ἔχοντας; τί εἴπω ὑμῖν; ἐπαινέσω ὑμᾶς; ἐν τούτῳ οὐκ ἐπαινῶ.

왜냐하면/그러므로 집들을 너희는 가지고 있지 않느냐, 먹고 마실 수 있는? 혹은 하나님의 교회를 경멸하는 것이냐? 그리고 가진 것이 없는 자들을 부끄럽게 만들려고 하는 것이냐? 내가 너희에게 무슨 말을 하랴? 이러한 일들 때문에 나는 칭찬할 수 없다.

11:23 Ἐγὼ γὰρ παρέλαβον ἀπὸ τοῦ κυρίου, ὃ καὶ παρέδωκα ὑμῖν, ὅτι ὁ κύριος Ἰησοῦς ἐν τῇ νυκτὶ ᾗ παρεδίδετο ἔλαβεν ἄρτον

; 왜냐하면 나는 주님으로부터 받았다. 그리고/또한 그것을 너희에게 넘겨주었다/전해 주었다. 즉, 주 예수께서 넘겨지시던 바로 그날 밤에, 그분께서 빵을 잡으(취하)셨다.

11:24 καὶ εὐχαριστήσας ἔκλασεν καὶ εἶπεν· τοῦτό μού ἐστιν τὸ σῶμα τὸ ὑπὲρ ὑμῶν· τοῦτο ποιεῖτε εἰς τὴν ἐμὴν ἀνάμνησιν.

그리고 감사하신 후에 그분께서 찢으셨고 말씀하셨다. 이것은 나의 살이다, 너희를 위한. 이것을 너희는 행하라, 내 것을 (다시) 기억/기념하기 위해서!

11:25 ὡσαύτως καὶ τὸ ποτήριον μετὰ τὸ δειπνῆσαι λέγων· τοῦτο τὸ ποτήριον ἡ καινὴ διαθήκη ἐστὶν ἐν τῷ ἐμῷ αἵματι· τοῦτο ποιεῖτε, ὁσάκις ἐὰν πίνητε, εἰς τὴν ἐμὴν ἀνάμνησιν.

마찬가지로 또한 잔(컵)을 [들어 올리시고] 식사하신 후에 말씀하시기를, 이 잔(컵)은 새 언약이다, 내 피로(맺은). 이것을 너희는 행하라, 너희가 마실 때마다, 내 것을 (다시) 기억/기념하기 위해서!

11:26 ὁσάκις γὰρ ἐὰν ἐσθίητε τὸν ἄρτον τοῦτον καὶ τὸ ποτήριον πίνητε, τὸν θάνατον τοῦ κυρίου καταγγέλλετε ἄχρι οὗ ἔλθῃ.

왜냐하면/그러므로 너희들이 이 빵을 먹고 이 잔을 마실 때마다, 주님의 죽으심을 선포하는 것이다, 그분이 오실 때까지.

11:27 Ὥστε ὃς ἂν ἐσθίῃ τὸν ἄρτον ἢ πίνῃ τὸ ποτήριον τοῦ κυρίου ἀναξίως, ἔνοχος ἔσται τοῦ σώματος καὶ τοῦ αἵματος τοῦ κυρίου.

그 결과/그러므로 누구든지 빵을 먹거나 주님의 잔을 마시는 자가 합당하지 않게 한다면, 그 사람은 주님의 몸과 피에 대해 유죄/형벌을 가지게 될 것이다.

11:28 δοκιμαζέτω δὲ ἄνθρωπος ἑαυτὸν καὶ οὕτως ἐκ τοῦ ἄρτου ἐσθιέτω καὶ ἐκ τοῦ ποτηρίου πινέτω·

이제 사람은 자신을 검증하라, 그리고/또한 이처럼! 그는 그 빵으로부터 먹으라! 그리고 그 잔으로부터 마시라!

11:29 ὁ γὰρ ἐσθίων καὶ πίνων κρίμα ἑαυτῷ ἐσθίει καὶ πίνει μὴ διακρίνων τὸ σῶμα.

왜냐하면 먹고 마시는 자는 자신의 판결을 먹고 마시는 것이다, 그 (그리스도의) 몸을 분별하지 못한 채로 [먹고 마실 경우에].

11:30 διὰ τοῦτο ἐν ὑμῖν πολλοὶ ἀσθενεῖς καὶ ἄρρωστοι καὶ κοιμῶνται ἱκανοί.

이러한 이유로 너희들 가운데 많은 이들이 약하고 병들어 있으며 그리고/또한 상당한 수의 사람들이 잠자고 있는 것이다(죽은 것이다).

11:31 εἰ δὲ ἑαυτοὺς διεκρίνομεν, οὐκ ἂν ἐκρινόμεθα·

; 이제 만약 우리 자신을 지속적으로 점검해 왔었다면, 우리는 (이렇게) 정죄받지는 않았을 것입니다.

11:32 κρινόμενοι δὲ ὑπὸ [τοῦ] κυρίου παιδευόμεθα, ἵνα μὴ σὺν τῷ κόσμῳ κατακριθῶμεν.

이제 우리가 주님에 의해서 정죄받는 것은 징계/훈육을 받는 것이다, 이 세상과 함께 심판받지 않게 하기 위해서.

11:33 Ὥστε, ἀδελφοί μου, συνερχόμενοι εἰς τὸ φαγεῖν ἀλλήλους ἐκδέχεσθε.

; 그 결과/그러므로 나의 형제들이여! 너희들이 먹기 위해 모일 때에, 너희들은 서로를 기다리라!

11:34 εἴ τις πεινᾷ, ἐν οἴκῳ ἐσθιέτω, ἵνα μὴ εἰς κρίμα συνέρχησθε. τὰ δὲ λοιπὰ ὡς ἂν ἔλθω διατάξομαι.

; 만약 누가 배가 고프면, 집에서 먹으라! 판단을 향해 너희가 모이는 것이 되지 않기 위해서, 이제 나머지는 내가 가게 되면 철저히 정리할 것이다.

## 고린도전서 12장

12:1 Περὶ δὲ τῶν πνευματικῶν, ἀδελφοί, οὐ θέλω ὑμᾶς ἀγνοεῖν.

이제 (성)영의 사람들/것들에 대해서, 형제들아! 나는 너희가 모르기를 원하지 않는다.

12:2 Οἴδατε ὅτι ὅτε ἔθνη ἦτε πρὸς τὰ εἴδωλα τὰ ἄφωνα ὡς ἂν ἤγεσθε ἀπαγόμενοι.

너희들은 알고 있다, 즉 너희가 이방인이었을 때, 말 못 하는 우상들을 향해, 너희가 끌리는 대로/때마다, 너희들은 끌려다녔다.

12:3 διὸ γνωρίζω ὑμῖν ὅτι οὐδεὶς ἐν πνεύματι θεοῦ λαλῶν λέγει· Ἀνάθεμα Ἰησοῦς, καὶ οὐδεὶς δύναται εἰπεῖν· Κύριος Ἰησοῦς, εἰ μὴ ἐν πνεύματι ἁγίῳ.

그래서 내가 너희에게 알게 하겠다, 즉 아무도 하나님의 영(성령) 안에 [있으면] 이렇게 말할 수 없다, "저주, 예수(예수는 저주를 받았다)" 그리고 아무도 말할 수 없다. "주님, 예수(예수님은 주님/주인이시다)" 만약 거룩한 영(성령) 안에 [있지] 않는다면.

12:4 Διαιρέσεις δὲ χαρισμάτων εἰσίν, τὸ δὲ αὐτὸ πνεῦμα·

이제 선물/은사들의 [여러 가지] 분배/할당들이 있다, 이제(그러나) 그 영(성령)은 동일한 [분이시다].

12:5 καὶ διαιρέσεις διακονιῶν εἰσιν, καὶ ὁ αὐτὸς κύριος·

그리고 섬김/직분들의 [여러 가지] 분배/할당들이 있다, 이제(그러나) 그 주님/주인은 동일한 [분이시다].

12:6 καὶ διαιρέσεις ἐνεργημάτων εἰσίν, ὁ δὲ αὐτὸς θεὸς ὁ ἐνεργῶν τὰ πάντα ἐν πᾶσιν.

그리고 활동/역사들의 [여러 가지] 분배/할당들이 있다, 이제(그러나) 그 동일한 하나님, 활동/역사하시는 분은, 모든 것들을, 모든 사람들 안에서.

12:7 ἑκάστῳ δὲ δίδοται ἡ φανέρωσις τοῦ πνεύματος πρὸς τὸ συμφέρον.

이제 각자에게 그 영(성령)의 나타남이 주어졌다, 함께 유익하게(한 곳에 모이게) 하려고.

12:8 ᾧ μὲν γὰρ διὰ τοῦ πνεύματος δίδοται λόγος σοφίας, ἄλλῳ δὲ λόγος γνώσεως κατὰ τὸ αὐτὸ πνεῦμα,

왜냐하면/그러므로 한편으로 [한/어떤] 사람에게 그 영(성령)을 통해 주어진다, 지혜의 말씀이. 이제/또한 다른 사람에게[는] 지식의 말씀이, 동일한 그 영(성령)에 따라.

12:9 ἑτέρῳ πίστις ἐν τῷ αὐτῷ πνεύματι, ἄλλῳ δὲ χαρίσματα ἰαμάτων ἐν τῷ ἑνὶ πνεύματι,

별도의 사람에게 믿음이, 그 동일한 성령 안에서, 이제/또한 다른 사람에게는 치유의 은사가, 한 성령 안에서/인하여.

12:10 ἄλλῳ δὲ ἐνεργήματα δυνάμεων, ἄλλῳ [δὲ] προφητεία, ἄλλῳ [δὲ] διακρίσεις πνευμάτων, ἑτέρῳ γένη γλωσσῶν, ἄλλῳ δὲ ἑρμηνεία γλωσσῶν·

이제/또한 다른 사람에게는 능력들의 행함들이, 다른 사람에게는 예언이, 다른 사람에게는 영들의 분별함들이, 또 다른 사람에게는 방언들의 민족들/다양함들이, 이제/또한 다른 사람에게는 방언들의 통역함이.

12:11 πάντα δὲ ταῦτα ἐνεργεῖ τὸ ἓν καὶ τὸ αὐτὸ πνεῦμα διαιροῦν ἰδίᾳ ἑκάστῳ καθὼς βούλεται.

이제 [이] 모든 것들을, 그 한 분이며 동일하신 영(성령)이 활동하시는 것이다, (그분이) 원하시는 대로 각 사람에게 나누어 주시면서.

12:12 Καθάπερ γὰρ τὸ σῶμα ἕν ἐστιν καὶ μέλη πολλὰ ἔχει, πάντα δὲ τὰ μέλη τοῦ σώματος πολλὰ ὄντα ἕν ἐστιν σῶμα, οὕτως καὶ ὁ Χριστός·

왜냐하면/그러므로 그 한 몸이 있고 [그 한 몸에는] 지체를 많이 가지고 있다, 이제/또한 모든 그 몸의 지체들은 많지만 한 몸인 것처럼, 그렇게 그 그리스도도 그러하다.

12:13 καὶ γὰρ ἐν ἑνὶ πνεύματι ἡμεῖς πάντες εἰς ἓν σῶμα ἐβαπτίσθημεν, εἴτε Ἰουδαῖοι εἴτε Ἕλληνες εἴτε δοῦλοι εἴτε ἐλεύθεροι, καὶ πάντες ἓν πνεῦμα ἐποτίσθημεν.

그리고/또한 왜냐하면 한 성령 안에서 우리는 모두 한 몸으로 세례받았다, 유대인이든지, 헬라인이든지, 종이든지, 자유인이든지, 그리고(그렇게) 모두가 한 성령님을 받아 마셔지게 되었다.

12:14 Καὶ γὰρ τὸ σῶμα οὐκ ἔστιν ἓν μέλος ἀλλὰ πολλά.

그리고 왜냐하면/그러므로 그 몸은 한 지체가 아니라 오히려 다수다.

12:15 ἐὰν εἴπῃ ὁ πούς· ὅτι οὐκ εἰμὶ χείρ, οὐκ εἰμὶ ἐκ τοῦ σώματος, οὐ παρὰ τοῦτο οὐκ ἔστιν ἐκ τοῦ σώματος;

만약 그 발이 말한다면, 즉 나는 손이 아니다, [그래서] 나는 그 몸에 소속되어 있지 않다, 이것으로(이런 말로) 인해 그것(발)이 그 몸으로부터 (분리되는) 것인가?

12:16 καὶ ἐὰν εἴπῃ τὸ οὖς· ὅτι οὐκ εἰμὶ ὀφθαλμός, οὐκ εἰμὶ ἐκ τοῦ σώματος, οὐ παρὰ τοῦτο οὐκ ἔστιν ἐκ τοῦ σώματος;

그리고/또한 만약 그 귀가 말한다면, 즉 나는 눈이 아니다, [그래서] 나는 그 몸에 소속되어 있지 않다, 이것으로(이런 말로) 인해 그것(귀)이 그 몸으로부터 (분리되는) 것인가?

12:17 εἰ ὅλον τὸ σῶμα ὀφθαλμός, ποῦ ἡ ἀκοή; εἰ ὅλον ἀκοή, ποῦ ἡ ὄσφρησις;

만약 온몸이 눈이라면, 듣는 곳은 어디인가? 만약 모두 듣는 곳이라면, 냄새 맡는 곳은 어디인가?

12:18 νυνὶ δὲ ὁ θεὸς ἔθετο τὰ μέλη, ἓν ἕκαστον αὐτῶν ἐν τῷ σώματι καθὼς ἠθέλησεν.

이제 지금(그래서) 하나님께서 지체들을 세우셨다(배치하셨다), 그것들(지체들)의 각자에 [맞게] 그 몸 안에, 그분(하나님)께서 원하시는 대로.

12:19 εἰ δὲ ἦν τὰ πάντα ἓν μέλος, ποῦ τὸ σῶμα;

이제 만약 모든 것들이(지체들이) 한 종류의 지체로만 [되어 있다면], 그 몸은 어디에(어떻게 될까)?

12:20 νῦν δὲ πολλὰ μὲν μέλη, ἓν δὲ σῶμα.

이제 지금(그래서) 한편으로 많은 지체가, 이제(그러나) 한 몸이.

12:21 οὐ δύναται δὲ ὁ ὀφθαλμὸς εἰπεῖν τῇ χειρί· χρείαν σου οὐκ ἔχω, ἢ πάλιν ἡ κεφαλὴ τοῖς ποσίν· χρείαν ὑμῶν οὐκ ἔχω·

이제 눈이 말할 수 없다, 손에게, 너의 필요를 나는 가지고 있지 않다, 혹은 다시 그 머리가 발들에게, 너희들의 필요를 나는 가지고 있지 않다 [라고].

12:22 ἀλλὰ πολλῷ μᾶλλον τὰ δοκοῦντα μέλη τοῦ σώματος

ἀσθενέστερα ὑπάρχειν ἀναγκαῖά ἐστιν,

오히려 더욱 많은데(그런 경우가 매우 많은데), 몸의 더 약하다고 생각되는/여겨지는 지체들이 필수/필요하며,

12:23 καὶ ἃ δοκοῦμεν ἀτιμότερα εἶναι τοῦ σώματος τούτοις τιμὴν περισσοτέραν περιτίθεμεν, καὶ τὰ ἀσχήμονα ἡμῶν εὐσχημοσύνην περισσοτέραν ἔχει,

그리고 몸의 명예/가치 없다고 생각되는 지체를, 이것을 더 큰 명예/가치로 우리가 입혀/둘러싸 주고, 그리고 우리의 아름답지 못한 것은 더욱더 아름다운 것을 가지고 있으며

12:24 τὰ δὲ εὐσχήμονα ἡμῶν οὐ χρείαν ἔχει. Ἀλλ' ὁ θεὸς συνεκέρασεν τὸ σῶμα τῷ ὑστερουμένῳ περισσοτέραν δοὺς τιμήν,

이제 우리의 아름다운 것들은 필요/요구를 가지지 않고(더 요구할 것이 없고), 오히려 하나님께서 혼합하셨다(고르게/조화롭게 하셨다), 몸을, 그 더욱 부족한 것에게 존귀를 주심으로.

12:25 ἵνα μὴ ᾖ σχίσμα ἐν τῷ σώματι ἀλλὰ τὸ αὐτὸ ὑπὲρ ἀλλήλων μεριμνῶσιν τὰ μέλη.

위해서/그래서 그 분쟁이 그 몸 안에서 없고, 오히려 동일하게 서로를 위해 걱정/배려/신경쓰도록, 그 지체들이.

12:26 καὶ εἴτε πάσχει ἓν μέλος, συμπάσχει πάντα τὰ μέλη· εἴτε δοξάζεται [ἓν] μέλος, συγχαίρει πάντα τὰ μέλη.

그리고 한 지체가 고통당하게 되면, 모든 지체가 함께 고통당한다. 한 지체가 영광을 받게 되면, 모든 지체가 함께 기뻐한다.

12:27 Ὑμεῖς δέ ἐστε σῶμα Χριστοῦ καὶ μέλη ἐκ μέρους.

이제 너희가 그리스도의 몸이다 그리고 부분/분배로부터 지체들(이다).

12:28 Καὶ οὓς μὲν ἔθετο ὁ θεὸς ἐν τῇ ἐκκλησίᾳ πρῶτον ἀποστόλους, δεύτερον προφήτας, τρίτον διδασκάλους, ἔπειτα δυνάμεις, ἔπειτα χαρίσματα ἰαμάτων, ἀντιλήμψεις, κυβερνήσεις, γένη γλωσσῶν.

그리고 몇몇을 한편으로 하나님께서 그 교회 안에 세우셨다. 첫 번째로 사도들을, 두 번째로 선지자들을, 세 번째로 교사들을, 다음으로 능력들을, 다음으로는 치유들의 은사들을, (위로하는) 도움들을, 다스림(전략)들을, 민족(각종, 여러) 방언들을.

12:29 μὴ πάντες ἀπόστολοι; μὴ πάντες προφῆται; μὴ πάντες διδάσκαλοι; μὴ πάντες δυνάμεις;

모든 이들이 사도일 수는 없지 않은가? 모든 이들이 선지자일 수는 없지 않은가? 모든 이들이 교사일 수는 없지 않은가? 모든 이들이 능력 행하는 자일 수

는 없지 않은가?

12:30 μὴ πάντες χαρίσματα ἔχουσιν ἰαμάτων; μὴ πάντες γλώσσαις λαλοῦσιν; μὴ πάντες διερμηνεύουσιν;

모든 이들이 치유의 은사를 가진 자일 수는 없지 않은가? 모든 이들이 방언을 말하는 자일 수는 없지 않은가? 모든 이들이 통역하는 자일 수는 없지 않은가?

12:31 ζηλοῦτε δὲ τὰ χαρίσματα τὰ μείζονα. Καὶ ἔτι καθ' ὑπερβολὴν ὁδὸν ὑμῖν δείκνυμι.

이제 더 큰 은사들을 너희는 열망하라! 그리고(그래서) 아직/이제 가장 탁월한 길을 따라, 너희들에게 내가 보여 주겠다.

## 고린도전서 13장

13:1 Ἐὰν ταῖς γλώσσαις τῶν ἀνθρώπων λαλῶ καὶ τῶν ἀγγέλων, ἀγάπην δὲ μὴ ἔχω, γέγονα χαλκὸς ἠχῶν ἢ κύμβαλον ἀλαλάζον.

만약 사람들의 방언들로 내가 말하고 천사들의 (언어들로 말해도), 이제 사랑을 내가 가지고 있지 않다면, 나는 되어 온 것이다, 시끄러운 소리 나는 놋쇠나 요란한 소리를 내는 청동조각(악기 같은 것)이.

13:2 καὶ ἐὰν ἔχω προφητείαν καὶ εἰδῶ τὰ μυστήρια πάντα καὶ πᾶσαν τὴν γνῶσιν καὶ ἐὰν ἔχω πᾶσαν τὴν πίστιν ὥστε ὄρη μεθιστάναι, ἀγάπην δὲ μὴ ἔχω, οὐθέν εἰμι.

그리고 만약 내가 예언(의 은사)을 가지고 있고 모든 비밀들과 모든 지식을 말하며 또한 만약 내가 모든 믿음(의 은사)을 가지고 있어서 그 결과 산을 움직인다 해도, 이제 사랑을 내가 가지고 있지 않다면, 나는 아무것도 아니다.

13:3 κἂν ψωμίσω πάντα τὰ ὑπάρχοντά μου καὶ ἐὰν παραδῶ τὸ σῶμά μου ἵνα καυχήσωμαι, ἀγάπην δὲ μὴ ἔχω, οὐδὲν ὠφελοῦμαι.

그리고 만약 내가 가진 모든 것을 나누어 주고 만약 내 몸을 내어 주어 자랑한다/불사르게 한다 해도, 이제 사랑을 내가 가지고 있지 않으면, 아무것도 나는 유익되지 않는다.

13:4 Ἡ ἀγάπη μακροθυμεῖ, χρηστεύεται ἡ ἀγάπη, οὐ ζηλοῖ, [ἡ ἀγάπη] οὐ περπερεύεται, οὐ φυσιοῦται,

그 사랑은 오래 참는다, 온유(친절)하다, 그 사랑은. 질투하지 않는다, [그 사랑은]. 과시하지 않는다, 교만하지 않는다.

13:5 οὐκ ἀσχημονεῖ, οὐ ζητεῖ τὰ ἑαυτῆς, οὐ παροξύνεται, οὐ λογίζεται τὸ κακόν,

무례하게 행동하지 않는다, 자기 자신만을 구하지 않는다, 날카롭게 하지(화내지) 않는다, 악한 것을 생각하지 않는다.

13:6 οὐ χαίρει ἐπὶ τῇ ἀδικίᾳ, συγχαίρει δὲ τῇ ἀληθείᾳ·

기뻐하지 않는다, 불의한 것에 대해서. 이제 함께 기뻐한다, 진리로(진리와).

13:7 πάντα στέγει, πάντα πιστεύει, πάντα ἐλπίζει, πάντα ὑπομένει.

모든 것을 덮어준다, 모든 것을 믿는다, 모든 것을 소망한다, 모든 것을 인내한다.

13:8 Ἡ ἀγάπη οὐδέποτε πίπτει· εἴτε δὲ προφητεῖαι, καταργηθήσονται· εἴτε γλῶσσαι, παύσονται· εἴτε γνῶσις, καταργηθήσεται.

그 사랑은 절대로 떨어지지(넘어지지/실패하지) 않는다. 이제 예언들이 완전히 쓸모없어지고, 방언들도 그치고, 지식도 완전히 쓸모없어진다.

13:9 ἐκ μέρους γὰρ γινώσκομεν καὶ ἐκ μέρους προφητεύομεν·

그러므로/왜냐하면 부분적으로 우리가 알고 있고 부분적으로 예언하고 있다.

13:10 ὅταν δὲ ἔλθῃ τὸ τέλειον, τὸ ἐκ μέρους καταργηθήσεται.

이제 완전한 것이 올 때(오면), 부분적이던 것들은 완전히 쓸모없어질 것이다.

13:11 ὅτε ἤμην νήπιος, ἐλάλουν ὡς νήπιος, ἐφρόνουν ὡς νήπιος, ἐλογιζόμην ὡς νήπιος· ὅτε γέγονα ἀνήρ, κατήργηκα τὰ τοῦ νηπίου.

우리가 어린아이였을 때, 어린아이처럼 늘 말하고, 어린아이처럼 늘 이해하고, 어린아이처럼 늘 생각한다. 성인이 되었을 때, 어린아이의 것들은 완전히 쓸모없어진다.

13:12 βλέπομεν γὰρ ἄρτι δι᾽ ἐσόπτρου ἐν αἰνίγματι, τότε δὲ πρόσωπον πρὸς πρόσωπον· ἄρτι γινώσκω ἐκ μέρους, τότε δὲ ἐπιγνώσομαι καθὼς καὶ ἐπεγνώσθην.

왜냐하면 우리가 거울을 통해서는 희미하게 본다. 그러나 그때는 얼굴 대 얼굴로. 지금은 부분적으로 내가 안다. 그러나 그때는 완전히 알게 될 것이다. (주님에 의해) 내가 완전히 알아진 것처럼

13:13 Νυνὶ δὲ μένει πίστις, ἐλπίς, ἀγάπη, τὰ τρία ταῦτα· μείζων δὲ τούτων ἡ ἀγάπη.

이제(그러므로) 지금 남는다/지속된다. 믿음, 소망, 사랑, 바로 이 세 가지들이. 이제(그러나) 그것들 가운데 최고는 사랑!

# 고린도전서 14장

14:1 Διώκετε τὴν ἀγάπην, ζηλοῦτε δὲ τὰ πνευματικά, μᾶλλον δὲ ἵνα προφητεύητε.

너희는 추구하라, 그 사랑을! 이제 너희는 질투하라/사모하라, 영적인 것들을! 이제 더욱 너희가 예언하도록.

14:2 ὁ γὰρ λαλῶν γλώσσῃ οὐκ ἀνθρώποις λαλεῖ ἀλλὰ θεῷ· οὐδεὶς γὰρ ἀκούει, πνεύματι δὲ λαλεῖ μυστήρια·

왜냐하면 방언으로 말하는 자는 사람들에게 말하는 것이 아니라, 오히려 하나님께 [말하기 때문이다]. 왜냐하면 아무도 들을 수 없다, 이제 영으로 그가 말한다 비밀을(그가 영으로 비밀을 말하기 때문이다).

14:3 ὁ δὲ προφητεύων ἀνθρώποις λαλεῖ οἰκοδομὴν καὶ παράκλησιν καὶ παραμυθίαν.

이제 예언하는 자는 사람들에게 말한다, 세움과 권면과 위로를.

14:4 ὁ λαλῶν γλώσσῃ ἑαυτὸν οἰκοδομεῖ· ὁ δὲ προφητεύων ἐκκλησίαν οἰκοδομεῖ.

방언으로 말하는 자는 자신을 세운다. 이제(그러나) 예언하는 자는 교회를 세운다.

14:5 θέλω δὲ πάντας ὑμᾶς λαλεῖν γλώσσαις, μᾶλλον δὲ ἵνα προφητεύητε· μείζων δὲ ὁ προφητεύων ἢ ὁ λαλῶν γλώσσαις ἐκτὸς εἰ μὴ διερμηνεύῃ, ἵνα ἡ ἐκκλησία οἰκοδομὴν λάβῃ.

이제 나는 원한다, 너희 모두가 방언들로 말하기를, 이제(그러나) 더욱 너희가 예언하기를. 이제 크다/중요하다, 예언하는 자가, 방언들로 말하는 자보다, 만약 [방언한 내용이] 철저하게 번역되지 않는다면, 교회가 세움을 취할(얻을) 수 있도록.

14:6 Νῦν δέ, ἀδελφοί, ἐὰν ἔλθω πρὸς ὑμᾶς γλώσσαις λαλῶν, τί ὑμᾶς ὠφελήσω ἐὰν μὴ ὑμῖν λαλήσω ἢ ἐν ἀποκαλύψει ἢ ἐν γνώσει ἢ ἐν προφητείᾳ ἢ [ἐν] διδαχῇ;

이제 지금, 형제들아! 만약 내가 가서 너희들을 향해 방언들로 말하면, 너희에게 무슨 유익이 있을까? 만약 너희에게 계시로나 지식으로나 예언으로나 가르침으로 말하지 않는다면?

14:7 ὅμως τὰ ἄψυχα φωνὴν διδόντα, εἴτε αὐλὸς εἴτε κιθάρα, ἐὰν διαστολὴν τοῖς φθόγγοις μὴ δῷ, πῶς γνωσθήσεται τὸ αὐλούμενον ἢ τὸ κιθαριζόμενον;

; 심지어/마치, 생명 없는 것들이 소리를 낼 때, 피리나 수금으로, 만약 그 음들에 분명한 구별/뚜렷한 소리를 내지 않는다면, 어떻게 현악기 소리이거나 관악기 소리인지 알 수(알아들을 수) 있겠는가?

14:8 καὶ γὰρ ἐὰν ἄδηλον σάλπιγξ φωνὴν δῷ, τίς παρασκευάσεται εἰς πόλεμον;

그리고 왜냐하면 만약 나팔이 불분명한 소리를 낸다면, 누가 준비할 수 있겠는가, 전쟁을 위해?

14:9 οὕτως καὶ ὑμεῖς διὰ τῆς γλώσσης ἐὰν μὴ εὔσημον λόγον δῶτε, πῶς γνωσθήσεται τὸ λαλούμενον; ἔσεσθε γὰρ εἰς ἀέρα λαλοῦντες.

이와 같이, 너희도 그 혀를 통해 만약 뚜렷한 말을 내지 않는다면, 어떻게 알게 될 것인가, 그 발화된 것을? 왜냐하면(그러므로) 너희가 할 것이다(하는 것이다), 허공에 말하기를.

14:10 τοσαῦτα εἰ τύχοι γένη φωνῶν εἰσιν ἐν κόσμῳ καὶ οὐδὲν ἄφωνον·

아마도 엄청나게 많은 소리의 종류가 있도다, [이] 세상에! 그리고 소리 없는(무의미한) 것은 아무것도 없다.

14:11 ἐὰν οὖν μὴ εἰδῶ τὴν δύναμιν τῆς φωνῆς, ἔσομαι τῷ λαλοῦντι βάρβαρος καὶ ὁ λαλῶν ἐν ἐμοὶ βάρβαρος.

그러므로 만약 내가 그 소리의 능력(위력/뜻)을 알지 못한다면, 나는 그 말하는 자에게 야만인(이방인/외국인)이 될 것이고 그 말하는 자, 나로 인해 말하는 나로 인해 야만인(이방인/외국인)이 (될 것이다.)

14:12 οὕτως καὶ ὑμεῖς, ἐπεὶ ζηλωταί ἐστε πνευμάτων, πρὸς τὴν οἰκοδομὴν τῆς ἐκκλησίας ζητεῖτε ἵνα περισσεύητε.

이와 같이/그러므로 너희도, 너희가 영적인 사람들/은사들의 추구자들이니, 그 교회의 세움을 향하여/위해서, 너희는 구하라! 너희가 풍성(탁월)하도록.

14:13 Διὸ ὁ λαλῶν γλώσσῃ προσευχέσθω ἵνα διερμηνεύῃ.

; 그렇기 때문에, 방언으로 말하는 자는 기도해야만 한다, 철저히 통역되도록.

14:14 ἐὰν [γὰρ] προσεύχωμαι γλώσσῃ, τὸ πνεῦμά μου προσεύχεται, ὁ δὲ νοῦς μου ἄκαρπός ἐστιν.

만약 (왜냐하면) 내가 방언으로 기도하면, 나의 영은 기도한다. 그러나 내 이성(mind)은 열매가 없다(생산되는 것이 없다).

14:15 τί οὖν ἐστιν; προσεύξομαι τῷ πνεύματι, προσεύξομαι δὲ καὶ τῷ νοΐ· ψαλῶ τῷ πνεύματι, ψαλῶ δὲ καὶ τῷ νοΐ.

그러므로/그렇다면 내가 어떻게 할까? 나는 기도할 것이다, 영으로. 이제/또한 기도할 것이다, 이성(mind)으로도. 나는 찬양할 것이다, 영으로. 또한 이성(mind)으로도 [찬양할 것이다].

14:16 ἐπεὶ ἐὰν εὐλογῇς [ἐν] πνεύματι, ὁ ἀναπληρῶν τὸν τόπον τοῦ ἰδιώτου πῶς ἐρεῖ τὸ ἀμὴν ἐπὶ τῇ σῇ εὐχαριστίᾳ; ἐπειδὴ τί λέγεις οὐκ οἶδεν·

그렇게 하지 않고 만약 네가 영으로 축복한다면, 그 장소에 참석하고 있는 (은사가 없는)평범한 사람이 어떻게 "아멘"이라고 말할 수 있겠는가, 너의 축복의 말에 대해서? 네가 무슨 말을 했는지 알지 못하는 상태에서.

14:17 σὺ μὲν γὰρ καλῶς εὐχαριστεῖς ἀλλʼ ὁ ἕτερος οὐκ οἰκοδομεῖται.

한편으로 너는 잘 감사한다. 그러나 다른 사람은 세움 받지 못한다.

14:18 Εὐχαριστῶ τῷ θεῷ, πάντων ὑμῶν μᾶλλον γλώσσαις λαλῶ·

나는 감사한다, 하나님께. 너희 모두보다 더욱(더 많이) 방언으로 말한다(말하기 때문이다).

14:19 ἀλλʼ ἐν ἐκκλησίᾳ θέλω πέντε λόγους τῷ νοΐ μου λαλῆσαι, ἵνα καὶ ἄλλους κατηχήσω, ἢ μυρίους λόγους ἐν γλώσσῃ.

그러나 교회에서 나는 원한다. 나의 이성(지성)으로 다섯 마디 말을 말하기를, 다른 이들을 소리 내어(구두로) 가르치기 위해서, 방언으로 일만(무수한) 말을 하기보다

14:20 Ἀδελφοί, μὴ παιδία γίνεσθε ταῖς φρεσὶν ἀλλὰ τῇ κακίᾳ νηπιάζετε, ταῖς δὲ φρεσὶν τέλειοι γίνεσθε.

; 형제들아! 어린아이가 되지 말라, 이해하는 것들에는! 오히려 악에 갓난아기가 되라, 이제 이해하는 것들에! 온전한/성숙한 자들이 되라!

14:21 ἐν τῷ νόμῳ γέγραπται ὅτι ἐν ἑτερογλώσσοις καὶ ἐν χείλεσιν ἑτέρων λαλήσω τῷ λαῷ τούτῳ καὶ οὐδʼ οὕτως εἰσακούσονταί μου, λέγει κύριος.

율법(책)에 기록되어 왔다, 즉 다른 혀들(방언들)과 다른 입술들로 내가 말할 것이다, 이 백성에게. 그리고(그러나) 아무도 그렇게 나의 (말에) 주의하여 듣지 않을 것이다[라고] 주께서 말씀하신다(말씀하셨다).

14:22 ὥστε αἱ γλῶσσαι εἰς σημεῖόν εἰσιν οὐ τοῖς πιστεύουσιν ἀλλὰ τοῖς ἀπίστοις, ἡ δὲ προφητεία οὐ τοῖς ἀπίστοις ἀλλὰ τοῖς πιστεύουσιν.

그 결과 방언들은 표적/표시로 된다, 믿는 자들에게가 아니라, 오히려 믿지 않는 자들에게. 이제(그러나) 예언은 믿지 않는 자들에게가 아니라, 오히려 믿는 자들에게.

14:23 Ἐὰν οὖν συνέλθῃ ἡ ἐκκλησία ὅλη ἐπὶ τὸ αὐτὸ καὶ πάντες λαλῶσιν γλώσσαις, εἰσέλθωσιν δὲ ἰδιῶται ἢ ἄπιστοι, οὐκ ἐροῦσιν ὅτι μαίνεσθε;

그러므로 만약 온 교회가 같은 장소에 함께 모이게 되었을 때, 그리고 모두가 방언으로 말한다면, 이제 (신앙 경험이 없는) 평범한 자들이나 믿음 없는 사람들이 들어와서, 이렇게 말하지 않겠는가? 너희는 미쳤다!

14:24 ἐὰν δὲ πάντες προφητεύωσιν, εἰσέλθῃ δέ τις ἄπιστος ἢ ἰδιώτης, ἐλέγχεται ὑπὸ πάντων, ἀνακρίνεται ὑπὸ πάντων,

; 이제 만약 모두가 예언한다면, 이제 어떤 믿음 없는 사람이나 (신앙 경험이 없는) 평범한 자들이 들어와서, 모두에 의해 죄를 깨닫게 되고, 모두에 의해 철저한 심판/책망을 받게 된다(될 것이다).

14:25 τὰ κρυπτὰ τῆς καρδίας αὐτοῦ φανερὰ γίνεται, καὶ οὕτως πεσὼν ἐπὶ πρόσωπον προσκυνήσει τῷ θεῷ ἀπαγγέλλων ὅτι ὄντως ὁ θεὸς ἐν ὑμῖν ἐστιν.

그의 마음의 숨은 것들이 분명해져(드러나게 되어), 그리고 그 결과, 앞으로 엎드리고 하나님께 기도할 것이다. 선언(선포)하면서, 즉 너희 안에 하나님이 진정으로 살아 계시도다! [라고].

14:26 Τί οὖν ἐστιν, ἀδελφοί; ὅταν συνέρχησθε, ἕκαστος ψαλμὸν ἔχει, διδαχὴν ἔχει, ἀποκάλυψιν ἔχει, γλῶσσαν ἔχει, ἑρμηνείαν ἔχει· πάντα πρὸς οἰκοδομὴν γινέσθω.

그러므로 어떻게 할까, 형제들아? 너희들이 함께 모일 때, 각각 시편 찬송시를 가지고(행하고), 가르침을 가지고, 계시를 가지고, 방언을 가지고, 통변을 가진다. 모든 것들을 세움을 향해(위해) 너희들은 하라!

14:27 εἴτε γλώσσῃ τις λαλεῖ, κατὰ δύο ἢ τὸ πλεῖστον τρεῖς καὶ ἀνὰ μέρος, καὶ εἷς διερμηνευέτω·

만약에 누가 방언으로 말하려 한다면, 두 사람 혹은 많아야 세 사람 정도가 (일정) 부분을 따라서/나누어서, 그리고 한 명은 철저하게/잘 통역하라!

14:28 ἐὰν δὲ μὴ ᾖ διερμηνευτής, σιγάτω ἐν ἐκκλησίᾳ, ἑαυτῷ δὲ λαλείτω καὶ τῷ θεῷ.

이제(그러나) 만약 철저하게/잘 통역할 사람이 없다면, 그는 침묵하라, 교회에서! 이제 자기 자신에게/으로 말하라! 그리고 하나님께.

14:29 προφῆται δὲ δύο ἢ τρεῖς λαλείτωσαν καὶ οἱ ἄλλοι διακρινέτωσαν·

이제 예언하는 자들은 둘 혹은 셋이 말하라! 그리고 나머지 사람들은 철저하게/조심스럽게 판단/분별하라!

14:30 ἐὰν δὲ ἄλλῳ ἀποκαλυφθῇ καθημένῳ, ὁ πρῶτος

σιγάτω.

이제 만약 다른 사람에게 계시가 임하게 되면, 앉아 있던 자에게, 그 첫 번째 사람은 침묵하라!

14:31 δύνασθε γὰρ καθ᾽ ἕνα πάντες προφητεύειν, ἵνα πάντες μανθάνωσιν καὶ πάντες παρακαλῶνται.

왜냐하면(그러므로) 너희는 한 사람씩 모두가 예언할 수 있게 된다, 모두가 배우고 모두가 권면/훈계받기 위해서.

14:32-33a καὶ πνεύματα προφητῶν προφήταις ὑποτάσσεται, οὐ γάρ ἐστιν ἀκαταστασίας ὁ θεὸς ἀλλ᾽ εἰρήνης.

그리고 예언하는 자들의 영들은 예언자들에게 종속된다(통제된다). 왜냐하면 하나님은 무질서하신 분이 아니라 오히려 평화의 [하나님이시기 때문이다].

14:33b-34 Ὡς ἐν πάσαις ταῖς ἐκκλησίαις τῶν ἁγίων αἱ γυναῖκες ἐν ταῖς ἐκκλησίαις σιγάτωσαν· οὐ γὰρ ἐπιτρέπεται αὐταῖς λαλεῖν, ἀλλ᾽ ὑποτασσέσθωσαν, καθὼς καὶ ὁ νόμος λέγει.

모든 성도들의 교회들에서(같이/처럼), 그 여자들은 교회에서 침묵하라! 왜냐하면 돌아서지/허락되지 않기 때문이다, 그녀들에게 말하는 것이, 오히려 순종되어라, 율법이 말하는 대로!

14:35 εἰ δέ τι μαθεῖν θέλουσιν, ἐν οἴκῳ τοὺς ἰδίους ἄνδρας ἐπερωτάτωσαν· αἰσχρὸν γάρ ἐστιν γυναικὶ λαλεῖν ἐν ἐκκλησίᾳ.

이제 만약 그녀들이 무엇인가 배우기를 원한다면, 집에서 자신의 남편에게 물어보라! 왜냐하면 여자에게/여자가 말하는 것은 수치스러운 것이기 때문이다, 교회에서.

14:36 ἢ ἀφ᾽ ὑμῶν ὁ λόγος τοῦ θεοῦ ἐξῆλθεν, ἢ εἰς ὑμᾶς μόνους κατήντησεν;

또는 너희들로부터(만) 그 하나님의 말씀이 나왔느냐? 또는/혹은 너희에게만 임했느냐?

14:37 Εἴ τις δοκεῖ προφήτης εἶναι ἢ πνευματικός, ἐπιγινωσκέτω ἃ γράφω ὑμῖν ὅτι κυρίου ἐστὶν ἐντολή·

만약 누가 (자신을) 선지자나 영적인 사람이라고 생각한다면, [이것을] 분명히 알라! 내가 (편지로) 너희들에게 쓰는 이 내용은 곧 주님의 명령이다!

14:38 εἰ δέ τις ἀγνοεῖ, ἀγνοεῖται.

이제 만약 누가 알지 못한다면, 알지 못하게 된다.

14:39 Ὥστε, ἀδελφοί [μου], ζηλοῦτε τὸ προφητεύειν καὶ τὸ λαλεῖν μὴ κωλύετε γλώσσαις·

그러므로 (나의) 형제들아! 예언하기를 사모하라! 그리고 방언으로 말하는 것을 금지하지 말라!

14:40 πάντα δὲ εὐσχημόνως καὶ κατὰ τάξιν γινέσθω.

이제 모든 것을 적절하고(예의 바르고) 질서에 따라 하라!

## 고린도전서 15장

15:1 Γνωρίζω δὲ ὑμῖν, ἀδελφοί, τὸ εὐαγγέλιον ὃ εὐηγγελισάμην ὑμῖν, ὃ καὶ παρελάβετε, ἐν ᾧ καὶ ἑστήκατε,

이제 내가 알게 한다, 너희에게, 형제들아! 내가 너희에게 전달한 그 복음을, 그리고/또한 그것을 너희는 받았다, 그것(복음) 안에(서) 그리고/또한 너희는 서 왔다.

15:2 δι᾽ οὗ καὶ σῴζεσθε, τίνι λόγῳ εὐηγγελισάμην ὑμῖν εἰ κατέχετε, ἐκτὸς εἰ μὴ εἰκῇ ἐπιστεύσατε.

그것(복음)을 통해 그리고/또한 너희는 구원을 받는다, 내가 너희에게 전해 준 어떤 말을 너희가 굳게 붙잡는다면, 만약 너희가 헛되이 믿지 않았다면.

15:3 παρέδωκα γὰρ ὑμῖν ἐν πρώτοις, ὃ καὶ παρέλαβον, ὅτι Χριστὸς ἀπέθανεν ὑπὲρ τῶν ἁμαρτιῶν ἡμῶν κατὰ τὰς γραφὰς

왜냐하면 나는 전해 주었다, 너희에게, 먼저들 중에서(가장 중요하게), 그리고 그것(복음)은 내가 전해 받았다. 즉, 그리스도께서 우리 죄들을 위해서 죽으셨다는 것, 성경에 따라(일치하게).

15:4 καὶ ὅτι ἐτάφη καὶ ὅτι ἐγήγερται τῇ ἡμέρᾳ τῇ τρίτῃ κατὰ τὰς γραφὰς

그리고 즉 매장되셨다, 그리고 즉 일으키심을 받았다, 그 3번째 날에, 성경에 따라(일치하게),

15:5 καὶ ὅτι ὤφθη Κηφᾷ εἶτα τοῖς δώδεκα·

그리고 즉 보이셨다, 게바에게, 그 후에(는) 12(제자들/사도들)에게.

15:6 ἔπειτα ὤφθη ἐπάνω πεντακοσίοις ἀδελφοῖς ἐφάπαξ, ἐξ ὧν οἱ πλείονες μένουσιν ἕως ἄρτι, τινὲς δὲ ἐκοιμήθησαν·

그 후에 보이셨다, 500명 위에/넘는 형제들에게, 한 번에. 그들 중 많은 사람이 (살아) 남아 있다, 지금까지. 이제/다만 어떤/몇몇은 잠들었다.

15:7 ἔπειτα ὤφθη Ἰακώβῳ εἶτα τοῖς ἀποστόλοις πᾶσιν·

그 후에 보이셨다, 야고보에게, 그 후에 사도들에게 다시.

15:8 ἔσχατον δὲ πάντων ὡσπερεὶ τῷ ἐκτρώματι ὤφθη κἀμοί.

이제 모든 것들의 마지막으로, 유산된 (바와 다를 바 없는) 나에게도 보이셨다.

15:9 Ἐγὼ γάρ εἰμι ὁ ἐλάχιστος τῶν ἀποστόλων ὃς οὐκ εἰμὶ ἱκανὸς καλεῖσθαι ἀπόστολος, διότι ἐδίωξα τὴν ἐκκλησίαν τοῦ θεοῦ·

왜냐하면 나는 사도들 중에서 가장 작은 자이기 때문이다. 나는 사도라고 불릴 자격도 없다. 그 이유는 내가 하나님의 교회를 핍박했기 때문이다.

15:10 χάριτι δὲ θεοῦ εἰμι ὅ εἰμι, καὶ ἡ χάρις αὐτοῦ ἡ εἰς ἐμὲ οὐ κενὴ ἐγενήθη, ἀλλὰ περισσότερον αὐτῶν πάντων ἐκοπίασα, οὐκ ἐγὼ δὲ ἀλλ᾽ ἡ χάρις τοῦ θεοῦ [ἡ] σὺν ἐμοί.

이제 하나님의 은혜로 나는 내가 되었다. 그리고 그분의 그 은혜, 나를 향한 그 은혜가 헛되이 되지 않았다. 오히려 모든 그들(사도들)보다 더욱 내가 수고했다. 그러나 내가 아니라, 오히려 하나님의 그 은혜가 나에게 함께 [했기 때문이다].

15:11 εἴτε οὖν ἐγὼ εἴτε ἐκεῖνοι, οὕτως κηρύσσομεν καὶ οὕτως ἐπιστεύσατε.

그러므로 나나 저들(다른 사도들)이나, 그렇게 우리가 복음을 전파했고 그렇게 너희는 믿었다.

15:12 Εἰ δὲ Χριστὸς κηρύσσεται ὅτι ἐκ νεκρῶν ἐγήγερται, πῶς λέγουσιν ἐν ὑμῖν τινες ὅτι ἀνάστασις νεκρῶν οὐκ ἔστιν;

이제 만약 그리스도께서 선포된다면, 즉 그가 죽은 자들에게서 일으켜졌다고, 어째서 그들은 말하는가, 너희 가운데서, 즉 죽은 자들의 부활은 없다고?

15:13 εἰ δὲ ἀνάστασις νεκρῶν οὐκ ἔστιν, οὐδὲ Χριστὸς ἐγήγερται·

이제 만약 죽은 자들의 부활이 없다면, 그리스도도 일으켜지지 못했다.

15:14 εἰ δὲ Χριστὸς οὐκ ἐγήγερται, κενὸν ἄρα [καὶ] τὸ κήρυγμα ἡμῶν, κενὴ καὶ ἡ πίστις ὑμῶν·

이제 만약 그리스도께서 일으켜지지 못했다면, 그러면 텅 빈 것이다, 우리의 복음 선포도, 그리고 너희의 믿음도.

15:15 εὑρισκόμεθα δὲ καὶ ψευδομάρτυρες τοῦ θεοῦ, ὅτι ἐμαρτυρήσαμεν κατὰ τοῦ θεοῦ ὅτι ἤγειρεν τὸν Χριστόν, ὃν οὐκ ἤγειρεν εἴπερ ἄρα νεκροὶ οὐκ ἐγείρονται.

그리고 이제 우리는 발견된다, 하나님의 거짓증인들로, 즉 우리가 거짓 증거한 것이다, 하나님을 따라/하나님에 대하여. 곧 그가 그리스도를 일으키셨다[고 말했으니]. 그(예수님)를 [하나님께서] 일으키지 않으신 것이니까. 만약 죽은 자들이 일어나게 됨(부활)이 진정(참으로) 없다면.

15:16 εἰ γὰρ νεκροὶ οὐκ ἐγείρονται, οὐδὲ Χριστὸς ἐγήγερται·

왜냐하면 만약 죽은 자들이 일으킴을 받지 못한다면, 그리스도도 일으키심을 받지 못한 것이다.

15:17 εἰ δὲ Χριστὸς οὐκ ἐγήγερται, ματαία ἡ πίστις ὑμῶν, ἔτι ἐστὲ ἐν ταῖς ἁμαρτίαις ὑμῶν,

이제 만약 그리스도께서 일으키심을 받을 수 없다면, 너희의 믿음은 무의미하고, 여전히 너희는 너희의 죄 가운데 있는 것이다.

15:18 ἄρα καὶ οἱ κοιμηθέντες ἐν Χριστῷ ἀπώλοντο.

그러면 그리스도 안에서 잠든 자들도 망한 것이다.

15:19 εἰ ἐν τῇ ζωῇ ταύτῃ ἐν Χριστῷ ἠλπικότες ἐσμὲν μόνον, ἐλεεινότεροι πάντων ἀνθρώπων ἐσμέν.

만약 이 생명(이 세상) 안에서[만이], 그리스도 안에서 우리가 소망한 유일한 것(전부)이라면, 우리는 모든 사람들 중에서 더욱(가장) 불쌍한 사람이다.

15:20 Νυνὶ δὲ Χριστὸς ἐγήγερται ἐκ νεκρῶν ἀπαρχὴ τῶν κεκοιμημένων.

그러나 지금! 그리스도께서 죽은 자들에게서 일으키심을 받았다, 잠자는 자들의 첫 열매로.

15:21 ἐπειδὴ γὰρ δι᾽ ἀνθρώπου θάνατος, καὶ δι᾽ ἀνθρώπου ἀνάστασις νεκρῶν.

왜냐하면 (한) 사람을 통해 죽음이 [시작되었다], 그리고/마찬가지로 (한) 사람을 통해서 죽은 자들의 부활이 [시작되었다].

15:22 ὥσπερ γὰρ ἐν τῷ Ἀδὰμ πάντες ἀποθνῄσκουσιν, οὕτως καὶ ἐν τῷ Χριστῷ πάντες ζῳοποιηθήσονται.

왜냐하면 그 결과, 아담 안에서 모든 사람들이 죽는다, 마찬가지로 또한 그리스도 안에서 모든 사람들이 생명을 얻을 것이다.

15:23 Ἕκαστος δὲ ἐν τῷ ἰδίῳ τάγματι· ἀπαρχὴ Χριστός, ἔπειτα οἱ τοῦ Χριστοῦ ἐν τῇ παρουσίᾳ αὐτοῦ,

이제 각자 자신에게 있는 순서대로, 첫 열매는 그리스도, 그다음은 그리스도의 사람들, 그분이 재림하실 때,

15:24 εἶτα τὸ τέλος, ὅταν παραδιδῷ τὴν βασιλείαν τῷ θεῷ καὶ πατρί, ὅταν καταργήσῃ πᾶσαν ἀρχὴν καὶ πᾶσαν ἐξουσίαν καὶ δύναμιν.

그 후에는 마지막/완성[이 온다], 그분께서 그 나라를 하나님 즉 아버지께 드릴

때, 모든 통치와 모든 권세와 능력을 그가 완전히 쓸모없게 만드실 때(폐위시킬 때).

15:25 δεῖ γὰρ αὐτὸν βασιλεύειν ἄχρι οὗ θῇ πάντας τοὺς ἐχθροὺς ὑπὸ τοὺς πόδας αὐτοῦ.

왜냐하면 그분은 반드시 통치하셔야만(왕 노릇 하셔야만) 하기 때문이다. 모든 가증스러운 것/원수들이 그분의 발들 아래에 두어질 때까지.

15:26 ἔσχατος ἐχθρὸς καταργεῖται ὁ θάνατος·

마지막(은) 가증스러운 것/원수가 완전히 쓸모없게 된다/멸망당한다, 그 죽음이.

15:27 πάντα γὰρ ὑπέταξεν ὑπὸ τοὺς πόδας αὐτοῦ. ὅταν δὲ εἴπῃ ὅτι πάντα ὑποτέτακται, δῆλον ὅτι ἐκτὸς τοῦ ὑποτάξαντος αὐτῷ τὰ πάντα.

왜냐하면 "모든 것을 그(예수)의 발아래에 그(하나님)가 두셨다"라고 말씀했기 때문이다. 이제 그(하나님)분이 "모든 것을 아래에 두었다"라고 말씀하실 때, 그 모든 것을 그(예수)에게 두겠다고 하신 그분은 제외되는 것이 분명하다.

15:28 ὅταν δὲ ὑποταγῇ αὐτῷ τὰ πάντα, τότε [καὶ] αὐτὸς ὁ υἱὸς ὑποταγήσεται τῷ ὑποτάξαντι αὐτῷ τὰ πάντα, ἵνα ᾖ ὁ θεὸς [τὰ] πάντα ἐν πᾶσιν.

이제 그(예수님)분께 모든 것이 복종할 때, 바로 그때 아들 자신도 복종할 것이다, 모든 것을 자신에게 복종시키신 분(하나님)께, [그 결과] 하나님께서 모든 것 안에서 모든 것이 되시기 위해.

15:29 Ἐπεὶ τί ποιήσουσιν οἱ βαπτιζόμενοι ὑπὲρ τῶν νεκρῶν; εἰ ὅλως νεκροὶ οὐκ ἐγείρονται, τί καὶ βαπτίζονται ὑπὲρ αὐτῶν;

무엇 때문에 세례받는 자들이 행할 것인가, 죽은 자들을 위해서(대신해서)? 만약 완전히 죽은 자들이 일어날 수 없다면, 왜 그리고 그들이 세례를 받는가, 그들을 위해서?

15:30 Τί καὶ ἡμεῖς κινδυνεύομεν πᾶσαν ὥραν;

그리고 어째서 우리가 위험에 처하는가, 모든 시간에?

15:31 καθ᾽ ἡμέραν ἀποθνῄσκω, νὴ τὴν ὑμετέραν καύχησιν, [ἀδελφοί], ἣν ἔχω ἐν Χριστῷ Ἰησοῦ τῷ κυρίῳ ἡμῶν.

날마다 나는 죽는다, 너희를 향한 [나의] 자랑에 근거하여, [형제들아!] 우리 주 그리스도 예수 안에서 내가 가지고 있는 것.

15:32 εἰ κατὰ ἄνθρωπον ἐθηριομάχησα ἐν Ἐφέσῳ, τί μοι τὸ ὄφελος; εἰ νεκροὶ οὐκ ἐγείρονται, φάγωμεν καὶ πίωμεν, αὔριον γὰρ ἀποθνῄσκομεν.

; 만약 (세상) 사람을 따라, 맹수와 더불어 싸우는 자가 되었다면, 에베소서에서,

나에게 어떤 유익이 있었을까? 만약 죽은 자들이 일으킴을 받을 수 없다면, 먹자 그리고 마시자, 왜냐하면 내일 우리는 죽는다[라고 했을 것이다]!

15:33 μὴ πλανᾶσθε· φθείρουσιν ἤθη χρηστὰ ὁμιλίαι κακαί.

너희는 속임 당하지 말라! 부패/타락시킨다, 유용한/선한 습관을, 악한 교제들이(친구들이).

15:34 ἐκνήψατε δικαίως καὶ μὴ ἁμαρτάνετε, ἀγνωσίαν γὰρ θεοῦ τινες ἔχουσιν, πρὸς ἐντροπὴν ὑμῖν λαλῶ.

너희는 의롭게 깨어나라! 그리고 죄를 짓지 말라! 왜냐하면 하나님의 무지함을 누군가 가지고 있기 때문이다. 너희에게 수치를 향하여/주려고 내가 말한다.

15:35 Ἀλλ᾽ ἐρεῖ τις· πῶς ἐγείρονται οἱ νεκροί; ποίῳ δὲ σώματι ἔρχονται;

오히려/그러나 누군가 말한다, 어떻게 죽은 자들이 일어나는가? 이제/또한 어떤 종류의 몸으로 나오는가?

15:36 ἄφρων, σὺ ὃ σπείρεις, οὐ ζῳοποιεῖται ἐὰν μὴ ἀποθάνῃ·

어리석은 자여! 너의 뿌리는 것(씨앗)이 살아날 수 없다, 만약 그것이 죽지 않는다면.

15:37 καὶ ὃ σπείρεις, οὐ τὸ σῶμα τὸ γενησόμενον σπείρεις ἀλλὰ γυμνὸν κόκκον εἰ τύχοι σίτου ἤ τινος τῶν λοιπῶν·

그리고 네가 뿌린 것은 (장차) 되어질 그 몸/형태를 뿌리는 것이 아니라, 오히려 벗겨진(순수한) 씨앗이다. 밀이나 나머지 것들의 어떤 것(씨앗)일 뿐이다!

15:38 ὁ δὲ θεὸς δίδωσιν αὐτῷ σῶμα καθὼς ἠθέλησεν, καὶ ἑκάστῳ τῶν σπερμάτων ἴδιον σῶμα.

이제 하나님께서 주신다, 그것에게 몸(형태)을, 하나님께서 원하신 대로, 그리고 그 씨앗들 각자에게 자신의/고유한 몸(형태)을

15:39 Οὐ πᾶσα σὰρξ ἡ αὐτὴ σὰρξ ἀλλ᾽ ἄλλη μὲν ἀνθρώπων, ἄλλη δὲ σὰρξ κτηνῶν, ἄλλη δὲ σὰρξ πτηνῶν, ἄλλη δὲ ἰχθύων.

모든 육체(형태)가 동일한 육체(형태)는 아니다, 오히려 다른/어떤 것은 한편으로 사람들의 (육체이며), 또한 다른/어떤 것은 짐승들의 육체이며, 또한 다른/어떤 것은 새들의 육체이며, 또한 다른/어떤 것은 물고기들의 (육체들이다).

15:40 καὶ σώματα ἐπουράνια, καὶ σώματα ἐπίγεια· ἀλλ᾽ ἑτέρα μὲν ἡ τῶν ἐπουρανίων δόξα, ἑτέρα δὲ ἡ τῶν ἐπιγείων.

그리고 하늘에 속한 육체들이, 그리고 땅에 속한 육체들이, 그러나 한편으로 하늘에 속한 것들의 영광이 다르고, 이제 땅에 속한 것들의 (영광이) 다르다.

15:41 ἄλλη δόξα ἡλίου, καὶ ἄλλη δόξα σελήνης, καὶ ἄλλη δόξα ἀστέρων· ἀστὴρ γὰρ ἀστέρος διαφέρει ἐν δόξῃ.

해의 영광도 다르다. 그리고 달의 영광도 다르다 그리고 별들의 영광도 다르다. 심지어 별과 별도 다르다, 그 영광에서.

15:42 Οὕτως καὶ ἡ ἀνάστασις τῶν νεκρῶν. σπείρεται ἐν φθορᾷ, ἐγείρεται ἐν ἀφθαρσίᾳ·

그렇게/이처럼 죽은 사람들의 부활도 (마찬가지다). 썩는 것으로 씨 뿌려진다, [그 후에] 썩지 않을 것으로 일으킴을 받는다.

15:43 σπείρεται ἐν ἀτιμίᾳ, ἐγείρεται ἐν δόξῃ· σπείρεται ἐν ἀσθενείᾳ, ἐγείρεται ἐν δυνάμει·

불명예스럽게 씨 뿌려진다, 영광스럽게 일으킴을 받는다. 약하게 씨 뿌려진다, 강하게(능력 있게) 일으킴을 받는다.

15:44 σπείρεται σῶμα ψυχικόν, ἐγείρεται σῶμα πνευματικόν. Εἰ ἔστιν σῶμα ψυχικόν, ἔστιν καὶ πνευματικόν.

혼적인 몸이 씨 뿌려진다, 영적인 몸이 일으킴을 받는다. 만약 혼적인 몸이 있다면, 영적인 (몸)도 있다.

15:45 οὕτως καὶ γέγραπται· ἐγένετο ὁ πρῶτος ἄνθρωπος Ἀδὰμ εἰς ψυχὴν ζῶσαν, ὁ ἔσχατος Ἀδὰμ εἰς πνεῦμα ζῳοποιοῦν.

그렇게/그래서 기록되어졌다. 첫 번째 사람 아담이 살아 있는 혼으로 되었다, 마지막 아담은 살리는 영으로 [되었다].

15:46 ἀλλ᾽ οὐ πρῶτον τὸ πνευματικὸν ἀλλὰ τὸ ψυχικόν, ἔπειτα τὸ πνευματικόν.

오히려/그러나 영적인 자가 먼저가 아니라 오히려 혼적인 자가, 그다음에 영적인 자가.

15:47 ὁ πρῶτος ἄνθρωπος ἐκ γῆς χοϊκός, ὁ δεύτερος ἄνθρωπος ἐξ οὐρανοῦ.

그 첫 번째 사람은 땅의 흙으로부터, 그 두 번째 사람은 하늘로부터.

15:48 οἷος ὁ χοϊκός, τοιοῦτοι καὶ οἱ χοϊκοί, καὶ οἷος ὁ ἐπουράνιος, τοιοῦτοι καὶ οἱ ἐπουράνιοι·

그 흙에 속한 자(아담)와 같이, 흙에 속한 사람들도 그러하고, 그 하늘에 속한 자(예수 그리스도)와 같이, 하늘에 속한 자들도 그러하다.

15:49 καὶ καθὼς ἐφορέσαμεν τὴν εἰκόνα τοῦ χοϊκοῦ, φορέσομεν καὶ τὴν εἰκόνα τοῦ ἐπουρανίου.

그리고 우리가 흙에 속한 자의 형상을 간직한/입은 것처럼, 우리는 또한 하늘에 속한 자의 형상을 간직하게/입게 될 것이다.

15:50 Τοῦτο δέ φημι, ἀδελφοί, ὅτι σὰρξ καὶ αἷμα βασιλείαν θεοῦ κληρονομῆσαι οὐ δύναται οὐδὲ ἡ φθορὰ τὴν ἀφθαρσίαν κληρονομεῖ.

이제 이것을 내가 말한다, 형제들아! 즉 살과 피는 하나님 나라를 유업으로 받을 수 없다, [즉] 썩을 것이 썩지 않을 것을 유업으로 받을 수 없다.

15:51 ἰδοὺ μυστήριον ὑμῖν λέγω· πάντες οὐ κοιμηθησόμεθα, πάντες δὲ ἀλλαγησόμεθα,

보라! 비밀을 너희에게 내가 말한다. 우리 모두 잠자게 될 것이 아니다, 이제 모두가 변화될 것이다.

15:52 ἐν ἀτόμῳ, ἐν ῥιπῇ ὀφθαλμοῦ, ἐν τῇ ἐσχάτῃ σάλπιγγι· σαλπίσει γὰρ καὶ οἱ νεκροὶ ἐγερθήσονται ἄφθαρτοι καὶ ἡμεῖς ἀλλαγησόμεθα.

(더 이상) 분리할 수 없는 때에/순식간에, 눈 깜짝할 순간에, 마지막 나팔 때에! 왜냐하면/그러므로 나팔이 불 것이고 죽은 자들이 썩지 않는 존재로 일으킴을 받을 것이다, 그리고 우리도 변화될 것이다.

15:53 Δεῖ γὰρ τὸ φθαρτὸν τοῦτο ἐνδύσασθαι ἀφθαρσίαν καὶ τὸ θνητὸν τοῦτο ἐνδύσασθαι ἀθανασίαν.

왜냐하면/그러므로 이 썩을 것이 썩지 않을 것을 반드시 입어야만 한다, 그리고 이 죽을 것이 죽지 않음을 입어야만 한다(하기 때문이다).

15:54 ὅταν δὲ τὸ φθαρτὸν τοῦτο ἐνδύσηται ἀφθαρσίαν καὶ τὸ θνητὸν τοῦτο ἐνδύσηται ἀθανασίαν, τότε γενήσεται ὁ λόγος ὁ γεγραμμένος· κατεπόθη ὁ θάνατος εἰς νῖκος.

이제 이 썩을 것이 썩지 않을 것을 입게 되고, 이 죽을 것이 죽지 않을 것을 입게 될 때, 그때에 기록되어진 그 말씀이 이루어질 것이다. 삼켜졌다, 그 죽음이 승리 안으로. [라는 말씀이].

15:55 ποῦ σου, θάνατε, τὸ νῖκος; ποῦ σου, θάνατε, τὸ κέντρον;

사망아! 너의 그 승리는 어디에? 사망아! 너의 그 일침(쏘는 것)은 어디에?

15:56 τὸ δὲ κέντρον τοῦ θανάτου ἡ ἁμαρτία, ἡ δὲ δύναμις τῆς ἁμαρτίας ὁ νόμος·

이제 그 사망의 일침(쏘는 것)은 그 죄! 이제/또한 그 죄의 힘(능력)은 그 율법!

15:57 τῷ δὲ θεῷ χάρις τῷ διδόντι ἡμῖν τὸ νῖκος διὰ τοῦ κυρίου ἡμῶν Ἰησοῦ Χριστοῦ.

이제 하나님께 은혜/감사를! 우리에게 그 승리를 주신 분께, 우리 주 예수 그리스도를 통해서.

15:58 Ὥστε, ἀδελφοί μου ἀγαπητοί, ἑδραῖοι γίνεσθε, ἀμετακίνητοι, περισσεύοντες ἐν τῷ ἔργῳ τοῦ κυρίου πάντοτε, εἰδότες ὅτι ὁ κόπος ὑμῶν οὐκ ἔστιν κενὸς ἐν κυρίῳ.

그러므로 나의 사랑하는 형제들아! 견고하게 되어라, 흔들림 없이! 풍성/성숙해지라, 주님의 일에, 항상! 너희가 알고 있다, 즉 너희의 수고가 헛되지 않다는 것을, 주 안에서.

## 고린도전서 16장

16:1 Περὶ δὲ τῆς λογείας τῆς εἰς τοὺς ἁγίους ὥσπερ διέταξα ταῖς ἐκκλησίαις τῆς Γαλατίας, οὕτως καὶ ὑμεῖς ποιήσατε.

이제 성도를 위한 모금에 대해서, 갈라디아 교회들에게 내가 규정/지시해 준 것과 같이, 그렇게 너희도 행하라!

16:2 κατὰ μίαν σαββάτου ἕκαστος ὑμῶν παρ᾽ ἑαυτῷ τιθέτω θησαυρίζων ὅ τι ἐὰν εὐοδῶται, ἵνα μὴ ὅταν ἔλθω τότε λογεῖαι γίνωνται.

[매] 안식일/주의 첫째 날마다, 너희 각 사람이 자신 곁에/각자 쌓아서 두어라/저축해 두라! 즉 번성/수입을 얻는 대로, 내가 갔을 때, 모금하지 않도록.

16:3 ὅταν δὲ παραγένωμαι, οὓς ἐὰν δοκιμάσητε, δι᾽ ἐπιστολῶν τούτους πέμψω ἀπενεγκεῖν τὴν χάριν ὑμῶν εἰς Ἰερουσαλήμ·

이제 내가 도착하면, 너희가 인정하는 어떤 이들을, 편지들을 통해서 그들을 내가 보낼 것이다, 그들이 너희의 그 은혜(호의/모금)를 예루살렘으로 가지고 가도록.

16:4 ἐὰν δὲ ἄξιον ᾖ τοῦ κἀμὲ πορεύεσθαι, σὺν ἐμοὶ πορεύσονται.

이제 만약 나도 가는 것이 합당하다면(권할 만하다면), 나와 함께 그들이 갈 것이다.

16:5 Ἐλεύσομαι δὲ πρὸς ὑμᾶς ὅταν Μακεδονίαν διέλθω· Μακεδονίαν γὰρ διέρχομαι,

이제 내가 너희에게로 갈 것이다, 내가 마게도냐를 통과해서 간 후에. 왜냐하면 마게도냐를 내가 지나간다/지나가서,

16:6 πρὸς ὑμᾶς δὲ τυχὸν παραμενῶ ἢ καὶ παραχειμάσω,

ἵνα ὑμεῖς με προπέμψητε οὗ ἐὰν πορεύωμαι.

이제 너희를 향해(함께) 아마도 곁에 머물게 되거나 겨울을 보내게 될 수도 있다, 너희가 나를 (내가) 가려는 곳으로 보내 주기 위해서.

16:7 οὐ θέλω γὰρ ὑμᾶς ἄρτι ἐν παρόδῳ ἰδεῖν, ἐλπίζω γὰρ χρόνον τινὰ ἐπιμεῖναι πρὸς ὑμᾶς ἐὰν ὁ κύριος ἐπιτρέψῃ.

왜냐하면 나는 원하지 않는다, 너희를, 지금/이번에는, 지나는 길에 보기를, 왜냐하면 나는 소망하기 때문이다, 어느 정도 시간 동안 너희를 향해(함께) 머물러 있기를, 만약 주님이 돌이키시면/허락하신다면.

16:8 ἐπιμενῶ δὲ ἐν Ἐφέσῳ ἕως τῆς πεντηκοστῆς·

이제 내가 머물 것이다, 에베소에서, 그 오순절까지.

16:9 θύρα γάρ μοι ἀνέῳγεν μεγάλη καὶ ἐνεργής, καὶ ἀντικείμενοι πολλοί.

왜냐하면 거대하고 활동적인/효과적인 문이 나에게 열렸기 때문이다, 그리고 많은 이들이 반대하고 있다.

16:10 Ἐὰν δὲ ἔλθῃ Τιμόθεος, βλέπετε, ἵνα ἀφόβως γένηται πρὸς ὑμᾶς· τὸ γὰρ ἔργον κυρίου ἐργάζεται ὡς κἀγώ·

이제 만약 디모데가 가면(도착하면), 너희는 주의하라! 두려움이 너희를 향해 일어나지 않도록. 왜냐하면 그는 주님의 일을 행하는 자이기 때문이다, 나처럼.

16:11 μή τις οὖν αὐτὸν ἐξουθενήσῃ. προπέμψατε δὲ αὐτὸν ἐν εἰρήνῃ, ἵνα ἔλθῃ πρός με· ἐκδέχομαι γὰρ αὐτὸν μετὰ τῶν ἀδελφῶν.

그러므로 누군가 그를 멸시하지 말라! 이제 그를 너희는 보내라, 평화롭게! 그가 나를 향해 올 수 있도록. 왜냐하면 나는 그를 기다리고 있다, 형제들과 함께.

16:12 Περὶ δὲ Ἀπολλῶ τοῦ ἀδελφοῦ, πολλὰ παρεκάλεσα αὐτόν, ἵνα ἔλθῃ πρὸς ὑμᾶς μετὰ τῶν ἀδελφῶν· καὶ πάντως οὐκ ἦν θέλημα ἵνα νῦν ἔλθῃ· ἐλεύσεται δὲ ὅταν εὐκαιρήσῃ.

이제 그 형제(의) 아볼로에 대해서, 내가 그에게 많이 권면했다, 너희에게 가기를 형제들과 함께, 그리고(그러나) 그는 지금 가려는 뜻이 전혀 없다. 이제 기회가 되면 그가 갈 것이다.

16:13 Γρηγορεῖτε, στήκετε ἐν τῇ πίστει, ἀνδρίζεσθε, κραταιοῦσθε.

너희는 깨어 있으라! 그 믿음 안에 굳게 서라! 남자가 되라/남자답게 행동하라! 강건하라!

16:14 πάντα ὑμῶν ἐν ἀγάπῃ γινέσθω.

너희의 모든 것을 사랑으로 되게 하라!

16:15 Παρακαλῶ δὲ ὑμᾶς, ἀδελφοί· οἴδατε τὴν οἰκίαν Στεφανᾶ, ὅτι ἐστὶν ἀπαρχὴ τῆς Ἀχαΐας καὶ εἰς διακονίαν τοῖς ἁγίοις ἔταξαν ἑαυτούς·

이제 내가 너희에게 권면한다, 형제들아! 너희는 알고 있다, 스데바나의 가정을, 즉 그들은 아가야의 첫 열매다, 그리고 성도에게 섬김을 위해 그들 스스로 정돈/헌신했다.

16:16 ἵνα καὶ ὑμεῖς ὑποτάσσησθε τοῖς τοιούτοις καὶ παντὶ τῷ συνεργοῦντι καὶ κοπιῶντι.

너희도 복종하기 위하여(복종하라) 이 같은 자들에게, 그리고/또한 함께 일하며 수고하는 모든 자들에게도.

16:17 χαίρω δὲ ἐπὶ τῇ παρουσίᾳ Στεφανᾶ καὶ Φορτουνάτου καὶ Ἀχαϊκοῦ, ὅτι τὸ ὑμέτερον ὑστέρημα οὗτοι ἀνεπλήρωσαν·

이제 나는 기쁘다, 스데바나와 브드나도와 아가이고가 [나를 찾아와] 함께해 준 것에 대해서, 즉/왜냐하면 너희의 부족한 그것을 그들이 충분히 채워 주었기 때문이다.

16:18 ἀνέπαυσαν γὰρ τὸ ἐμὸν πνεῦμα καὶ τὸ ὑμῶν. ἐπιγινώσκετε οὖν τοὺς τοιούτους.

그러므로/왜냐하면 그들이 아주 새롭게 해 주었다, 나의 영과 너희의 영을. 그러므로 너희는 이러한 자들을 철저히 인정해 주라!

16:19 Ἀσπάζονται ὑμᾶς αἱ ἐκκλησίαι τῆς Ἀσίας. ἀσπάζεται ὑμᾶς ἐν κυρίῳ πολλὰ Ἀκύλας καὶ Πρίσκα σὺν τῇ κατ᾽ οἶκον αὐτῶν ἐκκλησίᾳ.

너희에게 안부를 전한다, 아시아의 교회들이. 너희에게 안부를 전한다, 주 안에서, 많이, 아굴라와 브리스가가 그들의 집에 함께 모이는 교회가.

16:20 ἀσπάζονται ὑμᾶς οἱ ἀδελφοὶ πάντες. Ἀσπάσασθε ἀλλήλους ἐν φιλήματι ἁγίῳ.

너희에게 안부를 전한다, 모든 형제가. 너희는 인사하라, 서로서로 거룩한 입맞춤으로.

16:21 Ὁ ἀσπασμὸς τῇ ἐμῇ χειρὶ Παύλου.

그 인사가, 바울, 나의 손으로.

16:22 εἴ τις οὐ φιλεῖ τὸν κύριον, ἤτω ἀνάθεμα. μαράνα θά.

만약 누가/누구든지 주님을 (친구처럼) 사랑하지 않는다면, 저주가 임할지어다. 주님이 오실 것이다/주여 오시옵소서!

16:23 ἡ χάρις τοῦ κυρίου Ἰησοῦ μεθ᾽ ὑμῶν.

주 예수의 그 은혜가 너희와 함께

16.24 ἡ ἀγάπη μου μετὰ πάντων ὑμῶν ἐν Χριστῷ Ἰησοῦ.
나의 그 사랑이 너희 모든 이와 함께 그리스도 예수 안에서